● 中国广告设计行业高端丛书



# 新编广告学概论

# New Edition of Introduction to Advertising

姜智彬　秦雪冰　编著

上海人民美術出版社

**图书在版编目(CIP)数据**

新编广告学概论／姜智彬，秦雪冰编著．—— 上海：上海人民美术出版社，2020.5

（中国广告设计行业高端丛书）

ISBN 978-7-5586-1628-0

Ⅰ．①新… Ⅱ．①姜… ②秦… Ⅲ．①广告学－概论 Ⅳ．①F713.80

中国版本图书馆CIP数据核字(2020)第062363号

中国广告设计行业高端丛书——

**新编广告学概论**

编　　著：姜智彬 秦雪冰
责任编辑：邵水一
封面设计：李凌虹
装帧设计：朱庆荧
技术编辑：史　湧
出版发行：上海人民美術出版社
（上海市长乐路672弄33号　邮编：200040）
印　　刷：上海天地海设计印刷有限公司
开　　本：787×1092　1/16　13.5印张
版　　次：2020年6月第1版
印　　次：2020年6月第1次
书　　号：ISBN 978-7-5586-1628-0
定　　价：45.00元

# PREFACE
# 前　言

广告学概论是广告学专业最基础和最重要的教材，对学生专业兴趣的培养和概念体系的形成有着极其重要的作用。自 1983 年厦门大学创办中国第一个广告学专业以来，广告学概论受到极大的重视，来自不同高校的学者出版了大量的教材。本书主编姜智彬分别于 2008 年和 2012 主编过广告学概论教材，然而如今媒介环境和广告实践都发生了巨大的变化，在媒介环境方面，中国互联网广告收入在 2011 年与 2015 年分别超过报纸广告和电视广告，2018 互联网广告营业额接近广告总营业额的一半。广告媒介的巨大变化对广告实践产生了全面且深刻的影响。随着大数据、人工智能的应用，广告业务流程被重构，广告形态出现多种新变化。传统广告知识如何融入新媒介环境和新广告实践，如何使学生既透彻掌握传统广告知识，又能在此基础上理解新广告现象，这是当前广告学概论必须解决的问题。

经过慎重考虑与取舍，本书在保留经典广告理论的基础上融入新的广告理念，力图解决上述问题，体现在两个方面：一是，本书专辟两个章节，分别探讨了互联网广告的演进过程、发布渠道、广告类型、主要特点、发展趋势和计算广告的概念、应用、技术术语、交易平台等，厘清计算广告的基本内涵和运作原理；二是，在一至十四章的传统广告知识体系中引入广告发展的前沿知识和数据，以引发学生的思考和重视。

本书的成稿，是集体合作的结晶，上海外国语大学姜智彬拟定了写作框架和基本结构，思路是前三章宏观介绍广告学的基本内容，分别是绪论、现代广告及其发展趋势、整合营销传播；第四章到第十四章，介绍广告业务流程的主要环节，涵盖广告主、广告公司、广告受众、广告调查、广告策划、广告定位、广告创意、广告文案写作、广告设计与制作、广告媒体、广告效果测定等方面；十五章和十六章介绍广告的最新发展，包含互联网广告和计算广告。本书第一章到第八章由姜智彬写作，第十一章由中央财经大学孙美玲撰写，华东师范大学秦雪冰对本教材进行了定稿，并撰写了其余章节。

由于广告实践的飞速发展和作者专业水平的限制，本教材虽几易其稿，但仍有缺憾。教材编写也参考了大量国内外学者的研究成果，在此表示感谢，并期待各位专家和读者的批评指正。

姜智彬

2020 年 4 月

CONTENTS

# 目　录


第 1 章　绪论　7

第一节　广告概述　7
第二节　广告学的研究对象、学科性质及特征　14
第三节　广告学与其他学科的关系　17
第四节　广告的历史演进　19

第 2 章　现代广告及其发展趋势　30

第一节　现代广告的特征和社会作用　30
第二节　现代广告的发展趋势　32

第 3 章　整合营销传播　41

第一节　整合营销传播的概念与特征　41
第二节　整合营销传播的原则与方法　44
第三节　整合营销传播的过程　46

第 4 章　广告主　51

第一节　广告主概说　51
第二节　广告主的广告意识　54
第三节　广告主的广告部门　58

第 5 章　广告公司　61

第一节　广告代理制度　61
第二节　广告公司的盈利模式　65
第三节　广告公司的组织机构　67

第 6 章　广告受众　71

第一节　广告受众的概念　71
第二节　广告受众的心理特征　73
第三节　广告受众的购买行为　76

第 7 章　广告调查　81

第一节　广告调查概述　81
第二节　广告调查的方法　83
第三节　广告调查的内容　89

第 8 章　广告策划　101

第一节　广告策划　101
第二节　广告计划　107

第 9 章　广告定位　111

第一节　定位理论概述　111
第二节　产品定位　113
第三节　广告定位　117

第 10 章　广告创意　122

第一节　广告创意概述　122
第二节　广告创意的四个阶段　124
第三节　广告创意的经典方法　128

第 11 章　广告文案写作　134

第一节　广告文案写作概述　134
第二节　广告文案写作过程　136
第三节　平面媒体广告文案写作　142
第四节　电子媒体广告文案写作　145

第 12 章　广告设计与制作　149

第一节　广告设计　149
第二节　广告制作　152

第 13 章　广告媒体　161

第一节　广告媒体的传播特征　161
第二节　广告媒体的评价内容　165
第三节　广告媒体的运用策略　169

第 14 章　广告效果测定　176

第一节　广告效果的事前测定　176
第二节　广告效果的事中测定　183
第三节　广告效果的事后测定　185

第 15 章　互联网广告　196

第一节　互联网广告发展　196
第二节　互联网广告的主要发布渠道与广告类型　198
第三节　互联网广告的主要特点与趋势　201

第 16 章　计算广告　205

第一节　计算广告概述　205
第二节　计算广告的技术术语　208
第三节　计算广告的交易平台　212

# 第 1 章

# 绪论

当今世界，广告无处不在。广告是人们生活或工作中不可缺少的事物，它不仅贯穿于人类经济生活的各方面，而且涉及人类的社会生活、政治生活与道德生活。随着经济全球化的发展，广告在现代经济与整个社会发展中的作用越来越突出。现代广告作为企业营销的工具，它是一种商业和社会活动，它随着社会经济文化和科技的发展而不断地变化与进步。本章主要对广告的内涵、构成和种类，广告学的研究对象、学科性质和特征，广告学与相关学科的关联以及广告的历史发展等问题进行概括论述，从而明确现代广告是一种以艺术形式表现的整合营销传播活动。

## 第一节　广告概述

### 一、广告的内涵

广告有广义和狭义的区别。广义广告包括非经济广告和经济广告。非经济广告指不以盈利为目的而是为了达到某种宣传目的的广告。狭义广告仅指经济广告，又称商业广告，是以盈利为目的的广告。

概括地说，广告是广告主在付酬的基础上，有计划地通过大众媒体以艺术表现形式传达商品、劳务和理念的信息，以达到促销目的的企业的整体营销与传播活动。

上述广告定义主要包括了以下几方面的内涵。

**1. 广告都是要付酬的**

广告主通过广告经营单位发布广告，必须要付出一定的费用，这是广告必备的条件。公益宣传，看上去、听上去像广告，但它们不是广告，因为它们是无偿的宣传活动。广告付费是因为广告活动是为广告主服务的，广告主是广告活动的主要受益者。广告活动的整个过程，包括策划、制作、媒体传播、效果调查等每一个环节，都需要付费，广告主付费标志着广告主对广告信息的传播具有了控制权。广告主有权决定广告传播的内容、表现方式、信息发布的时间和空间等，同时也标志广告主对广告负有法律和道德的责任。广告公司要对广告主负责，要满足广告主的要求，广告活动要征得广告主的认同，并接受广告主监督。

**2. 广告的目的是为了促进销售，是企业整体营销的一部分**

广告大师大卫 · 奥格威说："我们做广告是为了销售产品，否则就不是做广告。"什么是好广告？大卫 · 奥格威说："我认为广告佳作是不引起公众注意它自己，就把产品推销掉的作品。它应该把广告诉求对象的注意力引向产品。好广告希望诉求对象说的不是'多妙的广告啊！'，而是'我从来没有听说过这种产品，我一定要买来试试'。"这段话充分说明广告的目的是为了销售产品。"了解需求，满足需求，"这是市场营销的核心内容，广告的目的就是围绕营销主题，经过精心设计，再通过一系列的传播活动，不断刺激消费者，利用广告营造一种氛围，改变消费者的态度，增强消费者的信任，提高企业和产品的知名度，促使消费者喜欢该商品，由于喜欢而购买本商品，实现商品的转移——由生产者手中转移到消费者手中，从而达到企业营销的目的。

**3. 广告是经由大众媒介实现与受众的沟通，传达商品信息的传播活动**

广告传播是非人际传播，它必须要借助大众媒介传达给广大受众。广告信息在传播过程中，必须遵从信息传播的原则："信源——编码——讯息——解码——接收。"广告在传播过程中，围绕促销的目的，通过媒体实现信息的互动。其首先是提供信息源，广告代理将广告主的信息制作成符合消费者需求的艺术表现形式，以"信源——编码——讯息——渠道——解码——接收"的符号详解模式传达给广大消费者。其次，广大消费者对信息的认知也是通过各种广告符号的组合、转换、再生，对广告信息素材进行加工后接收。这种借助媒体渠道将信息转化为传播符号，为受众接收的交流过程构成了广告传播活动的基本方式。

**4. 广告信息是以受众喜闻乐见的艺术形式表现出来的**

有效的广告必须以事实为根据，要实事求是地宣传产品。但为了更好地吸引受众的注意，具有说服力，为广大消费者所接受，广告信息必须经过艺术加工，借助美妙精湛的画面和人们喜闻乐见的娱乐形式表现出来，这样才能充分发挥告知、劝说、提醒的作用，使企业产品销售额上升，市场占有率提高，企业的知名度和美誉度提升，从而实现企业对社会的价值。

**5. 自媒体环境下广告内涵的变迁**

随着微信、微博、品牌社区等媒体的兴起，这些自媒体成为重要的广告媒介，对传统的广告概念形成了挑战，较有代表性的有 2014 年 10 月至 2015 年 6 月美国昆士兰科技大学商学院和密歇根州立大学两位教授开展的一项广告再定义的研究，邀请了全球范围内的 9 位业界专家和 9 位学者，提出了一个新的"广告"定义：广告是由一个可确定的品牌，利用付费媒体、自有媒体或者可拥有的媒体，意图劝服消费者在现在或者将来形成认知、情感或者行为上的改变的传播。

## 二、广告的构成要素

广告活动是由若干相互联系的要素所构成的有机系统，其基本构成要素包含以下几个方面。

**1. 广告主**

亦称广告客户，即提出发布广告并能支付广告费用的企业、事业单位、团体和个人。广告主是广告业得以存在的基础，有了广告主的存在，广告业的其他要素才得以存在。广告主的本质特征是提出发布广告并支付广告费用；此外广告主必须是依据法律成立的企事业单位，具有作为一个整体从事经济活动的统一组织，有自己的名称和场所，有设立、支配和管理的财产，对广告负有法律和道德责任。

**2. 广告公司**

广告公司是指，由广告专业人才组成，向客户提供与广告策划、设计、制作、发布有关的创意与商业服务的企业。广告公司的专业人员包括以下几种：客户策划、客户总监、艺术指导、创意指导、文案、广播电视制片、调研人员、美工、营销专家、媒介采购、公关专家、销售推广和活动策划、网络研发人员、工程技术人员（大数据或人工智能技术的研发和工程化）等。广告公司大致有如下类型：全面服务公司、广告创意公司、广告策划公司、媒介购买公司（大数据和人工智能的应用下被称为程序化购买公司）、市场调查公司、设计制作公司等。随着整合营销传播的发展、完善，与整合营销传播有关的专业公司相继出现，如公共关系公司、调查咨询公司、咨询顾问公司、信息中介公司，及各种传播机构，如广播电视网等。

**3. 媒介组织**

媒介是传播过程中用以扩大和延伸信息传递的工具。广告媒介是传播广告信息的媒介物，使用各种媒介物从事广告信息传播的经营者被称为媒介组织。广告主及广告公司依靠媒介传播广告信息，媒介向广告主提供时间和空间，供他们发布信息。随着科学技术的进步，可供广告主利用的媒介有许多种。

(1) 印刷媒介：杂志、报纸、宣传册、目录、传单、节目表、黄页、日历、招贴等。

(2) 电子媒介：广播、电视、霓虹灯幕等。

(3) 网络媒介：视频、电商平台、新闻客户端、APP等。

(4) 社交媒介：微信、微博、虚拟社区等。

(5) 辅助媒介：户外、路牌、交通、电子指南、赠品、标志服装、售点陈列、各种活动赞助、楼宇等。

**4. 广告受众**

受众是一群接受并理解广告主通过大众媒介传递讯息的个体。在广告活动中，受众是广告主的目标，它是广告活动的起点，又是广告活动的终点。从社会再生产过程来看，有消费才能有自觉的生产，有生产才能有广告主，有广告主才能有广告的一系列活动，所以，消费者是广告活动的起点。而广告活动的最终目的是促使产品价值得以实现，满足消费者需求，广告效果的好坏也要由消费者最终评判，因此，消费者又是广告行为的终点。目标受众是指广告主的某一条广告或某一次广告活动针对挑选出来的一群特定消费者。目标受众是在市场细分的基础上形成的，是对消费者的生活形态、生活观、价值取向、消费方式、消费习惯等进行深入研究和调查后确定的，这是广告主和广告人的必然课题。

## 三、广告的分类

**1. 按广告的终极目的划分**

（1）**非商业广告**。不以盈利为目的的宣传，如政府部门、社会事业单位和个人的各种公告、启事、声明等，不存在盈利的目的。

① 政治广告。为政治活动服务而发布的广告。如宣传政府的政策、法令，传播各级政府部门的各类公告。

② 公益广告。为维护社会公德，帮助改善和解决社会公共问题而组织开展的广告活动。这类广告主要是传播有关道德、教育、环境、健康、交通、公共服务等，基本上是涉及人们当前关心的社会问题。

③ 个人广告。为满足个人或个体单位的各种利益和目的，运用媒介传播的信息。如个人启事、声明、征婚、寻人、婚丧大事等广告。

（2）**商业广告**。工商企业为促销、树立企业形象、扩大品牌的知晓度和信誉度，借助媒体而进行的宣传活动，其最终目的是为了使企业能够盈利。

**2. 按广告传播的地区划分**

依据广告发布选用的媒体不同，影响范围不同，广告可以划分为全球性广告、全国性广告、区域性广告、地方性广告。

（1）**全球性广告**。一些超大型企业为了配合国际营销的需要，选择覆盖全球范围的媒介，使广告信息面对全球市场。如奥运会、足球世界杯、F1 赛车等大型赛事中播出的广告。

（2）**全国性广告**。广告主要面对全国市场，选择覆盖全国性的媒体，传达企业的信息。全国性媒体如全国性的报纸、杂志、电台、电视等。广告的产品多数是通用性强、销量大、选择性小的商品，或专业性强、使用区域分散的商品。

（3）**区域性广告**。以特定地区为目的的广告，其传播范围是一省或几省，这一区域在地理环境、经济水平、社会文化等方面都具有相同或相似的特征，因而连成一体。一般为特定地区需要的产品，销量有限，选择性较强。这种广告是配合差异性市场营销策略而进行的广告传播活动。

（4）**地方性广告**。利用覆盖一市一县的媒体发布的广告，如地方报纸、地方电台、地方电视台所发布的广告。此类广告多数是为了配合密集性市场营销策略的实施。广告的目的是促使人们使用地方性产品或认店购买。广告主多为地方企业或者零售商。

**3. 按广告的直接诉求目的划分**

（1）*以销售商品为目的的广告*。此类广告多数是从产品的周期状况推断出产品的消费变化情况而做的广告。大致可分为三种。

报导式广告。它多出现在产品导入期，那时产品刚刚上市，消费者对该产品缺乏认识。广告向消费者介绍商品的性质、用途、价格等，可以促使消费者对商品产生初步需求，以拓展市场。

劝导式广告。此时产品进入增长期，销路渐渐打开，销售将出现快速增长的趋势，为使消费者对产品加深印象，实现认牌购买，刺激选择性需求，就出现了该种以说服目标消费者为目的的广告。

提醒式广告。当产品进入成熟期，或接近衰退期，消费者对某种商品已有使用习惯和购买习惯，但产品销量增长势头却不明显，甚至有下降的趋势。此时所发布的广告，目的在于提醒消费者不要忘记这个产品，不要忘记这个品牌，刺激重复购买，属于提醒式广告，也即备忘性广告。

（2）*以树立企业形象为目的的广告*。此类广告又叫公关广告，它不直接介绍商品或品牌，着重树立企业形象或品牌形象，宣传企业对社会的贡献，促使消费者或其他业务合作者对该企业、该品牌形成长期的信赖感。该广告以企业的理念、企业文化、品牌特征等元素作为广告诉求的内容。

（3）*以树立品牌为目的的广告*。树立品牌的广告不是介绍单一商品，而是说明品牌的系列商品，利用消费者对品牌系列中某种商品的信任度，扩大到对整个品牌系列商品的信任，从而进一步提升品牌的知名度和美誉度，扩大品牌在消费者中的影响力。

（4）*以塑造新的消费群体为目的的广告*。此类广告从改变人们的消费观念入手，提倡一种新的生活方式、新的生活态度，使之成为人们的追求目标，培养出一批稳定的消费群体，从而为某种产品打开市场。

**4. 按广告的诉求方式划分**

（1）*知觉诉求广告*。通过人们的感觉来认知广告信息。它用事物的具体形态来诉求，如运用展览会、表演、操作、橱窗、样品陈列等方式，让人们耳闻目睹，亲身体验。有时也会用照片、绘画、音响、语言描绘等方式，但也是以刺激人的感官达到广告诉求的目的。

（2）*情感诉求广告*。采用情感诉求的方式，向消费者传之以情，强调以情动人，打动消费者的情感，使消费者对广告商品产生良好的态度和感情，进而采取购买行动。针对妇女、儿童、老人的商品，如化妆品、儿童用品、保健品等多采用这类广告。情感可分为愉悦性情感和恐怖性情感。愉悦性情感包括幽默、情爱等情感。

（3）*理性诉求广告*。采用理性诉求的方法，通过向消费者说明购买广告商品的优点和长处，让消费者用理性的思维来权衡利弊，做出判断，听从劝告并采取购买。高档耐用商品或针对文化层次较高的目标消费者，往往采用这类广告。

**5. 按广告媒体形态来划分**

（1）**印刷媒体广告**。刊登于印刷媒体上的广告，如报纸广告、杂志广告、招贴海报、宣传单等。这类广告以平面设计为主，因此又可称平面广告。

（2）**电子媒体广告**。以电子媒体为传播手段的广告，如电视广告、广播广告、电影广告、电子显示屏幕广告、楼宇视屏广告、互联网广告等。此类广告对受众个人的视听冲击力强，感染力强。

（3）**户外媒体广告**。利用户外媒体所做的广告，如路牌广告、交通广告、霓虹灯广告、空中广告等。

（4）**直邮媒体广告**。以特定的组织和公众群体为对象，把宣传资料、产品目录、说明书、促销活动表等形式的广告，通过邮寄的途径传播出去。

（5）**销售现场广告**。即售点广告或 POP 广告，这类广告是在商场或展销会等场所，通过实物展示、演示等方式进行广告信息的传播。它包括橱窗展示、商品陈列、模特表演、彩旗、条幅、展板等多种形式。

（6）**互联网广告**。利用互联网作为传播载体的广告形式（主要是 PC 端），主要有弹窗广告、横幅广告、视频广告等。

（7）**移动互联网广告**。是以手机、平板电脑为载体投放的广告，主要有微信、微博、虚拟社区、新闻客户端、购物平台及其他 APP 广告。

（8）**其他媒体广告**。利用各种形式的载体达到发布广告的目的，如新闻发布会、体育活动、挂历、服饰、各种文娱活动，等等。

**6. 按广告传播对象划分**

（1）**企业广告**。它以生产资料为广告内容，主要是向工业企业传播有关原材料、机械器材、零配件等生产资料的信息，一般利用专业杂志或专业媒体发布广告信息。

（2）**经销商广告**。是以经销商为传播对象的广告，是以获取大宗订单为目的的广告，针对进出口商、批发商、零售商、经销商，向他们提供商品目录、商品样本等。

（3）**消费者广告**。广告直接指向商品的使用者或购买者，针对他们的需求和心理而做的广告。

（4）**专业广告**。针对职业团体或专业人士的广告，如文艺工作者、体育工作者、高级知识分子，及其他从事专门职业的人群。他们由于特殊的身份、特殊的社会地位，时常会引领时尚，对社会消费起倡导和带动的作用。此类广告多发布在专业媒体上。

长隆野生动物世界
CHIMELONG SAFARI PARK
易碎品
台湾云豹已绝迹。
野生远东豹不足100头。
雪豹数量已不足1万头。
保护珍稀动物刻不容缓

长隆野生动物世界
CHIMELONG SAFARI PARK
易碎品
中华白鳖豚已功能性灭绝。
加湾鼠海豚存世不足300头。
印度河盲豚存世500头左右。
保护珍稀动物刻不容缓

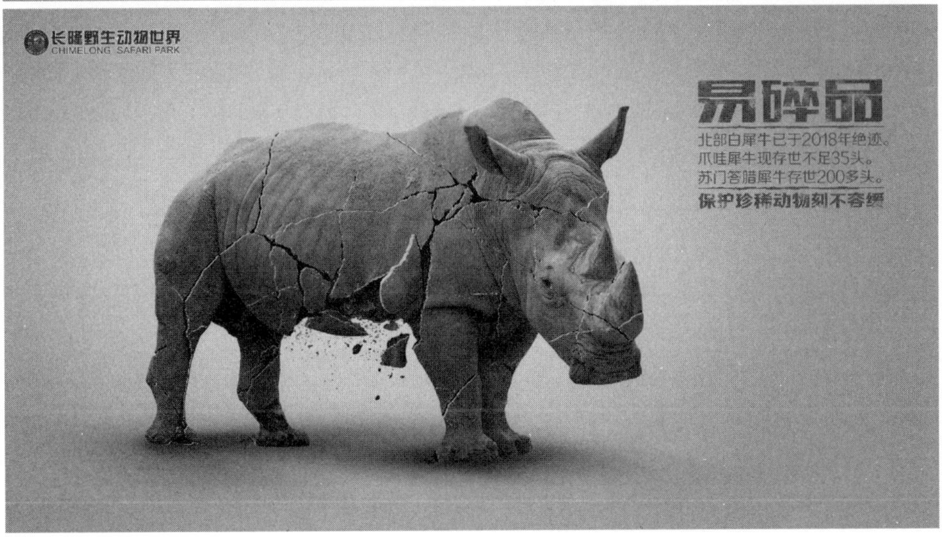
长隆野生动物世界
CHIMELONG SAFARI PARK
易碎品
北部白犀牛已于2018年绝迹。
爪哇犀牛现存世不足35头。
苏门答腊犀牛存世200多头。
保护珍稀动物刻不容缓

# 第二节　广告学的研究对象、学科性质及特征

## 一、广告学的研究对象

广告学是研究广告活动过程及其发展的一般规律的科学。大体说来，广告学的研究范围和内容有以下几个方面：

**1. 广告学理的研究**

主要包括研究广告内涵和系统结构的广告概论、广告发展史、广告传播学、广告心理学、市场营销学、广告美学，等等。

**2. 广告运作的研究**

包括广告调查、广告策划、广告创意、广告设计与制作、广告文案写作、广告法规，等等。

**3. 广告媒体的研究**

包括媒体发展史、媒体与信息、媒体的分类、媒体策划、媒体的执行与评估，等等。

**4. 广告效果的研究**

在传统媒体时代，广告效果的滞后性、难以测量性，使广告效果研究较为滞后。随着大数据和人工智能技术在互联网和移动互联网广告中的应用，广告效果得以数据化呈现，如展示量、点击率、下载率 / 购买率等数据投放当天即可获取，为广告效果的研究提供了巨大的空间和机遇。

**5. 广告组织与经营管理研究**

一切广告活动都离不开其主体即广告组织。采用科学的经营管理，是现代广告业之所以能够获得迅速发展的重要原因。这部分主要是以现代市场经营学和企业管理学的基本原理为指导，研究广告组织的建立和广告活动中经营管理的客观规律。具体内容包括：广告组织的作用、类型和机构设置，广告组织经营的内容、过程和原则，广告组织管理的内涵和机制，广告的宏观管理和微观管理等。

## 二、广告学的学科性质

广告学是整个广告学科体系的基础和核心。由于对广告学的研究涉及众多学科，因而从学科分类来说，广告学究竟属于什么学科，人们一直有不同的见解。有的认为，广告学属于文学类的新闻传播学科；有的认为，广告学属于经济学科。笔者认为，从现代广告学的内容和任务来看，它实际上是在现代市场经济条件下，从新闻学中分离出来，专门研究为企业营销服务的广告活动的过程、规律和广告表现艺术的综合学科；从存在、发展和使命来说，其主要属于经济学科。原因如下。

第一，从广告的历史演变考察，现代广告与市场经济密不可分，现代广告学是市场经济

发展到一定阶段的必然产物。在人类历史上，商业广告是社会发展到一定阶段，出现商品交换以后产生的。而在商业广告出现之前，虽然已经有了社会广告，如君主的“令”“制”“诰书”“诏书”“榜文”等形式，但这些政治、军事性质的社会广告之所以能发生，究其根源仍然是与社会的经济活动紧密相连。到了近现代，特别是进入 20 世纪 80 年代以来，生产力的高速发展，科学技术的突飞猛进，带来社会经济的空前大发展和繁荣，从而使广告业获得迅速发展。比如，1980 年全球广告费用为 1114 亿美元，2000 年全球广告费用为 4100 亿美元，2006 年全球广告经营额约为 4334 亿美元，2017 年全球广告市场规模已达 5526 亿美元。又如，1979 年我国广告经营额仅有 1500 万元，而到 2004 年，我国广告营业额达到了 1264.6 亿元，2018 年广告营业额则达到了 7991 亿元。

随着广告业的发展，广告学作为一门学科也获得了长足的进步。广告学教学、科研的组织相继建立，广告学的专著、教材、刊物日益增多，大学纷纷设立广告学专业、广告学系等。1983 年，我国只有一个广告专业。而到 2006 年，我国高校已有 270 多个广告专业，广告专业设置以每年 30%的速度增长，截至 2018 年，全国有 600 多所院校设置了广告学专业，这一切都说明，广告与经济发展不可分。

第二，成功的广告必须从市场需要出发。成功的广告不是信手拈来，靠一个特殊的创意、巧妙的表现手法就可以了，而是要对市场进行深入的调查，调查市场需求热点、消费者的心理等。

第三，广告是社会经济生活中不可缺少的组成部分。对于生产者和经营者来说，消费者是至关重要的，企业的中心任务是创造和抓住顾客。为了取得消费者的好感，企业要利用广告来影响消费者的选择，向消费者提供产品信息和服务信息。由此可见，广告在产销之间和供求之间起着桥梁和润滑剂的作用。广告改变了消费观念，塑造了新的消费者，扩大了消费者的需求。需求增加必然促进生产的增长，广告推动经济的增长。

总之，广告起源于经济，服务于营销，运用传播的法则达到宣传商品的目的。研究消费者的心理，利用各种艺术表现手法投其所好，最终达到推销产品，实现扩大再生产、获取利润的目的。广告起源于经济，回归于经济，而广告学作为研究广告在商品经济中的运行规律的科学，它在本质上理应属于经济类学科。

## 三、广告学的专业特征

### 1. 综合性

广告学是一门综合性的边缘学科。广告学的知识体系涉及经济学、市场营销学、社会学、行为学、心理学、传播学、新闻学、管理学、统计学、美学、语言学、文学、法学等社会科学。随着现代科学技术的发展，计算机、声学、光学、电学、生物学等自然科学也与广告学相联系，而绘画、摄影、音乐、戏剧、电影、电视等艺术类型，更与广告有着密切的关系。同时，如前文所述，广告学本身还有着自己完整的理论体系和许多分支学科，如广告原理学、广告策划学、广告经济学、广告媒介学、广告设计学、广告文案学、广告摄影学、广告音乐学、广告法学，等等。这充分说明广告学的边缘性或多学科性。

**2. 实践性**

广告活动的核心是经济活动，它随着商品经济的发展而发展，广告活动必须符合经济活动的客观规律。广告的整个过程中要通过调查、策划、创意、设计、制作、媒体发布等实际运作，才能形成打动消费者、实现广告主广告目的的广告成品。为此广告活动的每一步都离不开市场和消费者的实际。要从市场需求和消费者心理去构思广告，要把广告主的广告目标、消费者心理、产品个性有机结合。如人类社会存在着社会阶层，社会阶层不仅受收入的影响，也受职业、教育、居住地等的影响，社会阶层的不同表现在衣着、说话方式、娱乐爱好等许多特征上。如在服装、家具、汽车、娱乐活动等领域，各社会阶层显示出不同的产品偏好和品牌偏好。广告人为迎合目标阶层消费者的要求，不得不制作和撰写适合于他们各自需要的图案、文稿。广告学是一门实践性很强的学科，广告学的理论、原理是在正确总结广告实践活动经验的基础上形成的，它最终又必须回到广告实践中去，指导广告实践，为广告实践服务，才能体现自身的价值。

**3. 艺术性**

广告既是一门科学，又是一种艺术。广告学是一门具有独特艺术特征的学科。广告在创意、文字、图画、摄影、色彩、修辞、音乐、造型等方面都要遵循艺术规律。在广告活动中，人们不仅要注意广告的思想性、科学性，而且要注意广告的艺术性。要用真实、生动的形象表现商品，给人以美的感受。广告内容不但要引导人们注意广告，加深人们对商品信息的理解和记忆，发挥艺术的认识能力，而且，还要使人们在感觉上、感情上接受健康的商品信息，并通过不断的潜移默化，把高尚的道德、情操变为人们自身的心理欲求，使个体的欲望、要求、冲动、感情充满高尚的道德感，发挥艺术的思想教育作用。

**4. 历史性**

广告学的基本理论、原理和方法，来自广告实践活动，是广告实践活动经验的概括与总结，而广告实践活动又是具体的、历史的、不断发展变化的。随着商品经济和科学技术的发展，广告的内容和形式，广告策划的任务和方式，广告媒体的选择，广告设计与制作的手段、方法和技巧，广告经营管理的具体内容和机构，也必然随之发生相应的变化，从而使广告学的研究内容不可避免地具有历史性的特征。广告学的理论体系要随着广告运作实践的发展而不断丰富和完善。

# 第三节　广告学与其他学科的关系

广告学作为边缘性的综合学科，与众多学科都具有密切关系。

## 一、广告学与经济学

经济学是研究生产、交换、分配、消费等经济关系、经济运行规律及其应用的科学。根据研究成果实际应用程度的不同，经济学可分为基础学科和应用学科两大类。基础经济学是各门经济学研究的共同理论基础。应用经济学以部门经济学为研究对象，如商业经济学是研究商业部门中的经济关系和经济活动规律的学科，它主要以商品流通活动为研究对象。广告作为联结生产与消费信息的桥梁，它通过传递商品和劳务的经济信息来促进社会生产，加速商品流通，满足社会各部门的生产消费和人们的生活消费。因此，广告与各部门经济有着不可分割的联系。广告活动必须遵循这些部门经济的规律，必须与这些部门经济的方针、政策相协调，才能发挥广告的作用，提高广告的经济效益。

## 二、广告学与市场营销学

市场营销学在 20 世纪初产生于美国，是适应现代商品经济高度发展而产生和发展起来的一门关于企业经营管理决策的科学。其研究对象是企业在动态市场上如何有效地管理其交换过程和交换关系、市场营销活动过程，提高企业经营效益，实现企业目标。其研究范围包括从消费者的需求开始，一直到如何保证消费者的需求得到真正的和全部的满足为止的全过程。市场营销学研究营销组合的四个要素（4P 组合）包括：产品策略 (product)、流通渠道 (place)、价格策略 (price)、销售促进 (promotion)。这是市场营销活动的四大支柱。

市场营销学研究的许多内容都与广告学的研究有关系。如市场营销和广告都要从市场调查开始。对消费者的研究是市场营销活动的核心，它不仅要研究消费者的行为、习惯、心理，而且要研究改变其行为、习惯、心理的内在及外在的因素。广告的对象也是消费者，只有在对消费者进行了充分了解之后，广告人才可能在广告活动中准确地采取相应的对策，有的放矢，取得显著的效果；对市场区划的研究可以使广告定向更明确；对商品生命周期、商品竞销、发展策略的研究，有助于广告定位；对市场的调查、预测，可以使广告主对市场供求发展变化了如指掌，这也是制定广告策略，进行广告设计、广告制作的基础。

## 三、广告学与心理学

心理学是关于人的心理的发生、发展及其规律的科学。心理学的内容主要研究人的心理过程和个性心理特征两个方面。心理过程分为：认识过程、情感过程、意志过程。所谓个性是指表现在人身上的经常的、稳定的、本质的心理特征；而表现在人的能力、气质和性格诸方面的特征被称为个性心理特征。

广告学与心理学有着极密切的关系。广告创意和表现、广告设计和制作、广告策划和效果测定等都必须以消费者的心理活动规律为依据。广告心理学是心理学的理论和方法在广告运作中的具体应用，它是消费心理学的分支。广告与消费者心理活动的相互作用，是广告学与心理学的关联点。广告信息首先会作用于受众的感知器官，如眼、耳、鼻等，如果消费者注意到它，引发了兴趣，那么对它会有进一步的认识活动，如想象、记忆、思维等，伴随认识活动，还有愉快或厌恶等情感活动的产生，这种情感体验与广告信息与是否能满足消费者的某种需要有直接联系。需要被满足则产生积极的情绪体验，反之产生消极体验。在此基础上消费者确立对广告的态度并决定是否采取购买行动，然后经过意志活动的控制，发动或抑制购买行动。广告人通过消费者的购买行为又可测定广告的效果如何，制定下一步广告。这就是广告对消费者心理活动的影响过程。总之，广告越发展，越要研究和借鉴心理学的研究成果，尤其是消费心理学，它对广告的成功起着至关重要的作用。为此在广告学的研究中我们必须密切关注心理研究的新发展、新成果、新方法，并大胆地把它运用到广告学的发展中，应用到广告实践中。

## 四、广告学与传播学

传播学是研究人类运用语言、文字、表情、手势、图像等符号，通过特定渠道传递观念、态度、感情等信息的科学。一般来说传播分为自身传播、人际传播、组织传播、大众传播四种类型。广告作品是多种符号——字形、图案及声音等的综合体。传播者就是根据自己的经验和调查结果，选择最能为消费者接受和认同的视听符号，向消费者传达广告信息的内容。信息能否引起消费者的兴趣，不仅取决于广告制作者的水平，而且取决于消费者的心态、背景、经验、认同能力等。也就是说，广告传播者的主观意图，仅仅是广告传播的一个方面，而客观效果如何，更取决于消费者接受广告的反应。这是广告传播中的一个极为重要的问题。

## 五、广告学与美学

美学是研究人对现实的审美关系的一门学问，包括审美活动中的客体、主体、主客体的关系、现实美和艺术美、美感、美的创造和美育等。广告学的许多问题都与美学密切联系。为什么有的广告受欢迎，有的广告使人反感；为什么有的广告能给人留下深刻印象，而有的广告难以引起反应：这与广告的创作有关。广告的内容需要通过艺术手法表现出来。广告的艺术创作要遵循艺术创作的基本原则，广告一方面要传达经济信息，宣传商品，同时还应传递审美信息，能够给人以美的熏陶，提高审美情趣，潜移默化地影响人们的心灵，培养高尚情操，使人在赏心悦目、心情舒畅的氛围中得到美的享受，精神得到升华，使商品信息顺利地被人们接受。而广告的创作要达到真、善、美的统一，必须要认识形式美的因素（色彩、线条、形体、声音），遵循形式美的法则，使构图悦目、文字优美、色彩和谐美观，让人心旷神怡，陶醉神往，促使人们去购买。

# 第四节　广告的历史演进

广告是人类信息交流的一种方式，也是人类社会商品经济发展的必然产物。本章从人类社会发展阶段的历史条件、生产力水平和科技经济状况的综合角度，追溯广告的缘起，并对世界广告的历史和中国广告历史作简单介绍。

## 一、广告的起源

广告既是商品生产和商品交换的产物，也是人类有目的的信息交流活动的结果。对人类早期广告形态的理解不同，形成了众多的广告源头之说。代表性的说法如下。

**1. 广告起源于古代巴比伦、埃及**

公元前 3000 至公元前 2000 年左右，古巴比伦有了楔形文字，记载了当时国王修建神殿、战胜碑等事件，反映出当时的商业比较发达。商人们也开始雇佣叫卖人为他们宣传，店铺的门外挂起了商业招牌。公元前 1000 年，古埃及有了“广告传单”，现存最早的广告实物就是此时出现的，至今有 3000 多年历史。广告的内容是捉拿一个名叫谢姆的逃走的奴隶，其内容如下：

“一个叫谢姆的男奴隶，从善良的织布匠哈甫家逃走。首都特贝一切善良的市民们，谁能把他领回来的话，有赏。谢姆身高 5 英尺 2 英寸，红脸，茶色眼珠。谁能提供他的下落，就赏给他半个金币；如果谁能把谢姆送到技艺高超的织布匠哈甫的店铺来，就赏给他一个金币。”

这是利用广告传单作为媒介设计的寻人广告，现保存在大英博物馆中。在古埃及，商人们还雇佣呐喊者，穿梭于大街小巷，高声呐喊，通告商船的到来。船主则雇人穿上前后都写有船到岸的时间和船内装载货物名称的背心，让他们在街上来回走动，以起到宣传货物、引发销售的作用。

**2. 广告起源于古希腊、罗马**

公元前 1 世纪以前，希腊和罗马的一些沿海城市的商业比较发达，有些店铺门口就开始悬挂招牌。广告在形式上已有叫卖、陈列、音响、诗歌等；在内容上有推销商品的经济广告、文艺演出、寻人启事等，还有用于竞选的政治广告。许多广告采用了四行诗的形式。如“为了两眸晶莹，为了两腮绯红，为了人老珠不黄，也为了合理的价格，每一个在行的女人都会——购买由埃斯克里斯普托制造的化妆品”。这是一首宣传化妆品的叫卖诗，出现在古代的雅典。古希腊时代，商人通常用喊叫来发布出售奴隶或牲畜的信息。

据报道，在发掘公元前79年被火山淹没的罗马庞贝古城时，人们发现了1600多处墙头广告。当时的店铺门口有专门用来写广告的白墙壁，如有这样一则广告：“一队造营房的武士，在5月31日进行比武，同时也斗野兽。有遮阳光的篷子。”当时从海外运进商品的商旅，也以举火为号，招徕顾客。诞生于恺撒大帝统治时期的世界上最早的官报《罗马公报》，除记载重要的社会和政治事件外，也刊载有广告形式的内容。

**3. 广告起源于中国**

据《易·系辞下》记载，中国早在殷、周时期，便形成了“日中为市，致天下之民，聚天下之货，交易而退，各得其所”的交易形式，要交易，必然要陈列货物，吆喝叫卖，这就是广告。相传夏禹铸九鼎，象征国家政权，以示天下。这些都是以广告形式为社会、政治服务。据《周记》记载，当时做交易都要“告子士”。可见，中国广告具体萌发在3000多年以前。我国现存最早的广告实物是上海博物馆收藏的北宋时期济南刘家针铺的雕刻印刷广告。广告四寸见方，绘有“兔儿”商标，是一幅兔儿捣药图，名称是“济南刘家功夫针铺”。上面刻有地址，“认门前白兔儿为记”，同时，广告还有有关质量和销售方法的说明。

广告在世界各地的起源有同步性，因为它们有共同的原因——广告是伴随着社会经济的发展和人类交流活动的日益增长而发展起来的。广告起源最直接最重要的动因是人们在商品交易和其他商业活动中产生了更广泛地告知信息的需求，由于商品交换活动在原始社会中已经产生，因此，在古代文明最为发达的地区，自然存在着最初形式的广告。

## 二、世界广告历史演进述要

**1. 古代广告时期**

受当时经济条件的限制，原始广告的形式简单，技术手段也很落后。然而，许多古老的广告形式至今仍在许多地方继续使用并发挥着作用。古代广告的形式主要有口头广告、实物广告、音响广告、旗帜广告、悬物广告、招牌广告、彩楼广告和粗糙的印刷广告，等等。

**2. 印刷广告时期**

1441年，西方人发明的印刷机使社会向着大众沟通的方向发展。广告成批生产，出现了印刷广告传单，当时的广告主要使用海报、传单、报纸几种媒体传递信息。世界上第一份用机器印刷的英文广告出现在1472年，英国印刷商威廉·卡克斯顿为了推销他开办的印刷所印制的《圣经》之类的图书，撰写了一份招贴广告，并用机器印刷，篇幅为12.5cm×17.5cm。内容是：

“倘任何人，不论教内或教外人士，愿意取得适用于桑斯伯莱大教堂的仪式书籍，而其所用字体又与本广告所使用者相同，请移驾至西敏斯特附近购买，价格低廉，出售处有盾形标记，自上至下有一条红线纵贯，以为辨识。”

17世纪，欧洲开始出现新闻报纸，广告历史学家亨利·桑普逊则认为，1625年，伦敦《参考新闻周刊》刊发了第一则报纸广告；1655年，术语“广告”第一次被使用；1704年，美国的第一份报纸《波士顿新闻报》创刊，其创刊号上刊发了一份广告，这是美国的第一份报纸广告。

到1830年，美国已有报纸1200种，其中65种为日报。英国在1837年有报纸400多种，刊出广告8万余条。但是，在这一时期，由于经济原因，报纸的发行量很小，作为传播媒介，远远未达到大众化，因而，报纸广告的影响面很小。

在发行报纸的同时，杂志也陆续出现。世界上最早的杂志是创刊于1731年的英国杂志《绅士杂志》。100年后，美国的费城有两种杂志创刊。1830年，海尔夫人在费城创办《哥台妇女书》杂志，成为美国妇女杂志的先驱。在此杂志出版前，1741年，美国出版过两本杂志《美国杂志》和《大众杂志和历史记事》，分别在出版3个月和6个月后就夭折了，但毕竟开创了杂志的新纪元。同一时期的1706年，德国人阿洛依斯·重菲尔德发明了石印，开创了印制五彩缤纷的招贴广告的历史。

**3. 大众媒介广告时期**

19世纪后半叶至20世纪初，西方资本主义国家相继走向帝国主义道路。帝国主义国家的殖民化政策在为其经济的发展提供强大推动力的同时，也促进了国内人民的流动迁移，信息传播媒介也得以加速大众化。广告的重要性和规模也大幅度提高。电报、电话和手动打字机的使用，极大地刺激了大众市场营销和大众化沟通的发展，广告业得到更加充分的发展，广告开始赋予商品品牌名称，承担了更加完整的提供信息和教育的任务，广告文案撰写成了很有声望的职业，广告代理公司出现。

从1850年到1911年，世界上有影响的报纸相继创刊。这些大众化媒介刊物的出现，为这一时期的广告发展提供了便利条件。如英国的《泰晤士报》和《每日邮报》、美国的《纽约时报》、日本的《读卖新闻》和《朝日新闻》，以及法国的《镜报》等。1883年创刊的《妇女家庭杂志》，在1900年发行量即达100万份之众，可见大众化媒介的发展速度。在当时，所有报纸的主要收入来源都是广告，工厂企业也利用这个媒介来推销产品。如英国《泰晤士报》1815年时发行量为5000份，每天登载广告约100多条；到1844年，报纸发行量已有2.3万份，到1854年则达到5.1648万份，广告量在此时也达到每天400多条。

1853年，纽约的《每日论坛报》第一次用照片为一家帽子店做广告。从此，广告就开始利用摄影艺术作为其技术手段。1882年，英国伦敦安装了世界上第一个灯光广告。1903年，一部仅长12分钟的无声娱乐影片《火车大盗》开始了商业性公映，开创了电影作为娱乐手段的新纪元。电影海报从此成为商业广告中的一个重要内容。1910年，法国最早在巴黎举办的国际汽车展览会上使用了霓虹灯广告；一年以后，巴黎一家时装店安装了第一个用霓虹灯制作的招牌，以后霓虹灯广告就成为当时最流行的户外广告。

1909年，美国汽车大王亨利·福特首次采用流水装配线进行标准化生产，制造出价格仅为600美元一辆的平民型汽车。从此以后，汽车进入了一般市民生活，迅速普及开来。流水装配线的出现不仅影响了汽车制造业，而且使大机器生产的各类产品产量极大提高，成本迅速下降。于是，各类产品的竞争更加激烈，商业广告成为非常重要的竞争手段。例如著名的英国豪华游船“泰坦尼克”号在1912年进行处女航之前就曾广贴海报，招徕乘客。

这一时期的广告形式，以招贴画和路牌广告为主，但杂志广告和报纸分类广告也随着新闻

这样的1+1=2　我们还能运算多少次？

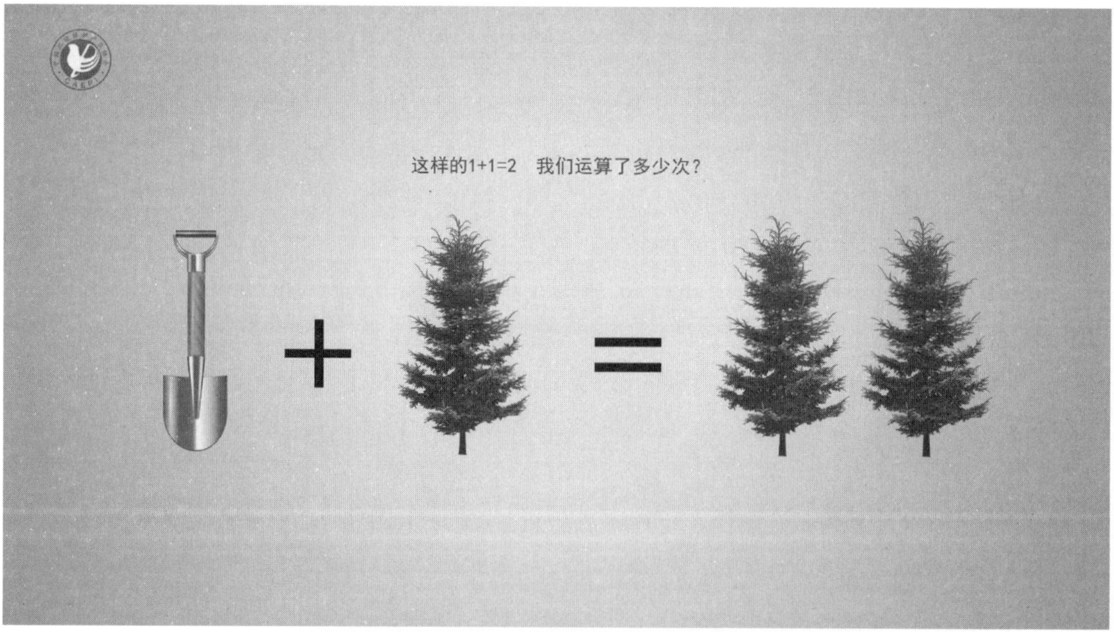
这样的1+1=2　我们运算了多少次？

媒介的发展而出现。由于广告设计多是由画家兼任的，几乎没有专业的广告设计师，因此，广告的构思和表现手法以艺术型为主，比较讲求绘画效果和技法。

**4. 现代广告时期**

20 世纪 20 年代以后，以美国为代表的资本主义经济获得了飞速发展，科学技术日新月异。继广播、电影之后，电视、电子计算机、卫星通信等电讯技术的发明、创造，为广告的全球化发展奠定了基础。市场营销学和传播学的日益成熟，促使广告学迅速成长为一门独立的科学。

20 世纪 20 年代，许多高档奢侈品和日常消费品得以普及，时装、首饰、化妆品、护肤、洗涤用品、饼干、糖果、罐头食品、烟酒等广告急剧增加，身段优美、容貌俏丽的窈窕淑女成为广告创作的基本素材。电影业步入黄金时代，出现了一批享有世界声誉的影星，电影广告也成为了广告家族中的重要成员。而收音机的普及和电视的发明更是极大地影响了广告。20 世纪 30 年代，电台成为了首要广告媒体。

第二次世界大战结束后，广告公司迅猛发展，客户服务的概念出现，并得到推广、普及。专业广告设计队伍正在形成，出现了许多新的广告手法。除以往惯用的写实主义绘画之外，平面剪贴、超现实主义手段、漫画等表现手法也得到了很好的运用。20 世纪 50 年代后期，随着摄影制版技术的发展，商业摄影由于其方便、逼真等特点，已开始变成一种越来越重要的广告手法。数目惊人的“战后婴儿”推动着流行文化的发展，广告以宁静、和平的景色为背景，迎合了世界人民渴望和平的心情。画面上常常出现婚礼、家庭的场面，人情味浓厚，富有生活情趣。除了以往的漂亮女郎之外，可爱的婴儿和猫、狗等家庭宠物也越来越多地出现在广告上。

20 世纪 60 至 80 年代，微电子、计算机、航天技术、生物工程等尖端技术的大突破，极大地解放了生产力。此时，供不应求的卖方市场，转向为竞争激烈的买方市场。广告已不再单纯是孤立的推销手段，更进而成为所有现代企业保持生存的重要手段。随着大众传播工具新的变化，电视广告取代广播、杂志、报刊广告成为主要的广告形式。到 1985 年，美国全年的广告费用中，电视广告占 30%，报刊广告约占 17%，电台的广播广告占 10% 左右，而早年最普遍的招贴、路牌广告仅占不到 2%。另外，新出现的直接邮寄广告也占了相当大的比重。由于对广告的需求急剧增加，广告开支直线上升，达到惊人的地步，其中尤以美国广告业为最。20 世纪初，美国全年广告开支约为几亿美元，而现在已达到数百亿美元，相当于一些不发达国家全年的国民经济总收入。一些西方企业将总投资的百分之几甚至几十都用在广告上，这种情况在烟、酒、饮料和易耗品方面表现得最为突出。此外，汽车、照相机、音响视听设备等高档消费品以及劳务方面的竞争也相当激烈，在广告中占有重要地位。一支高度专业化的广告设计队伍已经形成，李奥 · 贝纳（1892—1971）、大卫 · 奥格威、威廉 · 伯恩巴克就是这时的三位创意天才。随着广告业的迅速发展，分工越来越细，总体规划、文案编排、摄影、绘画、植字、印刷、发行都有专人负责。摄影成了最主要的插图手段，这时已很少用手写，而是大量采用植字手段去完成。艺术绘画型的广告已大为减少，传达商品信息，达到促销目的是现代广告的主要目标。

20 世纪 80 年代以后，世界开始进入信息时代。以网络、手机为代表的新媒介和世界广告的国际化趋势，催生出广告传播的多元化时代来临。无论是广告传播方式，还是广告存在形态都发生了深刻的变革。广告开始由传统的以传者为中心向以受众为中心转移，由“从传者到受众”的单向传播模式向“传者——受众”双向互动的传播模式转移，广告传播重点由以诉求产品功能和物质利益特点为主向以塑造品牌形象为主转移。

## 三、中国广告历史演进述要

### 1. 古代中国的广告

早在黄帝时代，中国便出现了货币交换形式。为了把用来交换的产品交换出去，就必须把产品陈列于市场，同时，为了吸引他人，势必需要叫喊等。实物陈列和叫喊便是我国最早的广告形式。

奴隶社会时期，我国广告不断增多，出现了铸鼎、悬帜、告示等广告形式。在中国的古典文学作品中，可以看到许多对广告活动的片段描写。如屈原在《楚辞》中描述商纣时姜子牙在市肆“鼓刀扬声”，招揽生意，再现了做音响广告的情景。《战国策·燕二》记载：“人有卖骏马者，比三旦立市，人莫知之。往见伯乐……伯乐乃还而视之，去而顾之。一旦马价十倍”，这是运用名人做广告的鼻祖。这些都从一定程度上反映了原始社会晚期和奴隶社会时期的商业发展情况和原始的商品销售形式——展示物品和叫卖成为了形象的广告。

春秋战国时期是我国由奴隶社会向封建社会的过渡转变时期。也就是在这一时期，人们开始把陈列于市的实物悬挂在货摊上，在实物陈列的基础上，演变和发展成了招牌、幌子等广告形式，《晏子春秋》中就有这样的描述：“君使服于内，犹悬牛首于门而卖马肉于内也。”这说明，至少当时已存在幌子这样的广告形式。于河南省登封市发掘出土的东周陶器上都印有“城篆”体陶文字样标记，是我国早期的文字广告。

公元前 221 年，秦始皇统一中国。秦朝是以法治国的朝代，其广告活动也充分体现了法治的特点，出售商品要做到明码标价。到两汉时期，我国农业、手工业、商业已有较大发展，形成了不少商业集市，西汉都城长安就是最大的商埠。张骞通西域，开辟“丝绸之路”，促进了中外商贸往来。在南北朝以至隋朝，洛阳成为政治和商业中心，店铺很多，广告活动也比较频繁。店铺在当时被称之为“市楼”，门口有一人接待顾客，所采取的广告形式有口头广告、实物陈列等。尤其是幌子，这时已多为固定店铺所采用，如酒旗、垆等。垆作为店铺幌子的原始形式，出现在两汉时期，为以后的店铺装饰起了开创作用。

公元 400 年以后，北魏始尚文治，商业出现了一个时期的繁荣。据史书记载，当时的洛阳，市东有“通商”“达货”的二里大市，“舟车所通，人迹所履，莫不商贩也”。“河东人刘白堕者，善酿酒，季夏盛暑，以罂贮酒，暴日中一旬，酒味不动，饮之为美。”在这里，刘白堕的曝晒酒于太阳之下，无疑是一个实物示范广告，“京师朝贵出郡远相馈赠，逾以千里”，广告效果之好，使这种酒名声远播。北魏时洛阳巨富大商人刘宝，注意搜集经济信息，对各地的“盐粟贵贱，市场高下”了如指掌，其中运用的广告手段无疑是其致富的重要因素。

公元 581 年，隋朝统一中国，城市商业已初具规模。611 年，隋炀帝在洛阳接待“诸夷来朝，入市交易”，尽显大隋丰富物产，对外商做了一次很好的广告宣传。

公元618年，唐朝建立，我国的封建社会发展到了鼎盛时期，工商业日趋繁盛，商业空前兴旺。在唐朝的商业活动中，存在着多种广告形式，如口头叫卖、招牌广告、商品展销会、旗帜广告等。

北宋政权改革了自古以来的市坊制度，取消了“日中为市”的限制，商业活动有了更广泛的活动余地，出现了异常活跃的局面。北宋的汴梁不仅是政治经济中心，而且是商品的集散地，各地商人穿梭于此，门面宽阔的大商店渐多，从而出现了店面装潢——彩楼、欢门这样的广告形式。同时，由于开禁夜市，商业贸易出现日市、晓市、夜市的分化，小商小贩忙着昼夜交易，城内各处叫卖之声不绝。由于行商叫卖，扯嗓吆喝，既费力气，声音又传不远，于是就从口头广告衍化出各类具有专业特色的音响广告，用各种不同的器具摇、打、划、吹，发出不同的音响表示不同的行业，例如货郎的拨浪鼓、剃头匠的铁滑剪等。

商业活动的增多，也使一些服务行业应运而生，从业者骤然增多。茶坊、酒楼、饭馆、客店遍布街头巷尾，生意兴隆。在这种经济背景下，广告得以更进一步发展。招牌、幌子、酒旗、灯笼各显其能，且随着大店铺的出现开始出现新的广告形式——门匾。我们从北宋张择端的《清明上河图》上就可看到诸如“刘家上色沉檀拣香”“赵太丞家”“杨家应症”和“王家罗匹帛铺”等招牌门匾。同时，由于科技水平的提高，印刷工艺被发明了。在隋朝发明的雕版印刷，到了宋代已发展为活字印刷。印刷技术的发明为广告提供了新的传播媒介——印刷品。历史资料证明，在宋代已开始出现印刷品广告，即现存上海博物馆的“济南刘家功夫针铺”雕刻铜版所制。

元明时期，我国开始出现资本主义萌芽。特别是到了明代，商品交换较以前朝代更为频繁，广告活动也更加明显和突出，传播商品信息的媒体种类增加了，广告手段也丰富起来。我国的雕版印刷业在此时有了明显的进步和发展。社会对书籍的需求量不断增加，书市生意兴隆，经营书籍的商人多起来，彼此之间也发生了竞争。因此，书商们不仅要在印刷、装帧等方面提高技艺，而且需运用广告扩大影响，建立信誉。1498 年刊本《奇妙全相西厢记》，底页上就刊印了广告。《金瓶梅》的插图“逞豪华门前放烟火”中，可以看到店铺的招牌和幔子，显示出经营红火的情形。

清代的民间木版年画颇为流行，至“中华民国”建立以后，它仍在宣传商品、经营等信息方面产生影响。木版年画多以民间故事人物、戏剧人物为题材，还有福、禄、寿、喜等画字。木版年画的色彩艳丽、人物生动，许多商人用这些木版画印刷品做商品包装。这也是包装广告的一种形式。这一时期，招牌和幌子之类的广告已日渐成熟。

总的看来，在中国古代，虽然广告的应用异常活跃，然而，广告形式却少有创新，主要有口头广告、酒旗广告、幌子、招牌、店堂装饰、印刷广告等。广告具有形式古朴、内容单一、规模较小、影响微弱、角色重叠、职能简单等特点。

**2. 近代中国的广告**

1840 年鸦片战争以后，在帝国主义强权下，中国政府签订了《南京条约》，允许开放通商口岸，准许中国商人将外国洋货运往全国各地销售，从而使资本主义在中国的贸易入侵合法化。外国资本和商品的大量涌入，为我国的商品生产提供了推动力，促进了工商业的发展。尤其是民族工商业与远洋资本之间相互争夺市场的竞争，刺激了广告的发展。

在各类输入品中，使用广告最多的首推药品和香烟。在当时的通商口岸中，广告最发达的是上海。当时的广告主要靠路牌和招贴。路牌是画在墙上的，蓝底白字，十分简单。招贴则多在国外印制，带回中国张贴。这些路牌广告和招贴广告曾经从城市扩展到广大的农村。

1853 年，英国人在开放的通商口岸出售刊物《遐迩贯珍》。史学家认为，该刊是在我国出现得最早的刊物之一。该刊经营广告业务，为沟通中外商情服务。其 1854 年曾刊出一则广告，寻求广告刊户。1858 年，外商首先在香港创办了《孑孓刺报》，1861 年后成为专登船期物价的广告报。此外，外国人除了创办一些综合性报纸外，还创办了一些专业广告报刊，如《东方广告报》《福州广告报》《中国广告报》等。1872 年 3 月 23 日，《申报》创刊，这是我国历史最久、最有名望的中文报纸。同期创办的还有《上海新报》《中国教会新报》等。这些报纸都刊登大量的广告，几乎达三分之二版面。

19 世纪末，华人报纸陆续创刊。这些报刊模仿外商办的报纸，开辟“各行告白（广告）”“各货行情”“航船日期”等栏目，刊登商业广告。在 1895 年至 1898 年的三四年间，全国创办了 32 种主要报纸。由于资本竞争的加剧，报纸刊数和广告版面迅速增加。1899 年《通俗报》的 6 个版面中，广告即占了四个半版。到 1922 年，我国的中外文报纸已达 1100 多种。报纸广告的广泛出现，标志着我国近代广告的发展进入了一个新的历史时期。

在这段时间，报纸是主要的广告媒介。最大的报纸是《新闻报》，该报在 1923 年即以“日销 15 万份”作为招徕广告的号召。这一时期的报纸，起初刊载的大部分是外商广告。一般是把外国洋行、商行的拍卖告示、商品介绍直译过来，插图也是西洋风格的，半文半白，中西相杂。进入 19 世纪 80 年代后，有关金融、书籍、药品等内容的广告增多了，与一般市民生活的关系逐步密切起来，广告的表现形式、插图及说明文字逐渐体现出中国风格。戊戌变法维新运动前后，我国一些具有资产阶级思想的知识分子意识到报刊宣传的重要性，相继创办了具有商业性质的报纸，如《昭文新报》《苏报》《湘报》等，它们都登载广告信息。与洋人办的报刊不同的是，这些报刊的广告主要为国货的内容。20 世纪初，清朝地方政府也纷纷创办新式官报。1902 年，率先在天津创办的《北洋官报》，每期都刊发公私告白（广告）。

同时，杂志的发行量也节节攀升。如邹韬奋主编的《生活周刊》在 1923 年的每期销量超过了 15 万份。一些主要杂志，如《生活周刊》《东方杂志》和《妇女杂志》等，也都登有较大篇幅广告。

广播广告的引进是在 1922 年以后。美国人奥斯邦在上海建造了一座 50 瓦特的电台，从而揭开了我国电波广告的序幕，但广播电台正式开播广告是在 1927 年，新新公司办了一座 50 瓦特的电台，播送行市、时事与音乐。同年，天津、北京也相继开设电台。到 1936 年，上海已有华资私人电台 36 座、外资 4 座、国民政府电台 1 座、交通部电台 1 座，这些电台都主要依靠广告维持。

上海最早的霓虹灯广告引进于 1926 年。其后有外商在上海开设霓虹灯厂，规模较大的有丽安电器公司。华资电器公司也在此后相继出现，并为广告公司制作霓虹灯广告。

此外，新出现的广告形式还有车身广告、橱窗广告等。同时，印刷广告也得到进一步发展，相继出现了产品样本、企业内部刊物（免费赠阅）、企业主办专业性刊物、月份牌和日历等形式的印刷广告。

在1936年全国运动会期间，《上海新闻报》借机搞了一次空中广告，把写着“新闻报发行量最多，欢迎客选”的广告条幅用气球放入空中。这是在我国首次出现的空中广告，为扩大《上海新闻报》的影响起了相当积极的作用。同年在上海还举行了全国性的商业美术展览会，为提高广告的艺术水平、更加积极地发挥广告的社会和经济效益起了相当好的作用。

**3. 现代中国的广告**

1949年，中华人民共和国成立。由于经济、政治、社会诸方面的原因，新中国的广告事业在经历了一个长期的曲折过程之后，才得以迅速恢复和发展。我国新时期广告的发展大致分为以下几个阶段。

复兴阶段（1979—1985年）：表现为替广告正名、重温传统广告。1979年被称为中国现代广告事业的元年。1979年1月4日，《天津日报》刊发“文革”后第一条商业广告；1月14日，《文汇报》发表《为广告正名》的文章，为广告的合法性进行辩护；1月28日，上海电视台播出了中国电视史上第一条商业广告——参桂补酒的广告；3月15日，中央电视台播出了首例外商广告——西铁城手表广告；同日，上海人民广播电台播出春蕾药性发乳的广告；12月，中央人民广播电台开始播发广告，并于1980年1月开办广告节目；1月28日，《解放日报》恢复商业广告刊登业务；4月17日，《人民日报》开始登载汽车、地质仪器的广告……所有这些标志着我国广告业恢复。1979年11月，中共中央宣传部发出《关于报刊、广播、电视台刊登播放外国商品广告的通知》。

探索阶段（1985—1992年）：表现为广告费持续增长，现代广告意识觉醒，现代广告观念初步形成。从1984年到1993年，中国广告营业额从3.65亿元增长到134.09亿元，平均年增长13.175亿元，占国民生产总值的比重也从0.05%上升到0.39%。全国经营广告业务的专业公司在恢复之前不到10家，1989年则为1.1142万家。20世纪80年代中期以后，占主导地位的有关专业广告公司提出了“以创意为中心，以策划为主导，为客户提供全面服务”的经营理念，广告经营业务逐步转向以提供广告策划、进行市场调查、开展咨询服务等全面的综合性的服务为重点。

拓展阶段（1992—1996年）：表现为广告教育风起，广告理论的译介和研究向纵深发展，广告追求轰动效应。1992年是中国广告业大发展的标志性一年。邓小平南巡讲话掀起了中国经济发展的第二次浪潮，中国广告获得了新的发展机遇。我国先后翻译出版了不少日本和美国广告方面的著述，对于在国内普及广告理论和业务知识起了很好的推动作用。随着时间的推移，引进推广境外先进的研究成果逐步向系统、精深方向发展，出现了一批质量较高的丛书、译著。我国业内学者专家也编著了为数众多的专著、教材，学术水平不断提高。广告研究的范围内容向深广进展，广告学与经济学、市场学、传播学等学科进一步融合。1995年，《中华人民共和国广告法》正式实施，标志着我国广告管理进入新的里程。

而在广告实践领域，一些企业开始了商业冒险，广告活动躁动起来。1993年1月25日，《文汇报》破天荒地以整个头版刊出西泠电器广告，随后，《解放日报》《河南日报》等报纸纷纷仿效；1993 年春，重庆“人民解放纪念碑”上挂起了恒安卫生用品公司的广告，舆论为之哗然；1994 年 6 月，神圣的天安门广场飘扬起了双汇集团的气球广告；1995、1996 年，秦池酒厂分别以 66666668.88 元和 3.2 亿元的天价两度夺得中央电视台广告招标标王。头脑发热与理性思考一并搅和成中国广告动荡与混乱、开拓与进取的世纪末景观。从 1993 年到 1995 年 3 年间，全国广告营业额从 1993 年的 107 亿元、1994 年的 200.3 亿元上升到 1995 年的 273 亿元，年平均增长率为 40%。在这 3 年间，广告市场的结构也发生了变化，生产资料的广告投放量下降，生活资料的广告投放量上升。

赶超阶段（1996—2008 年）：表现为广告与国际接轨，挑战与机遇并存。1996 年 6 月，中国广告协会组织的庞大代表团首次参加戛纳国际广告节，标志着中国广告全面融入世界广告的开始。2003 年，全国广告营业额突破 1000 亿元大关，达到 1078.68 亿元。2005 年突破 1400 亿元大关，达到 1416.3 亿元。与此相适应，管理部门也制定、出台了一系列广告专门法规、相关法规、行政规章条例，基本上形成了以《广告法》为核心的一套比较系统、完备的广告监督管理体系。国家工商管理部门在进行广告法制建设的同时，也大力加强广告市场的清理整顿工作，打击和防范虚假广告与非法经营广告活动，保护消费者权益，管理水平不断提高。2004 年 9 月，第 39 届世界广告大会在北京成功召开，表明中国广告得到了国际广告界普遍的重视和认同。但我们又必须看到，根据我国签署的 WTO 一揽子协议确定，我国于 2005 年 12 月 10 日全面放开广告市场，此前只能以合资、入股等形式参与中国广告市场的跨国广告集团开始以平等待遇加速在我国的强势扩张，加之跨国集团媒介购买公司的大资本运作，高度分散的本土广告公司发展日趋艰难，中国广告产业面临着严峻挑战。

创新阶段（2008 年至今）：表现为互联网广告与移动互联网广告的兴起。2008 年，北京奥运会成功举办之际，肯德基发起的以“胜利之翼”命名的战役，通过新浪论坛、博客、新浪网站、校内网、前程无忧网、社区 SNS 进行活动，取得了极大的成功，之后百事可乐、宝洁等大型广告主通过互联网投放广告。2012 年之后，移动互联网广告兴起，微博、微信、电商平台等异军突起。截至 2018 年，全国广告经营额达到了 7991.45 亿元，其中互联网及移动互联网广告收入为 3694.23 亿元，新兴的广告形式不断涌现，传统的广告形式面临着严峻的挑战。

**思考与练习：**

1. 世界广告产生和发展的原因是什么？
2. 怎样理解广告的内涵？
3. 现代广告的构成要素有哪些？
4. 广告学的研究对象是什么？如何认识它的学科特征？
5. 试述广告学与市场营销学、心理学和传播学的关系。

## 案例聚焦

**“70 后敢想，80 后敢说，90 后敢做。”——百事“我创”系列广告**

百事可乐坚持创新的营销理念，将之前在中国市场沿用了 10 年的“突破渴望”口号转变为“百事我创”的新理念。这一理念的转变是在百事调研后，通过调研，它发现三代人最大的区别是：“70 后敢想，80 后敢说，90 后敢做”。“突破渴望”不再能满足 90 后这样一批敢创造，并且敢把创造表现出来的年轻人。所以百事决定用新的理念——“百事我创”来宣扬这一代年轻人的精神。

百事通过“百事群音”乐队选拔赛这样的主题营销活动模式，来发掘年轻人的创造精神，并取得了卓越成效。此次“百事我创”活动打破了以往“请明星”的思路，改变为“造明星”，同时整合新浪网、浙江卫视与空中网等不同形式的媒体。这也契合了现在的 90 后年轻人喜欢自己去创造的现实，所以百事提供了这样一个舞台。90 后可以说是与网络分不开的，因此，此次“百事群音”活动有针对性地选择了跨界媒体营销方式，“百事群音”的现场分为前场和后场，乐队在舞台上表演是前场，在后台的状态是后场。从乐队进入这个空间开始就有摄像机全程记录，前场由浙江卫视和空中网手机直播，同时与前台同步进行的后台活动，则在新浪网与 PPLive 上直播。

零点集团在《“90 后”文化检测零点报告》中指出，90 后喜欢原创，讨厌模仿和抄袭。百事可乐新一代口号 “百事我创” 正是迎合了 90 后这一精神特质，而“百事群音”乐队选拔则是为传播这种精神而进行的主题活动。百事可乐将自己定位成年轻人的可乐，一直邀请年轻人喜欢的明星做代言，这些明星号召了一代又一代的年轻人选择百事可乐。在百事看来，不同的口号与不同的时代背景相连，代表着那一代年轻消费者的渴求。而百事必须以最新的精神理念来抓住不同时代年轻人的心，认同他们，也得到他们的认同。“百事我创”则更符合现阶段年轻人的“敢做”精神，国家在从制造走向创造，90 后消费者也因为时代的更开放而表现得更多样，更勇于秀出自我，勇于创造，不拘泥于惯有的思维，他们也更认可产品所代表的精神。北京大学社会学系副教授刘能在描述 90 后消费特征时指出，他们最重要的一个特点就是“精神认同感消费”。（本案例节选自数字商业时代，2009 年 10 月 21 日，作者：孟岩峰）

## 案例评析

通过这个案例我们可以看出，百事可乐的定位一贯是“年轻人的可乐”，但是不同时代的年轻人有不同的时代特征，百事可乐与时俱进，一直追求以最新的精神理念来抓住不同时代年轻人的心，认同他们，也得到他们的认同，改变自己的广告策略，与消费者产生共鸣，从而赢得了市场。

# 第 2 章

# 现代广告及其发展趋势

一般地说，现代广告是在美国内战后不久开始出现的。科学技术的进步，大众传媒的发展，信息革命在全球范围的兴起，导致广告的产业化进程大大加速，从而使广告成为独立的现代信息服务业。现代广告业属于知识密集、人才密集、技术密集的三密集型产业。广告业利用自身三密集的优势，通过广告经营的活动形式，提供一种高智力、高技术的服务，这是广告业与第三产业中的一般性服务行业和经营活动的重要区别。

## 第一节　现代广告的特征和社会作用

### 一、现代广告的特征

现代广告随着科技发展、社会的进步及人们观念的转变而呈现以下几方面的特点。

1. 伴随着现代市场营销，传统的“以产定销”转变为“以销定产”，广告也由以生产者为中心转向以消费者为中心。

2. 传统的“经验”决策论，转变为对产品、市场、消费者、竞争者等进行科学分析研究，以此制定市场策略、广告创意策略、媒介策略，达到有效传播广告信息的目标。

3. 广告运用由单一的“个性”努力转变为集体合作的智慧。面对复杂多变的市场和消费者，只有综合多学科内容，促使团队通力合作才能完成广告传播任务。

4. 由分散单一的运作过渡到整合运用所有媒介资源和传播工具的“全传播”。现代广告必须合理组合多种媒体，运用多种传播手段，进行信息一致的全方位、全过程传播，方能达到效果。

5. 现代广告技术手段的日新月异，突破了传统广告的许多限制。随着大数据、人工智能技术在广告中的应用，广告的调查、创作、投放与效果反馈都更加数据化、精准化，尤其在广告投放效果监测方面，广告的展示量、点击率、购买率/下载率都可用数据呈现，很大程度上解决了传统广告中广告浪费的问题。

## 二、现代广告的社会作用

**1. 广告推动社会经济发展，促进物质文明进步**

市场经济是社会有限的资源按市场的需求进行配置。在这个过程中，信息只有广泛流通，才能接近最优的配置水平，此时，广告的信息传播作用十分显著。广告是因生产力的发展和经济水平的提高而产生的，同时，它又不遗余力地推动着商品经济的发展，使社会资源在更大的市场范围内进行组合，在更有效率的条件下进行配置，从而促进了市场经济向更高的阶段迈进。

美国全国电台电视广播公司协会会长哈罗德·费洛斯雷在 20 世纪 50 年代后期就预言，假如广告突然停止，那将使美国 2700 家电台和 400 家电视台关闭， 许多报纸和杂志社倒闭，还有许多将缩小规模，价格上涨，失业人数大幅度增加，许多人会争取进入制造业和运输业，证券交易所倒闭，价格剧涨。它摧毁美国的速度比 1000 颗原子弹或氢弹更快。

**2. 广告满足消费者需求，促进企业发展**

消费者对某一产品的需求，往往是一种潜在的需求，这种潜在的需要与现实的购买行动，有时是矛盾的。广告造成的视觉、感觉印象以及诱导往往会勾起消费者的现实购买欲望。有些物美价廉、适销对路的新产品，由于不为消费者所知晓，很难打开市场，而一旦进行了广告宣传，消费者就纷纷购买。另外，广告的反复渲染、反复刺激，也会扩大产品的知名度，甚至会引起一定的信任感，从而使购买量增加。例如，美国有个小企业，专门生产塑胶产品，因知名度不高，销售量一直不高。后来他们选了一个专业性刊物做广告，为了取得积累性效果，在 6 个月内连续刊登 12 次，每半个月登一次。半年之后，这家企业的产品知名度从原来的 9.6% 提高到 16%，销路终于打开。

广告可以全面介绍产品的性能、质量、用途、维修安装等信息，并且消除消费者的疑虑，消除消费者由于维修、保养、安装等问题而产生的后顾之忧，从而使其产生购买欲望。一个企业，经过广告的高频率、全方位的反复宣传，人们就会逐渐知晓、熟悉它，提高对其产品的了解和对其商标的识别，达到扩大市场占有率，增加营业额的目的。同时，一个企业的形象和声誉对于企业的生存和发展是极为重要的。企业的自身素质是建立良好形象和声誉的基础，但是企业素质再好，如果没有广告宣传，其形象和声誉也是难以树立的。大量事实证明，有效的广告宣传是树立企业形象的重要手段。

**3. 广告对社会文化建设的作用**

广告与人们的日常生活息息相关，可以美化社会环境，丰富人们的文化生活。它作为一种大众传播的工具和手段，既具有经济效益，也具有社会效益。同时，广告也是一门错综复杂的视听艺术，在传播经济信息、发挥经济宣传功能的同时，也以其艺术魅力对社会产生潜移默化的熏陶作用。

广告的形式很多。有些广告是放置在城市街道两旁或建筑物上的灯箱或霓虹灯上等，即户外广告。这些广告对城市的亮化、美化起着重要的作用。好的户外广告的制作和设置，装扮着城市的街道，增加了人性化和情感化的成分。到了夜晚，灯火开放，亮如白昼，展示着城市的美丽，显示着都市的繁华。此外，作为信息传播工具，广告不同于一般的信息传播，更多的是一种艺术表现。广告表现特别强调创意，只有好的创意才可能产生好的广告。创意往往是通过各种艺术形式对广告素材进行综合的加工和处理，从而使其更具感染力。广告虽然时间或篇幅很小，但却蕴涵着深厚的文学艺术内容，可以说是文学艺术水平的一种集中体现，也从一个侧面推进着当代文学艺术的发展。

# 第二节　现代广告的发展趋势

## 一、现代广告发展的主要趋势

20 世纪 90 年代末，国际经济活动的全球化和数字化越来越明显。经济活动的这两个倾向自然而然地影响到对新变化无比敏感的广告活动，广告活动的变动反过来又促进了经济活动朝全球化和数字化发展。

**1. 广告内涵的扩大**

广告向来被认为是营销 4Ps 中促销的重要部分，被界定为是通过大众媒体向特定目标受众传递商品或服务信息的付费的传播形式。因此，广告发布形式一般被限定在电视等四大媒体以及户外广告上。广告公司的经营除了整体策划外，就是媒介代理。但是，20 世纪 90 年代以来，消费市场和媒介都发生了很大变化。首先是市场总体上供过于求，消费者选择余地更大，这时，仅仅单向性的说服性广告效果逐渐减弱，广告主必须认真了解消费者的需求和反馈，需要双方良好的沟通; 再者，可供广告主选择用来传递信息的媒介形式日益增多，新的媒介形式异军突起，于是，人们谈到广告，其所指的内涵已经比原来大大扩大了。主要表现如下。

（1）从消费者到生活者

以前，广告业使用消费者这个概念。消费者一般指购买或使用某产品或服务的人。广告要影响的对象是消费者，于是，人们努力研究作为消费者的个体或群体的各种消费行为、消费心理以及媒介接触习惯等，以期找出其消费活动规律，制定相应的策略。消费者概念的提出是一次巨大的观念转变，消费者被还原为实际生活中的人，消费活动仅仅是人们的日常生活中的一个小小组成部分，除此之外，他们还有娱乐、学习、交友、休息、社区活动等不同的生活方式，还有人们的生活态度、价值观，等等，这些活动显然与消费活动密不可分。广告要达到良好的信息沟通，就必须深入人们的生活，研究消费者的生活方式、生活态度、行为方式，才能有良好的沟通，才能卖出自己的产品。广告显然已不是传递产品或服务信息那么简单了，而已深深地融入人们的日常生活。

（2）从单向的说服性传播到全方位的信息沟通

广告不再是广而告之一定的商品或服务信息就够了。在当今信息社会里，每位消费者获得信息的渠道都在增多，四大媒体仅仅是其获得信息的一小部分渠道而已。面对越来越多的信息，消费者只能凭主观感觉非常迅速、浅层地进行处理。在这种情况下，作为信息发送者，广告主的信息很容易被消费者所忽略或误解，沟通也就无从谈起。因此，广告主只有根据目标消费者的实际生活形态，采取全方位的信息沟通策略，也就是利用一切可能利用的信息渠道，尽可能地把同一信息传递给消费者。在这个过程中，还必须随时了解消费者的反馈，以便及时做出调整。这种理论在广告业中的实际应用，就是整合营销传播（IMC），即综合、协调地使用各种形式的传播方式，传递本质上一致的信息，以达到宣传目的的一种营销手段。

（3）精准、互动广告的出现与发展

与广告内涵的变化紧密相关的是精准、互动广告的出现与发展。精准广告借助大数据技术，使广告消息精准地触达消费者，互动广告使得消费者能够即时与广告进行深入、双向的交流，使其与品牌的对话随心所欲。一方面，消费者有幸减少无用广告的骚扰，而只与感兴趣的内容深入接触；另一方面，广告主也可以通过互动广告，搜集对其产品进行过深度了解的消费者的情况，以便与这些具有购买意向的消费者培养一种更加密切的关系，企业的营销投入才会更具实效。

（4）自媒体的出现和发展

随着互联网和移动互联网的迅猛发展，微信、微博、虚拟社区等自媒体迅速发展，很多广告主通过微博、微信公众号、虚拟社区发布广告。例如杜蕾斯曾凭借微博广告成功触达 300 万粉丝用户，更因为有趣的广告创意引起大量转发，取得了良好的效果。自媒体的出现和发现改变了广告内涵中“付费”的原则。

**2. 广告主营销观念的变化**

在竞争日益激烈的市场，广告是否有效，广告公司固然负有重要责任，不过，广告毕竟只是营销中的一环，任何广告方案最终都由广告主决定。因此，广告主对营销的态度及对广告代理商的选择，是决定性的因素。近年来，国际性广告主这方面的主要变化如下。

（1）重视品牌资产

在产品高度同质化的今天，消费者很难区分不同企业同类产品的差别，或者即使能够区分，这种差别实际上也并不显著。消费者往往更多的是根据品牌来选择产品，因此，品牌作为企业竞争的根本，是企业的资产。这一点虽然早已得到公认，但是由于竞争激烈，为了提高销售额，很多广告主其实忽略了对品牌的培育，而只是单纯追求短期利益，其结果可能损失更大。在这种情况下，也有不少广告主开始重新坚定信念：要以长期的一系列策略来保护自己的品牌，只有强大的品牌才能持久。以品牌专家著名的宝洁就是如此，在走过弯路之后，它重新重视和培育品牌工作，强调品牌经理要以消费者研究专家的身份，与宝洁产品开发和营销人员协同工作。美国 BBDO 的副总裁菲利普 · 杜森提醒大家：消费者不会放弃品牌，只有品牌放弃消费者。重视品牌使得广告主能够从长远和全局的观点来审视每一个营销计划和广告计划。

（2）尝试联合营销

近年来国际上采用联合营销方式的广告主越来越多。联合营销在日本也称共策广告，是指具有互补性（如产品功能、企业的营销策略）的广告主基于共同的利益，采取互相合作的营销方式，如共同发布广告、联合进行促销，等等。《荆轲刺秦王》在日本上映期间，就与某品牌方便面共同发布广告，巩俐出任该品牌方便面的代言人，该方便面企业出面购买媒体。联合营销费用一般根据协议来分担。联合营销不但可以节省营销费用，更重要的是能起到1+1>2的作用。柯达曾进行过这方面的研究测试：由它自己营销，或与索尼美国公司（提供娱乐产品）联合营销，二者对消费者的购买欲有不同的影响。20%的潜在顾客说他们会买柯达营销的产品，20%说他们会买索尼名下的产品。但是当两个品牌联合时，购买欲却提高到了82%。此外，想宣传价格而又不能损害品牌形象时，联合营销是一个比较好的办法。2018年小米科技与肯德基推出“购买肯德基全家桶赢小米手环”的联合营销，取得了较好的市场效果。

（3）代理业作为经营伙伴

过去，代理业只要做好分内的代理工作，如广告策划、创意、媒介计划与购买，等等。但是今天的市场更加复杂，竞争更加激烈，广告主更多的希望代理公司能够成为真正的经营伙伴，帮助提供企业发展方向、企业战略等方面的咨询服务。也就是，代理公司应当具备参与企业经营层面，做企业智囊的能力。反过来，代理公司由于参与到企业的经营层面，也有可能更牢固地维护已有的客户。因此，广告主与广告代理之间的这种新型关系被更多地强调。那些不适应新型关系的代理公司，将逐渐被其客户抛弃。在大数据和人工智能的应用下，不少广告主甚至提出广告费用依销售提成的方式来计算，可见代理业更进一步成为经营伙伴。

### 3. 广告产业经营的整合与分化

（1）经营范围不断扩大

应市场的变化和广告主的需求，广告公司的经营范围发生了巨大的变化，已经不再局限于原来的四大媒体加户外广告的经营范围。从信息沟通的观点出发，许多广告公司认为，只要客户需要，广告公司就必须努力为之服务。广告公司的经营范围涵盖了互联网、移动互联网的众多方面。

（2）广告公司集团化

适应经济全球化的发展趋势，广告代理商必须向跨国公司客户提供更具全球影响力的促销活动，这进一步加快了当前世界广告业的集中发展趋势，全球广告业掀起兼并、收购与联合热潮，造就了许多大型的广告集团。例如，1997年奥姆尼康集团收购了世界第十五大广告集团GTT，在这之前，它还将其在英泰格集团的股份从原来的49%增加为85%，从而大大增强了其实力，超过WPP成为世界第一大广告集团。1997年其广告营业额就达到了317亿美元。在这种情况下，有些跨国公司倾向于选择一两个广告代理集团，而不再是原来那样同时选用多个代理商。这反过来又鼓励了广告公司之间的合并。即使作为集团里的一个成员公司的单个广告公司，也无疑必须具备国际性的执行能力。事实正是如此。今天，亚太地区、中欧、拉丁美洲等地区的国家里，来自欧美的跨国广告公司的营业额大多在前十位之内，这已充分反映出广告业国际化的趋向。

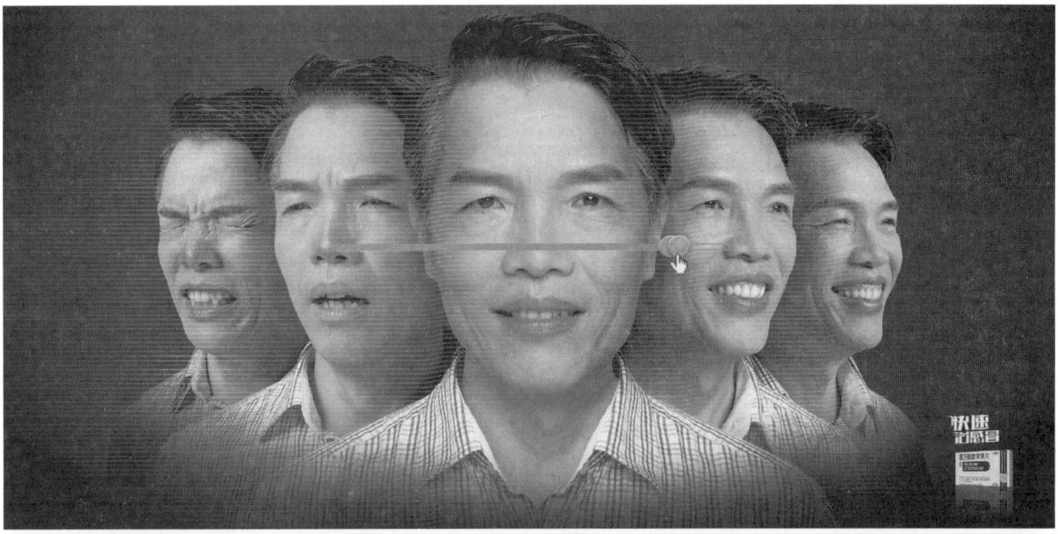
快速
治感冒

快速
治感冒

快速
治感冒

（3）广告业的专业化分工

在大型广告公司不断整合，组建大型广告集团的同时，广告业的社会分工也越来越细，这为那些小广告公司提供了生存空间。通过从事专业化的工作，诸如广告调查/消费者数据获取、创意/智能化广告创意、广告设计/智能广告设计、广告投放监测等工作，小广告公司成为大型广告公司的重要工作伙伴。同时，那些不被大广告公司重视的地方小型广告主也是小广告公司得以生存的重要原因之一。

**4. 媒介的发展变动及新媒体的产生与壮大**

作为广告的载体和广告业的重要组成部分，媒介的一举一动都牵动着广告业的神经。无论是现有媒介的发展变动，还是新媒介的产生与壮大，抑或是媒介经营形态的变革，总会伴随着广告产业或大或小的变化。

（1）媒介企业集团的扩张

媒介企业集团 (Media Conglomerate) 最早产生在欧洲，其特征是经营内容多元化、经营区域跨国化、企业规模巨大化。媒介企业集团从地区性媒介经营开始，通过合作、参股、兼并或者收购的方式，逐步吸收合并同行业或其他行业的企业，成为巨大的企业集团。这种集团化和规模化的发展模式，使媒介企业集团的实力和规模迅速扩大。雄厚的资本优势使媒介企业集团可以通过资本运作手段大规模地对其他媒介进行合并、收购、合作，进一步发展。丰富的媒介传输内容，使媒介企业集团有最重要的媒介经营资源，在媒介竞争中优势明显。媒介企业集团不断发展扩张，令其在广告市场中的议价能力大大增强，必然要求有与其实力相当的广告代理商或媒介购买公司，促使广告业经营的集中化。媒介交易方式将趋向于一揽子买断，而非个案式的单个讨价还价。因此，一方面，广告代理业将不仅仅限于从广告主的角度，而是更注重从媒介的角度来进行媒介代理作业，另一方面，大型广告主也会直接介入媒介的购买。2006 年 4 月，全球最大的广告、媒体和传播领域控股集团 Omnicom Group 正式宣布在上海设立其在中国的第一家办事处。而刚刚加盟不久的“中国公关之父”杜孟也坐镇上海，并启动了中文名称“宏盟集团”。宏盟集团一向在广告界处事低调，然而，该集团旗下却拥有一大帮声名显赫的子公司。其中，天联广告(BBDO)、恒美广告（DDB）、李岱艾广告（TBWA）位列全球十大广告公司，OMD 则是全球最大的媒体专业服务公司之一，福莱公关及凯旋先驱等则位列全球七大公关公司。

（2）泛媒介的发展

泛媒介是指有同一编辑内容或节目内容，但是覆盖了几个国家和地区的媒体。泛媒介随着媒介企业集团的扩张而发展。根据覆盖范围的不同，泛媒介可以被分为泛世界媒体和泛地区媒体。前者如《时代》《读者文摘》、CNN 国际、MTV 网络国际等；后者根据语言、经济等不同而形成自然的区域，数量很多，如《亚洲周刊》、STAR TV 等。根据媒介的形态，泛媒介的主要类型有杂志和卫星电视频道。其中泛地区杂志 1997 年的广告收入为 12.65 亿美元。泛媒介使得广告主能够以较少的费用在不同国家但具有相同特征的市场开展整体广告活动。其虽然目前还处于发展的初步阶段，但随着经济全球化、跨国企业的发展，以及媒介集团的扩张，泛媒介会越来越受到重视。广告代理业如何充分发挥这种媒体的效用，如何与地区媒体互相配合，都是需要深入研究的课题。

(3) 新媒体蚕食传统媒体

在相当长的一段时期内，传统四大媒体占据了广告经营额的绝大部分。2011 年与 2015 年，互联网广告分别超过报纸广告和电视广告，成为最主要的广告投放形式。2018 年互联网广告占据接近一半的广告市场营业额。与此同时，大数据与人工智能技术不断改造传统的广告媒介，如分众传媒研发的智能广告系统提升了电梯广告的效率。新媒体不断蚕食传统媒体的份额，传统媒体面临着严峻的挑战。

## 二、中国当代广告未来发展的特征

### 1. 广告公司将走向两极化

改革开放以来，伴随着中国经济的持续快速增长，中国的广告业得到了迅猛发展，发展速度令世界瞩目。中国广告市场的诱人潜力，令国际广告业巨头纷至沓来。尤其是自 2005 年末，中国履行加入 WTO 的承诺，完全放开广告市场以来，跨国广告集团更加快了在华扩张的步伐。业内专家指出，全球广告业巨头已经纷纷将其战略重心向中国市场倾斜，一场更为激烈的商业大战即全面打响。面对跨国广告集团的威胁，中国本土一些优秀的广告公司一直都在奋起直追，并不断在探索中吸取经验，积极寻求新的出路。就目前来看，中国的广告公司就会朝两极化的方向发展：一种是大的，一种是小的。一方面，一些抓住机遇的广告公司会充分利用自身的客户资源和客户优势，筹措相当的资金来发展自己的地盘，变身为规模型的广告公司，逐步形成和国际 4A 公司抗衡的力量，并能够为大规模的集团企业进行全案广告服务，例如广东省广、蓝色光标；另一方面，一些初具规模的广告公司将化整为零，走小而精的道路，以专项服务的姿态与小型企业主进行个案合作，如二十人左右团队的广告创意公司。而那些投资成本太大、投资利润收益太小的本土广告公司，会因为维持不了正常的生存状态而被淘汰，如诞生于传统媒体时代，依附于传统媒体版面和时段资源的广告公司。

### 2. 广告媒体将进一步多样化

经过 40 年的发展，广告媒介发生了翻天覆地的变化，从传统媒体主导媒介格局的时代演变到多样化的媒体并存。例如微信、微博、新闻客户端、小视频、购物平台、直播平台等，这些媒介不断满足广告主广告投放的需求。

### 3. 广告公司与客户的关系将明确并趋于合理

目前，广告公司与客户之间缺乏互信是制约中国广告行业可持续健康发展的因素之一。在未来，面对激烈的市场竞争，广告公司与客户间定位在朋友和伙伴的关系。广告公司与客户既是共创利润的伙伴，又是共担风险的朋友。两者关系的核心变化使客户在选择媒介和广告公司时将由现在的价格判断转向价值判断。任何一方单一追逐纯粹的利益，势必将对全行业发展产生不利影响，甚至影响未来广告行业的可持续发展。

拒绝高空坠物
再轻也危险

**4. 员工教育体系将更为系统、完整**

未来的广告公司将会把加强员工教育培训体系建设作为提升公司魅力、吸引专业人才、发展行业软实力的重要途径之一。对于员工的教育体系将可能包括三个层次：第一是入门级教育，对新进公司人员进行两三个月的入门教育，其主要从事基础工作；第二，对其中业绩突出并工作满一定年限的，给予第二个阶段的部门经理级教育，从事比较核心的工作；第三是接受更为高级的总监级教育培训，以此促进员工规划个人职业生涯，加强人才培养和开发，提升未来现代广告企业的综合竞争力。

**5. 消费行为与消费心态将更为复杂**

任何一种消费活动，都是既包含了消费者的心理活动，同时又包含了消费者的消费行为。营销的世界纷繁复杂，原因在于消费者总是在变化。很多时候企业总是看错消费者，或者误读了消费者，甚至是低估了消费者的需求。随着科学技术的发展，产品日益丰富，竞争加剧，消费者的消费行为日渐成熟，会有更多个性化的需求出现。比如，对质量要求苛刻，消费行为更难测定，商品选择更严格，服务满足更强烈，个性消费更明显，购买时间要求更短，等等。未来消费行为的发展将会出现两种态势：一种是城市化趋势，城市占整个市场 40% 的人口，这是一个大的群体；第二种是 60% 的农村人口。这两个消费群体中，城市化的阶段可能呈现的是人们将由过去的生存状态进入生活状态。生存与生活的性质不同，带给我们的思考也完全不一样。生存状态的人追求的是产品功能的满足与数量的增加，而生活状态的人讲求品质与个性，追求差异。这是最重要的变化。

**6. 大数据、人工智能技术在广告中的应用加深**

随着大数据和人工智能在广告中的应用，消费者洞察、广告创作、广告投放与广告效果反馈逐渐数据化。消费者洞察通过消费者数据的抓取与处理形成消费者标签；在广告创作方面，阿里巴巴推出的鲁班设计系统达到了每秒设计 8000 张海报的速度；在广告投放方面，程序化购买使广告投放精确到每一个消费者的每一次点击行为。可以预见的是大数据和人工智能技术的应用逐步加深，将改变未来广告的形态与运作方式。

**7. 企业运用广告的心态、目的和方式将调整**

中国的现代广告经历了 40 年的发展，企业很清楚为什么需要做广告，也更清楚何时该做广告，何时不该做广告。广告有其“能”的一面，也有其“不能”的一面。在“能”与“不能”之间，广告有一个合适的位置。客户成熟了，客户理智了，广告人怎么办？广告人至少应该与客户保持同步。抱残守缺的，不适应的，必将被淘汰。

思考与练习：

1. 现代广告的特征有哪些？
2. 如何认识现代广告的社会作用？
3. 谈谈你对现代广告发展趋势的看法。

## 案例聚焦

**家电：市场大局已定？需求稳中有增？城乡居民分层消费升级**

2006年，家电市场需求仍将保持稳定，不会出现大起大落的现象。国际和农村市场将是今后中国家电业开拓的重点市场。新的消费周期将使家电市场发展领域进一步扩大，城市和农村、东部和西部按照不同的消费层次分别、渐进地步入消费升级期。《现代广告》杂志社认为，2006年家电行业广告市场静水流深，打完广告、价格战的家电行业逐渐走向理性，在加强渠道建设的同时，以海尔、联想为表率的中国家电行业更加着眼于长期品牌建设。环保、节能、精神文化产品成为消费的热点，智能化、方便化、个性化、绿色化的家电商品成为人们的消费时尚。访谈对象——某彩电集团品牌塑造的主要手段是通过广告创意来表现。企业认为，家电行业渠道建设是关键，决定企业成败。公司认为，家电是成熟行业，在现阶段市场格局下，各种传播手段应用很成熟，追求平稳的广告传播策略。电视媒体投放的广告费用占总广告费用的60%，报纸广告投放占20%，依然倚重传统媒体，新媒体作为补充。

**汽车：家庭购买力走强？消费者持币等跌价？车市可能出现“火”迹象**

2005年，汽车销量明显攀升，30%左右的增长幅度让世界惊讶于中国车市和汽车广告市场的容量。也有一部分消费者认为，尽管家庭汽车购买力走强，但国产轿车价格还没有真正与国际接轨，有一定降价空间。况且，2006年进口车配额被取消，进口车能否带动新一轮车市行情降价，在一定程度上取决于政策走向。《现代广告》杂志社认为，2006年中国车市可能出现回暖，但绝不意味行业全面复苏，新一轮的市场竞争导致广告营销升级。但能源紧张、环保要求等促使消费者在选择汽车时更加注意这类营销概念。与其打价格战，不如选择走技术、服务专业化之路。访谈对象——某国家级大型企业集团走“以车为主、多元经营”的发展之路，认为产品差异化才是最根本的出路。广告宣传更倾向于专业杂志、报纸和网站，以及店头或展销会上的POP展示。企业建立了专业的俱乐部，有自己的客户数据库，非常重视与经销商及代理商的关系处理，定期举行联谊及招商会，加强与消费者的联系。

**思考**：请结合上述有关汽车、家电市场走向的两个案例，简要说明你对中国广告未来发展特征或趋势的看法。

# 第　3　章

# 整合营销传播

从应用层面上来看，整合营销传播早在 20 世纪 80 年代就已经在一些公司和营销传播机构受到了重视。当时，有远见的营销人员发现传统广告很难奏效，而各种营销工具并用又容易相互发生碰撞，因此力图把各种营销传播手段协调运用以便创造更好的传播效果。本章就是对整合营销传播的相关知识进行系统梳理，以便对整合营销传播形成一个全面而系统的认识。

## 第一节　整合营销传播的概念与特征

### 一、整合营销传播的概念

“整合营销传播”的英文全称是“Integrated Marketing Communication”，简称“IMC”。由于研究者研究角度、使用立场的不同，关于 IMC 的定义出现了很大的分歧，并且，“整合营销传播”的概念也随着时代的发展不断深化。综观整合营销传播在西方的发展，可以发现：西方对整合营销传播所下的定义也是随着时间的推移和研究的深入而逐步深化的。

80 年代末，全美广告业协会（AAAA）对 IMC 做出以下定义：“IMC 是一个营销传播计划概念，它注重以下综合计划的增加值，即通过评价广告、直接邮寄、人员推销和公共关系等传播手段的战略作用，以提供明确、一致和最有效的传播影响力。”由于这一定义出现得比较早，因此，很多学者都引用了这个定义。

整合营销传播理论的发源地——美国西北大学的研究组则把整合营销传播定义成：“整合营销传播把品牌等与企业的所有接触点作为信息传达渠道，以直接影响消费者的购买行为为目标，是从消费者出发，运用所有手段进行有力的传播的过程。”而且，这一研究组的先驱者唐·舒尔茨教授对此做了如下补充说明：“整合营销传播不是以一种表情、一种声音，而是以更多的要素构成的概念。整合营销传播是以潜在顾客和现在顾客为对象，开发并实行说服性传播的多种形态的过程。整合营销传播的目的是直接影响听众的传播形态，整合营销传播考虑消费者与企业接触的所有要素（如品牌）。整合营销传播甚至使用以往不被看作是传播形态，但消费者认为是传播形态的要素。概括地讲，整合营销传播是为开发出反映经过一定时间可测定的、有效果的、有效率的、相互作用的传播程序而设计的。”

舒尔茨的看法代表了一种更为普遍的观点：整合营销传播是发展和实施针对现有和潜在客户的各种劝说性沟通计划的长期过程。整合营销传播的目的是对特定沟通受众的行为产生实际影响或直接作用。整合营销传播认为现有或潜在客户与产品或服务之间发生的一切有关品牌或公司的接触，都可能是将来信息的传递渠道。进一步说，整合营销传播运用与现有或潜在的客户有关，并可能为其接受的一切沟通形式。总之，整合营销传播的过程是从现有或潜在客户出发，反过来选择和界定劝说性沟通计划所采用的形式和方法。

## 二、整合营销传播的特征

美国的著名学者特伦斯·A. 辛普在其著作《整合营销传播——广告、促销与拓展》中阐述了整合营销传播具备的五个关键特征。

第一，传播过程起始于消费者。整合营销传播的第一个重要特征就是传播过程应该是开始于现实消费者或者潜在消费者，然后再由这些消费者回到品牌传播者，后者以此决定采取怎样的媒介形式将相关信息告之现实消费者或潜在消费者，以说服和引导他们采取品牌传播者所期待的行为。

第二，要使用形式多样的传播方式和消费者接触。有效的整合营销传播需要使用各种各样的传播形式以及所有可能的顾客接触方式来作为潜在的信息传播渠道。遵循整合营销传播的这一特点，就要求营销传播者在营销过程中不能局限于任何单一媒介或某种媒介的一小部分，而是要将对消费者可能产生影响的所有媒介组合起来，以对消费者形成一个立体传播攻势，使消费者能够全方位接触到相关的品牌信息。

第三，营销传播的各要素必须协调以共同发挥作用。信息和媒介的协调对树立一个有力而统一的品牌形象并促使消费者采取购买行为极其重要。如果所有的传播要素没有被很好地整合起来，不仅不能使消费者对品牌形成一个统一、明确的认知和印象，反倒还可能将消费者原本形成的品牌印象模糊化，从而淡化对品牌的记忆以及忠诚度。

第四，要和消费者建立关系。可以这样说，在现代激烈的市场环境下，关系的建立是现代市场营销的关键，而整合营销传播又是建立关系的关键。这里所讲的关系指的是品牌和消费者之间持久的联系。二者之间的成功关系能够引起消费者的重复购买乃至对品牌的高度忠诚。

第五，最终要能影响消费者行为。整合营销传播能影响消费者行为，就意味着成功的整合营销传播能够得到消费者行为方面的回应，而不仅仅只是影响消费者对品牌的认知度或者只是加强消费者对品牌的态度。

污染的不仅仅是空气！

污染的不仅仅是空气！

污染的不仅仅是空气！

# 第二节　整合营销传播的原则与方法

## 一、整合营销传播的一般原则

全球闻名的整合营销传播理论大家唐·舒尔茨在其著作《整合营销传播》一书中明确提出了整合营销传播的八项指导原则。相比较而言，这八项指导原则对整合营销传播实践构成了一个完整而深入的体系，对整合营销传播实践所起的全面指导作用也就不言而喻。现将唐·舒尔茨的八项指导原则简述如下。

原则一：使组织成为以客户为中心的组织。对于以客户为中心的组织来说，批发商、零售商和其他中介固然重要，但都没有最后购买或使用产品的人重要。因为客户是唯一可以让公司赚钱的人或团体。客户所带来的金额收入可以为公司的员工谋福利，也可以用来酬谢股东的投资与承担的风险，还可以把运营良好且具有社会责任感的组织所能带来的好处贡献给社会。

原则二：组织要采用由外而内的规划。只有在彻底改变营销规划方式之后，组织才能建立客户至上的系统。因为客户至上的内含不仅是指服务现有的客户，更表示公司已经以客户与潜在客户为中心成功建立了运作制度，从运算到规划、运营、传播，再到评估效果等。

原则三：组织要以整体客户体验为重点。传统营销传播关注的是客户对营销活动的体验，而整合营销传播关注的重点集中在客户对产品和公司的整体体验上。因此，整合营销传播的目标必须从外部传统营销传播活动的狭隘观点转向搭建客户与品牌及公司的整体客户关系上。整体客户体验包括产品或服务在市场上如何发挥作用、如何获得，渠道成员以实时而有效的方式提供产品的能力，如何实现客户服务以及公司对于所处的社区会造成怎样的影响。

原则四：组织要把客户目标和组织目标结合起来。因为只有这样才能真正实现组织的长远发展和良性循环。如果客户的需求与公司所能提供的产品与服务之间没有保持相应的平衡状态和水平，那么组织就很可能会倒闭乃至退出市场。

原则五：要设定客户行为目标。因为整合营销传播的目标就是要影响客户与潜在客户，使他们的行为产生重大的，而且最好是有利于公司的改变。要达到这一目标，首先就要设定客户行为目标，这样才能使具体的整合营销传播活动更加具有针对性和可操作性。

原则六：要把客户当成资产。之所以要这样，是因为在很多情况下客户都是为组织带来收入的主要单位，而组织的其他活动与措施基本上都是真正的成本中心。一旦公司开始将客户当作收入来源，那么公司就可以采取一个合理步骤，即将客户当作资产，这就意味着要对客户以及潜在客户进行投资，并预测这些投资可能产生的回报。

原则七：组织要精简职能业务活动。要达到组织整合有一个很大的难度与障碍，那就是组织现有的、盘根错节的、分类并不明确的职能结构和业务活动，它们使得营销与传播的整合面临很大的挑战。因此，要使整合营销传播得以进行，组织就必须要精简其职能业务活动，并将精简后的职能业务活动进行明确的分类，以推动整合营销传播的顺利进行。

原则八：要集中营销传播活动。任何营销传播活动的核心内容都必须集中。在目前媒介发展迅速、新兴媒介不断涌现的现实背景下，集中就显得更加必要。集中之后紧接着的就是要整合，因为只有通过整合，才能发挥传播的立体传播效应，也才能对客户或潜在客户产生更加全面的影响。

## 二、整合营销传播的基本方法

在上述原则的指导下，整合营销传播的方法大体有五种。

**1. 统一外观法**

让营销人员认识和明了整合营销传播“同一外观”的概念。如在营销传播的所有形式中采用同一颜色、图案及识别符号。企业必须把用于传达信息的载体保持统一的“外观”，在颜色、视觉以及识别符号的处理上与广告代理公司制作的广告保持一致，仅仅在颜色上，客户都可以看到“同一外观”的例子，如“红色的可口可乐”“蓝色的百事可乐”，等等。

**2. 主题线方法**

这个方法的要点是使用非广告的传播形式提示客户或潜在客户进行广告回忆，以提高客户或潜在客户对广告信息的记忆质量。例如对于重要的视觉设计或响亮的广告口号，可以作为产品包装或放在销售点展示，这些提示能够帮助客户或潜在客户记住广告信息。如果让他们从收音机中也能听到与电视广告同样的文稿内容，那么他们会把电视广告的内容记忆得更好。在投放电视广告前，营销人员可以在电台广播和平面媒体上投放与电视广告相关联的广告。在这里，平面广告与广播广告事先为电视广告做好铺垫，当电视广告投放之时，就能够激发客户或潜在客户看电视广告的兴趣。

**3. 供应面的策划方法**

提供一套营销传播服务的系统。这主要是针对广告公司而言的。对于广告公司来说，要给其客户提供整合营销方面的服务，就必须要具备这个整合的能力与实力。

**4. 特设会议的方法**

许多营销人员尝试整合其营销传播方案的不同要素，办法就是把相关各部门召集来开一个“特设会议”。例如，让代表不同利益的不同人物出席会议，并取得共识。这特设的会议组员包括广告公司来的客户主管、公关代表，销售促进机构的销售人员，以及营销调研人员，等等。这个会议由营销总监组织和领导，不同供应商的代表各自表达他们对营销传播的理念，然后讨论尽量统一脉络的传播方式。

**5. 基于消费者的方法**

基于消费者的方法应该是目前最普遍的一个方法，它是一个有效的整合营销传播的思考基础。这个方法的要点是：第一，建立客户或潜在客户的资料库；第二，以客户行为作为划分市场的依据；第三，实施接触管理；第四，发展传播沟通策略；第五，综合运用多种营销工具。

# 第三节　整合营销传播的过程

关于整合营销传播的过程，唐·舒尔茨在其著作《全球整合营销传播》以及《整合营销传播》当中都有精妙的叙述。他阐述的要点也是目前业界和理论界都比较认可的，现将其主要内容呈现如下。唐·舒尔茨认为整合营销传播的过程大体上来说就是五个步骤。

**步骤一：运用数据库识别客户与潜在客户**

这是整合营销传播的第一步。这意味着客户与潜在客户被认为是单一的“个体”，而不是整体的市场。整合营销首先将客户视为给公司提供收入的个人。整合营销传播把重点放在人上，而不是把目光投向市场细分。按照整合营销传播的要求，营销人员必须把客户、潜在客户加以归类或组合，譬如他们使用产品的方式很类似，或者他们以相当接近的方式处理广泛的信息或激励。这个集中的过程不仅能让不同形式的传统媒介发挥作用，而且还能按照行为来划分特定客户与潜在客户。行为是理解顾客和潜在顾客最重要的变量。因为个人或企业的行为反映了他们的感受，他们消费自己时间和金钱的优先次序，以及他们对生活和工作的安排。在预测顾客未来行为方面，以上这些数据比传统的统计、地理，甚至心理数据都要有效得多。

很多组织没有对数据库的策划和开发投入足够多的时间。而实际上数据库对组织的发展极其重要。开发和使用一个营销和传播数据库的最好途径是：(1) 了解这些数据将被用于何种用途，(2) 了解它们将怎样被用于制定传播计划，(3) 根据需求和收益确定成本。顾客价值低时，数据库的投资就相对较少。随着顾客价值的增加，以及顾客个性化服务的需求越来越多，对数据库的要求就越来越高。价值增加使得成本相应升高，因为这些传播计划需要相当复杂的处理投入和产出的手段。

在整合营销传播过程中，真正的第一步是识别不同类型的客户或潜在客户群体，以供营销和传播之用。在大多数商品类别中几乎不存在只忠诚于一个品牌的客户。也就是说，本组织的绝大多数客户同时也是本组织竞争者的客户。因此，我们可以大致列出三类群体：现有客户、竞争性客户和新兴使用者。使用“现有客户”这一术语仅仅是表明这些人或企业更多地购买本组织而不是本组织竞争者的产品。经验规则是：如果客户从本组织这里购买某类产品的 60% 或更多，组织就可以称之为现有客户。针对不同群体通常需要使用不同的传播类型，组织不应该对现有客户和那些试图从竞争者那里吸引来的客户说同样的话，新兴使用者对组织的产品和服务的需要和要求完全不同。

建立数据库的真正目的是使一个组织得以理解其与现有客户的关系，以及发展与潜在客户和有影响力的公众的关系。除此以外，数据库还有一个更为重要的功能：数据库所包含的信息如果使用得当，可以使作为营销者和传播者的组织同客户、潜在客户和公众变得更加相关。在今天，绝大多数的营销和传播之所以在全球市场上失利，不是因为信息和激励信号没有创造性、不够聪明或者制作得不好，而是因为它们同客户和潜在客户不相关，同他们的需求和关注没有联系，这是对营销传播资源的最大浪费。有了可靠的信息数据库和对全球范围内的客户和潜在

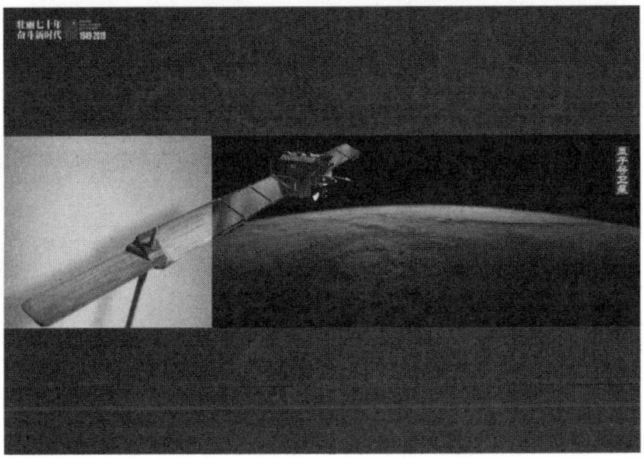


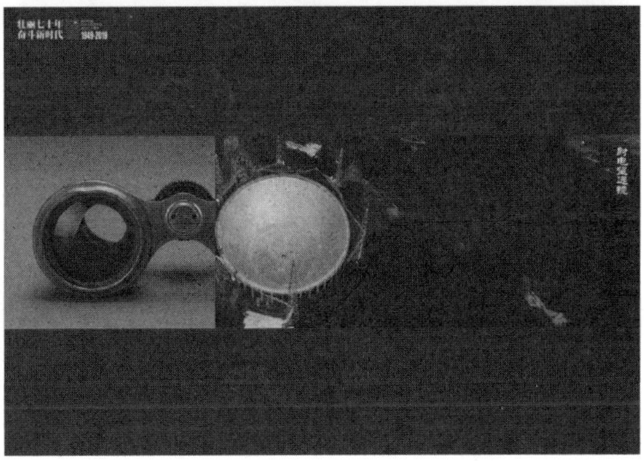


客户的了解，“相关”应当成为营销传播者所要完成的首要任务。

**步骤二：评估客户与潜在客户的价值**

在对客户和潜在客户的评估中，主要的分析是对组织最为重要的回报——销售额，以及最终的利润。也就是说，要尽力去识别那些现在对组织最具价值的客户，以及将来可能最有价值的客户。因此，你还要同时关注组织的短期和长期回报。在顾客和潜在顾客评估中有三个要素：了解产品使用、产品潜在需求，利用收入流对顾客价值进行估价，设定行为目标。

首先，组织应该了解有多少消费者、商家购买组织的产品和服务。对于这一群体，组织首先关心的是其中多少人购买组织的品牌，或者说组织的客户占这类产品总数的份额。组织接下来需要了解组织的客户相对于整个市场而言的购买力。同组织竞争者的客户相比，组织的客户买得更多还是更少？这能使组织理解自身的客户在整个产品种类中居于什么位置。一旦确立了组织客户的购买力，下一步就要确定组织的产品代表了他们对这类产品总需求的份额。同竞争者相比，组织在他们的购买中占有多大份额？需求份额或者说购买份额具有重要意义，因为它能使组织对每个客户在现在和将来所增加的企业收入潜力有所了解。在有些客户那里，组织拥有较高的购买或需求份额，这就意味着增长的机会很小。对于另外一些客户，较低的购买份额常常意味着未来还有很大的增长空间。

客户通过购买产品或服务而为企业创造收入，也可以持续或增长购买的方式体现企业的收入潜力。由于购买量、购买时间等因素的影响，想要了解客户或潜在客户的真实价值，就必须测量每个客户的利润贡献，而不仅仅是根据销售额和销售量。客户和潜在客户给企业带来收入，但同时也给企业带来成本。组织必须将收入和成本相平衡，以确定一个客户或潜在客户的真实价值，这也为组织设定行为目标奠定了基础。简单来说，组织可以根据客户给企业或品牌带来的净收入，即他们的购买量和服务他们所需成本之差来确定其价值。

对于一个整合营销传播战略来说，行为目标是最重要的要素，因为它们表明一个营销传播计划所要达到的目的。比如，如果行为目标是维持某个客户带来的收入流，那么传播计划必须围绕这一目标进行。因此，组织是在设置传播目标，这些目标将用行为结果来测量。组织必须确保，组织是在使用有限的资源来产生最大的回报。

**步骤三：创建并传播信息与激励**

接触点是指客户和潜在客户同组织、品牌、销售渠道成员或其他任何与品牌有直接联系，并能影响客户现在或将来对品牌的考虑的人或活动发生接触的途径。接触偏好是指客户或潜在客户所偏爱的，从公司或品牌处接收信息和材料的途径。

整合营销传播并不只是基于组织向客户和潜在客户传达什么。传播还发生在品牌接触，即客户和潜在客户在整个市场上对品牌的接触和体验。事实上，正是客户或潜在客户长期以来发生的品牌接触的总和，决定着他们对有意识、有控制的传播计划的反应。因此，为了制订有效的计划，传播经理们必须对市场上现有的全部接触点有所了解。整合营销传播计划的目标不只是管理这些接触点，而且是管理这个过程。理解客户和潜在客户与品牌发生接触的地点是关键步骤之一。组织经常会发现，组织以为有积极作用的接触其实根本不积极，知道已经存在的品牌接触将大大有助于传播策划者制订有效的计划，尤其是在外国的文化中。理解品牌接触的最好方法之一是营销和传播人员对组织接触其客户和潜在客户的全部途径进行分析。在这一过程中，来自企业各个部门的代表列出他们何时、怎样及在哪些方面同客户和潜在客户发生接触。经过这个过程，组织就可以了解客户何时、何地对品牌有了何种体验。

品牌是购买者与销售者之间的一种关系。顾客品牌体验的形式和强度同营销传播改变或加强该顾客的品牌网络有很大关系。只有通过认识既存的品牌关系——也就是从事先发展起来的、由品牌体验所产生的品牌网络得来的品牌知识——营销传播经理们才能设计出有效的信息和激励信号。

信息是营销组织想要顾客或潜在顾客记住并存储在他们头脑中的东西，而激励信号则是那些用于激发立即行动的东西。

**步骤四：评估客户投资回报率**

在这个阶段，主要是了解各类客户的价值并确定传播投资回报的框架，然后通过运用相关的统计方法来对客户投资的回报进行一个总体评估，并确定长期客户与短期客户各自所能带来的投资回报情况。

**步骤五：方案执行后的分析以及对未来的规划**

当公司的整合营销传播流程进行到这一步时，关于以下三个问题已经回答完毕：（1）公司应该在营销传播项目上投资多少？（2）公司会获得什么类型的财务回报？（3）回报多久才会出现？之所以能解答这三个问题，是由于营销传播的相关人员已经很准确地评估过营销传播投资的长短期回报。到这个阶段，营销传播的相关人员只需要对营销传播项目实际的财务成绩进行评估，进而确定项目是否成功。

评估完成回报后，下一步就是要延续已经成功的营销与传播方法，修改不成功的方法。同样，对营销传播项目所挑选的客户和潜在客户群体也必须进行评估。假如这些群体带来了预期的回报，项目就有继续执行的理由。反之，显然就需要对项目进行某种调整。了解项目的得失成败可以为将来的项目计划提供借鉴，营销传播流程的循环也就此结束。

在整合营销传播理论中，广告已经不再作为唯一的营销传播推广要素作用于产品的营销目标。《营销人员公共关系指南》的作者哈里斯就曾指出，广告和促销在 9 个领域交叉进行，广告与公共关系在 6 个领域，促销和公共关系则在 15 个领域中共同进行，它们很难独立发挥效果。所以，广告的原有领域逐渐减少，将来制定传播战略应以更广的视野展开立体性的策划。

**思考与练习：**

1. 整合营销传播的特征是什么？
2. 整合营销传播的基本方法有哪些？
3. 简述整合营销传播的过程。

## 案例聚焦

### Lady Gaga 新专辑的营销策略

Lady Gaga 为了推广自己的新专辑，打破了歌手通常推广新专辑的套路（签售、打榜、歌友会）的模式，当大多数歌手依然还在沿袭着签售、打榜、歌迷会这一类宣传新专辑的老套路时，一贯不走寻常路的 Lady Gaga 已经开始将她的创新精神发扬到了舞台之外的地方——为了推广自己的最新专辑《Born This Way》，Gaga 让我们见识到了她无所不在的魅力。前一段时间内，广告门曾经报道过两条关于 Gaga 的消息：一条是 Gaga 与星巴克联手“寻宝”，另外一条则是 Gaga 为谷歌 Chrome 代言的最新广告。这些看似是 Gaga 为这些品牌做代言，但我们仔细看一下这些内容会发现，每一个都与新专辑《Born This Way》有关。而星巴克与 Chrome 都是 Gaga 找来的“帮手”。

Gaga 的新专辑宣传攻势横扫了你能想得到的所有互联网渠道种类。如：星巴克 (Starbucks)

和 Lady Gaga 合作，结合 QR-Code 二维条形码，办了数字寻宝活动。Lady Gaga 和 Zynga 计划共同在 Facebook 农场游戏《FarmVille》中推出一个特定的板块，对 Lady Gaga 的新歌展开推广。迪斯尼旗下游戏“Tap Tap Revenge”再推 Lady Gaga 定制游戏“Born This Way Revenge”，买就送 Lady Gaga 专辑。Google 和 Lady Gaga 合作一部 Chrome 广告片，里面有女神 Gaga 的出现和她的最新歌曲。

当然，Gaga 的“无孔不入”是有着充足底气的：2010 年 Gaga 刚刚成为 Youtube 史上第一位达到 1 亿浏览次数的明星，并随之以 3500 万的粉丝数量超越了美国前总统奥巴马成为 Facebook 的人气王，而其在 Twitter 的追随者也突破了 1000 万人。如此之高的人气，除了能够赢得众多品牌的合作意愿之外，也为一系列的网络营销计划增添了足够的砝码。(本案例节选自广告门网站)

## 案例评析：

为了推广自己的最新专辑《Born This Way》，Lady Gaga 先是与星巴克联手，接着又代言谷歌，与社交游戏奢侈品销售网站联手，等等，运用了“无孔不入”的营销方式，将各种媒体资源进行整合，在短期内扩大了影响力，并成功推广了自己的新专辑。而从结果来看，Gaga 与合作的品牌方之间显然是双赢的。不仅是品牌方借助 Gaga 的名气达到了营销目的，Gaga 同样也利用这些品牌自身在营销过程中的影响力来得以接触到更多的受众，并促进了新专辑的销售。这显然并不只是明星为品牌代言广告、顺便扩大自己的知名度那么简单，而是 “推广新专辑” 这个特定目标，通过短期内的整合营销传播的方式来实现了。

# 第 4 章

# 广告主

在市场经济日益深入中国的今天，广告活动也变得更加频繁和丰富多彩。消费者、企业、社会团体、代理商、媒体、技术公司等参与的各种各样活动组成了纷繁的现代广告。而在这其中，广告主是非常重要的因素之一。了解广告主的性质构成及其广告观念与意识，有助于我们更好地理解广告活动的主体，分析广告主在广告传播认识上的误区，有利于广告业的理性和健康发展。

## 第一节　广告主概说

随着我国经济环境的不断改变，越来越多的广告主开始注重品牌意识和管理方式，并借助于专业的代理商和媒体来制作发布广告。所以在现代广告中，广告主作为广告活动的主体之一，其行为意识直接影响广告活动的实施和发布。

### 一、广告主的性质

广告是一种投资行为。广告主即该投资行为的发起者或支付该行为费用的企业团体单位或者个人。2001 年颁布的《中华人民共和国广告法》中指出：“广告主是指为推销商品或者提供服务，自行或委托他人设计、制作、发布广告的法人，或者其他经济组织或个人。”

广告主从性质上是广告活动的主体，消费者作为受众便是广告行为的目标和客体。广告主是整个广告活动的基础，带有市场动机和投资回报的目的。广告主的范围也十分广泛，作为广告活动的发起者，可以是企业法人，也可以是社会团体甚至个人。并且广告主的广告意识和行为直接会对广告市场、广告媒体、广告公司等代理公司，消费者和广告业本身起到影响和作用。在观察和了解消费者的消费意识变化的同时，我们有必要了解广告主的观念与行为变化。当然广告主广告行为的主要目的还是经济意图，广告主会随着广告目标的变化而变化，以期寻找和获得更大的利润。

2019 年 4 月 29 日，在山东济南举行的第十五届中国广告论坛上，广告学院广告主研究所、国家广告研究院与央视市场研究（CTR）联合完成的《2019 中国广告主营销趋势调查报告》正式发布。

广告主媒体选择的依据排名分别是：受众契合度，性价比，量化指标（收视率、流量），整体形象 / 影响力，媒体创新能力，竞争对手策略，媒体执行和服务，媒体关系。

2019 年的预算分配排名分别是：移动互联网、电视、PC 互联网、传统户外、数字户外、广播、纸媒、OTT、其他。

## 二、广告主的构成

现代广告日益频繁地出现在我们的身边，在现实经济活动中，广告主的构成除了工商业组织（企业）为主，还包括了政府部门、企事业单位、慈善机构、社会团体、群众和个人。为了实现自身某种商业目的和意图而发布广告的主体都可以被划分进广告主范围。广告主的构成有众多分类方式，不一而足。为了便于理解，本书中将广告主的构成按照如下四种方式划分。

**1. 按照所有制形式划分**

国有企业、集体企业、私营企业、外商独资企业、中外合资企业、中外合作企业、政府机构、民间团体、其他不同所有制形式的广告主单位或者组织进行的广告内容和特点有所不同的单位。商业企业的商务广告特点多为传递商品信息，促销信息，建立品牌形象与企业形象等。政府机构的广告多为维护社会秩序，这类广告在宣传和发布法律法规和政策等时，其特点是较为理性和权威。而社会机构和民间团体发布的一些公益广告主要为了宣传社会协调发展，提倡科学健康生活方式，等等，特点是较平易近人。当然这些不同的广告形式也未必一定由特定广告主发布，有时候商业企业为了建立企业形象也发布公益广告，来拉近和消费者的距离。

**2. 按照资产、销售额规模划分**

1000 万以下、1000 ～ 5000 万、5000 万～ 1 亿、1 亿～ 10 亿、10 亿～ 100 亿、100 亿以上等企业单位的资产规模一般代表了企业的大小实力。企业规模与广告预算的金额虽不能按照比率计算，但是一般情况下，广告主在制定广告预算的方式时，营业额比率或市场经验，市场占有率或上一年的广告支出，等等，这些因素都会产生影响。央视市场研究公司（CTR）媒介智讯最新发布的全年数据显示，按全媒介广告花费来看，可口可乐公司是中国最大的广告主，广州医药和宝洁排名第二和第三。在全媒体广告投放的 TOP 20 品牌榜单上（不少大厂商旗下有不止一个品牌），广告支出最大的是鸿茅，其次是同溢堂和葛洪。

**3. 按照行业类型划分**

金融保险业、医疗卫生、文化娱乐、计算机和互联网、通讯产品服务、化妆品护肤、酒类饮料、纺织机电业、服装饰品、家电业、烟草、房地产业、旅游饭店餐饮、洗涤用品、汽车工业、保健品，等等。不同行业的广告主对于广告发布执行都会有不同的侧重和表达方式，当然追求利润的目的还是一致的。CTR 发布的 2018 年度中国广告市场数据显示 2018 年全媒体广告

CHERY
你踩的是油门，更是生命！

CONQUER NATURE
PROTECTING NATURE

CHERY
你踩的是油门，更是生命！

CHERY
你踩的是油门，更是生命！

花费的前五行业分别是药品、饮料、邮电通讯、食品、商业及服务性行业。

**4. 按价值取向来划分**

按价值取向来划分，可将广告主分为内在价值型客户、外在价值型客户和战略价值型客户。内在价值型客户（交易产品价值型）认为价值就是产品本身，他们比较注意成本因素，对于产品有深入了解，知道如何使用产品，他们将产品、服务视为可以被竞争产品轻易取代的同质产品，希望费用、价格尽量合理，或者在采购方面获得便利。外在价值型客户（附加价值、顾问咨询型）不仅注重产品，还包括产品的增值服务、产品价值或解决方案等外部因素。对于他们来说，价值不是产品本身所固有的，而在于如何使用产品上。战略价值型客户（战略合作伙伴、企业资源互补、合作伙伴型）要求非同一般的价值创造，追求"利益共享"。不仅要产品或建议，还想进一步利用供应商的核心竞争力。这种战略价值型关系中，人们几乎不能分清谁是买方谁是卖方，地位平等的双方之间存在最多层次的关系。

## 第二节　广告主的广告意识

### 一、我国广告主的广告观念的演变

尽管在古代，我国已经有了叫卖、口头传诵、钱币实物展示等广告形式，但是不同历史时期，广告所依赖的媒介的差异是很大的。现代广告还是新兴的学科，并且国内外的广告市场状况与历史发展也有很大差异，国外对于广告学或广告观念的研究约始于 19 世纪末到 20 世纪初，广告活动开展较早，广告主的广告观念较我国也趋于理性。我国的广告学研究约从 20 世纪后叶发展起来，随着市场化深入，以及加入世贸组织，参与国际化后竞争的加剧，广告活动日益走上正轨，广告主的广告观念与意识也不断地在发展变化。纵观我国广告主的观念演变，可以分为具有代表性的 4 个时期：

第一时期：1979 年—1989 年；

第二时期：1990 年—1999 年；

第三时期：2000 年—2010 年；

第四时期：2011 年至今。

第一时期：1979 年—1989 年，是经济复苏和懵懂时期。1978 年十一届三中全会后，全国开始进入改革开放正式进程中，市场效应刚刚开始展现，许多原来由政府调控的因素与计划经济的作用仍然存在。广告也处于懵懂时期，广告主在经营广告观念上基本空白，对于市场状况不甚了解，供求关系和价值取向有待成熟。改革开放之前中国广告主和消费者基本处于无品牌意识阶段，80 年代商标法建立之后，中国的商家和企业开始有了商标意识，于是出现了以商标法为转折点的商标注册行为阶段，企业对于品牌定位仍是处于初步认识阶段，众多老牌国企因为不重视注册商标或者品牌意识淡薄而在竞争中失利。有些企业甚至无法使用百年老字号的品牌，或者将自己多年经营、有广泛消费者基础的民族商标廉价出售转让或流失。广告主们在失败的教训中不断反省和成长起来。

第二时期：1990 年—1999 年，市场化和成长期。市场化深入，大量新事物产生，供求关系变化日益明显，广告业步入高速成长期。广告主尝试了解市场，广告意识有所增加，广告大量发布。1991 年是广告主公开征集广告语最多的一年，名人促销大战非常激烈。由于缺乏法律法规的约束，一哄而上的现象十分明显。广告主较为追求短期效应，出现了大量虚假广告、不公平竞争等现象。1994 年广告法颁布，政府将广告业纳入法制管理，开始着手宏观调控把握市场秩序。随着时间推移，广告业逐步走向专业化、科学化，广告主的行为也日趋理性化。但是广告主完整的品牌与长期品牌形象的意识不足，加上与国际品牌竞争中大批国有企业和民族品牌明显在广告意识上、品牌建设上存在不足，很容易处于失利地位，如何调整生产、管理、销售和加强品牌建设，提高市场知名度、占有率成为广告主考虑的重要问题。在广告传播的媒体选择上则仍是以四大传统媒体为主（电视、电台、报纸、杂志）。

第三时期：2000 年—2010 年，市场国际化及成熟与困惑期。新世纪到来，中国加入世贸组织，中国企业与众多国际性的企业共同竞争，瞬息万变的市场要求企业顺应其变化的潮流。企业规模的扩大，产品种类的不断丰富，也带来同质化现象明显的不利局面，为此，广告主开始寻求代理商帮助其塑造品牌形象，以体现产品或服务的特色，也更加注重产品或服务在消费者心目中的形象。这种竞争，促使广告主关注长期品牌形象观念的建立。而新的媒体与传播方式的产生，也要求广告主及时更新观念，适应市场和消费者变化。在媒体选择上，仍是以传统四大媒体为主，但总的比例有所减弱，新媒体显露端倪。

第四个时期：2010 年至今，媒介投放多样化期。随着互联网及移动互联网的迅猛发展，媒介日益多样化，媒介投放打破了传统媒体的主导地位，互联网广告收入 在 2011 年与 2015 年分别超过报纸广告和电视广告，成为最主要的广告投放形式，2018 年互联网广告收入接近广告市场营业额的一半。伴随广告投放向互联网倾斜的是广告主对广告投放的直接效果与品牌效应的追求并存，前者要求数据化的呈现短期效果，后者注重长期的品牌形象与消费者关系的维护。

通过这四个具有代表性的时期的划分，我们不难看出国内广告主的广告意识和观念也随着市场的变化、媒介的变化日渐形成和发展起来，也在经济竞争中日趋成熟。

## 二、广告主的定位品牌意识

20 世纪 70 年代，西方广告界提出“定位”理念。1969 年美国广告专家 J. 克劳特提出“定位就是确定商品在市场上的位置”。就是说让商品在潜在顾客心里占有合理位置，留下特定印象。之后定位理论被广泛应用，也为现代广告运作奠定了基本的方法基础。到了 80 年代中后期，广告界又提出“品牌个性”理念，区分因定位理念造成的雷同。随着品牌竞争的加剧，90 年代又有了“品牌识别”等理念。借助于这个理念，产品不仅仅是孤立的品牌，还成为企业文化精髓的体现，突出了品牌主题核心观念，使得品牌理念更加完善，促使更多的广告主追求其企业产品或者服务在竞争中显示出独特的一面，以吸引消费者。2005 年中国广告主营销推广趋势报告中指出，广告主自 2000 年以来，品牌意识普遍有所加强，企业间竞争正由产品竞争转入品牌竞争。竞争的升级带动企业的品牌建设，如 90 年代中期，江苏盖天力制药股份有限公司推出的“白加黑”感冒药，一上市便在市场上迅速赢得份额 15%，销售 4 万箱，产值 16 亿元。获得如此成功要归功于企业的准确定位概念。广告中“白加黑”确定了简练的口号和清晰的理念，即“治疗感冒，黑白分明”，“白天服白片不瞌睡，晚上服黑片睡得香”。这样的产品名称和广告都清晰地传达了定位概念，使其从市场上的几十种感冒药中脱颖而出，独特的产品概念创意方案为公司赢得成功。国务院批准自 2017 年起，将每年 5 月 10 日设立为“中国品牌日”，不同类型品牌均面临转型升级，中国消费品牌迎来发展新契机。随着市场与消费的升级，品牌定位日益细分。

## 三、广告主对于广告传播认识上的误区

国内广告主对于广告传播认识上已有很大进展，但仍有一定不足，部分广告主的认识误区直接影响了广告运作的流程和广告的效果。误区众多，归结如下，不能涵盖全部，但可以略见一二。

**误区一：广告主或者企业缺乏良好的素质和社会责任感，以次充好，发布错误广告信息。**

部分广告主认为自身在广告传播活动中的角色是广告活动的出资者，只要支付费用，广告公司与媒体等代理商就理应为其服务，而不考虑自己产品或服务的质量，甚至于以次充好，让错误的广告信息通过代理商在市场上传播。这样的行为往往难以持久，并造成恶劣影响，坑害消费者，轻则欺骗钱财和信用，重则造成人员、环境等的重大损失，甚至危及生命。如药品夸大功效，使用医药科研单位、学术机构、专家医生或是以患者的名义作宣传，洗涤剂、化妆品夸大效用，教育招生超出办学范围，电信信息含有色情淫秽内容，金融类违反金融法规，等等。

广告主应该提高自身素质，努力提高产品或服务的质量，要有长远眼光。要在市场竞争中长期处于优势，不能只靠广告打开市场，取得消费者信任，首先要严格要求自己，这样才是成功广告的基础。本杰明 · 富兰克林说：“Time is money. Credit is money.（时间是金钱。信誉也是金钱。）”诚信应当成为广告界的“金子”。另一方面，相应的管理机构和政府的政策制定也应该注重诚信机制，在全社会建立企业和个人的诚信数据库，监督和管理社会的经济活动，并严格执行，使得类似缺乏信誉的行为得到遏制，也使诚信的企业广告主得到良好的口碑和收益。

**误区二：广告主以自我为中心，不够尊重代理商和广告行为本身。**

广告是种商业行为，也是种艺术。广告主在从事广告活动时应给予理解和尊重。有的广告主为了追求经济利益而盲目杀价，或者以价格作为唯一寻找代理商的标准。更有甚者欺诈拖欠代理商的费用，造成广告主和代理商翻脸的恶性结果。当然，广告行为本身就是为了追求经济利益而进行的，广告主希望以最少的付出获得最大的利益，无可厚非，但是广告活动本身涉及

方方面面，广告主应该了解市场行为、广告经营特定，掌握评价广告代理商的方法，来选择合适自己企业的代理，而不是从单方面压价来减少支出。

广告主和代理商都应该保持冷静理性的头脑。广告主应充分尊重代理商和广告活动本身，追求良好的销售业绩与社会效益的统一，放弃盲目追求价格导向模式的观念，用长远眼光来看待与代理商关系。“客户和代理商之间的良好关系是经过时间不断的灌溉栽培而成的。如同婚姻一样，阁下必须努力经营。”

**误区三：广告主缺乏长期品牌意识。**

部分广告主对于广告传播和品牌建设认识上存在不足，在竞争中较为注重短期营销效应，希望广告效果立竿见影，而不作长远打算。表现方式上，将自己的广告活动委托多家代理商进行，而没有统一企划方案和长期品牌意识，自身广告部门经理又缺乏专业知识把关。电视广告找一家公司，平面广告又换一家，店面和户外又是另一家，网络广告开始风行又盲目跟进再找一家。这样造成在不同媒体上出现的广告五花八门，十分混乱。广告主的广告经理或品牌经理如果能够一手把握那是万幸，大多数情况下，不同代理商的操作方式、创意思路很难达到统一，那么企业也难以形成统一的品牌形象了。

广告主应建立统一长期的品牌意识，掌握先进的管理方法和手段，整合营销，消除部门之间的隔阂，建立有效的广告部门，使用资深管理者，把握品牌形象的统一，寻找合适的一两家广告公司进行长期有效的合作。广告主的广告部门的构成和职责将在第三节中详细讨论。

**误区四：广告主迫于竞争压力盲目促销，误解消费者心理，消减对于品牌的忠诚度。**

广告主在市场营销活动中利用促销来提高销售量是较为普遍的做法，然而，国内有的广告主盲目跟进其他企业的促销，大规模地展开促销活动，有时反而会起到影响消费者购买欲望的效果。有些广告主对于消费者心理把握不足，推出的促销品经消费者理性分析后认为羊毛出在羊身上，反而有反感情绪。或者有些产品和品牌原来在消费者心目中有良好的形象，一旦进行大规模减价促销，会影响消费者心目中的好印象，认为物非所值。这样一些失败的促销事例是广告主必须知晓的明显误区，要避免犯同样的错误而造成事与愿违。

大卫·奥格威在《一个广告人的自白》中说：“我年复一年地警告我的客户，如果他们把应花在广告上的预算挪用于促销，其后果是不堪设想的。削价以及其他类似的求存方法为营销经理们所乐用，但它的效果是短暂的，它还会让你形成坏习惯。贝弗·墨菲说：‘销售是生产价值和广告的函数。促销产生的只不过是销售曲线上的一个靠不住的点。’杰里·兰伯特从不为李斯德林漱口水搞促销活动，他明白销售曲线上那个靠不住的点会使他无法评估广告的绩效。经常不断地使用削价促销会降低产品在消费者心目中的声誉。总是打折扣出售的东西会是好东西吗？替客户策划广告方案要以假定客户永远经营这种商品的业务为立足点，以高瞻远瞩的眼光来为他们的品牌树起明确突出的个性，而且把这种个性坚持到底。最终决定品牌市场地位的是品牌总体上的个性，而不是产品间微不足道的差异。”

促销应该是短期行为，广告主在促销前必须先了解市场状况和消费心理。它并非是必须的，广告主对促销给品牌建设带来的不良影响理应有风险意识。近年来也有越来越多的广告主从品牌维护角度去考虑促销活动，在其中附加品牌内容，精心策划和寻找促销主题，使这个主题为整个品牌服务，将品牌建设与终端促销紧密结合，起到了良好的效果。这是值得广告主们考虑和深思的。

**误区五：广告主盲目寻求名人代言。**

很多广告主在自身品牌建设过程中使用品牌代言人方式来引导消费者注意力，以促进销售。然而，也有些广告主盲目追求名人效应，高价请名人代言其商品或服务，没有从消费者心理与产品实际出发，反而导致资金投入却无产出，造成不良市场反应，最终没有达到营销目的。如裴勇俊 2001 年代言的 OLD&NEW 服饰，2002 年代言的 Manstar 西装，一开始是打出知名度，但是后来每况愈下，探究后发现裴的影迷们总是购买一些低价的T恤衫、皮带，并借此向店员索要裴的肖像的免费明信片、手提袋、海报目录等。而店内四五千元的外套、大衣却始终无人问津。最后 OLD&NEW 服饰负担不起天价代言费用，索性将品牌收起来，Manstar 也换成国外模特儿。可见广告主选择代言人如果只注重其本身魅力知名度，却忽略了代言目的，不注重消费者购买习性，模糊焦点的结果只会是昂贵的代价。2013 年汪东城代言某卫生巾广告，2016 年梁朝伟代言小米手机广告，都未取得满意的效果。

名人代言产品或服务要明确自身产品定位与品牌特征。应该研究市场和消费心理，制定明确的主题，选择名人时也应考虑其气质形象特征是否符合品牌特征，并寻求合适的发布时机和媒体类型，关注其广告流量，注意后续维护和信息反馈，以期对品牌建设起到良好作用。

# 第三节　广告主的广告部门

当广告主要发布广告时，既可以通过代理公司（中间环节）来代理一系列广告任务，也可以由广告主自身的广告部门来进行广告制作，并寻求媒体发布。不管哪种情况，广告主的广告行为必须交给自己的某一个部门来负责，这就是广告主的广告部门。广告部门是广告主的广告代言人和执行者，为实施广告主的意愿而工作，发布广告信息，促进企业成长和产品或服务的销售，它和其他职能部门共同构成企业的组织系统。

## 一、广告部门的构成

按照企业的规模大小，广告部门的规模和人员组成也会有所不同。但是总体来说，该部门属于企业整个营销部门，指导、把握广告代理或直接处理广告事务。不同的企业对广告部门的管理方式不同，有些企业由总经理直接管理，有些企业由业务副总裁管理，另一些企业由营销总监或品牌总监来管理。不管怎样，企业按照自身状况、社会环境、历史习惯设立广告部门，都在履行广告部门的职责。一般来说，广告主在广告部门有下面几种构成情况：按照地区市场构建广告部，按照产品类别构建广告部，按照媒体类型构建广告部。无论用什么构成方式，多少种类型，其部门的职责都是对内完成企业各部门的沟通，保持营销策划的一致性，对外与广告代理和媒体沟通。企业的广告部负责人更是责任重大，必须是从事广告的专业人员，能够沟通和管理，在企业中具备营销观念和企划观念，而同时又了解广告实施计划，懂得分析广告公司的创意和执行情况，深入了解广告媒体发布等细节状况，有效监督代理公司工作情况。

## 二、广告部门的职责

广告部门的职责众多，总的来说分为对内和对外两方面。广告部门对内职责为：制定企划战略，制定广告活动计划、广告目标，从事与广告有关的活动，制定预算，协调广告部门内部人员，向主管报告部门情况，等等。广告部门对外的职能为：选择广告公司，把握广告公司策划案，创意执行方案，评估广告公司，联系市场调查公司 / 数据公司、监测公司等，与广告团体保持良好关系，评定广告效果和费用结算，等等。

广告主也可自行设立广告代理公司。广告主通过广告部门直接由投资公司制作全部或部分广告，代理发布业务，等等。广告主自行设立广告公司，其构成即直属于广告部下，其职能与广告代理基本一致，只是有以下区别：

1. 隶属于并只服务该广告主，便于管理和沟通；
2. 企业有大量广告时，可以节约成本；
3. 更了解行业、企业及产品状况；
4. 便于保密。

无论是广告主自行设立广告代理还是寻求外部代理公司，广告主与代理商之间的关系一直是值得探讨的。在上一节的“广告主对于广告传播认识上的误区”中我们曾谈及广告主与客户互相尊重的问题。广告部门作为广告主的重要职能部门，负责与广告公司沟通也是对外职能的重要一环。好的沟通可以获得更好的代理商，更好的支持与更多的创意以及更高的赢利。本田企业与电通长期合作便是双赢的一个案例。而现在国内有些广告主频繁更换代理商等行为对双方都十分不利。作为广告部门，在执行各项职能时也要注重成为一个好的客户，给企业带来更多便利和盈利。在下一个章节中我们将具体讨论广告代理和广告公司的产生、发展与经营管理等内容。

**思考和练习：**

1. 广告主的性质与广告活动的关系？
2. 广告主的广告观念自 20 世纪七八十年代以来有怎样的改变？试分析其原因。
3. 谈谈广告主的品牌意识的现状。
4. 广告主在广告传播认识上有哪些误区？
5. 广告主的广告部门是怎样构成的？有哪些职责？

6. 调查某企业的广告部门的组成运作情况或者品牌经理的职责。

## 案例聚焦

### “农夫山泉”品牌成功之路

“农夫山泉有点甜”，这个经典的广告语让受众记住了农夫山泉。为什么靠着这句广告语，农夫山泉获得了如此大的成功？关键在于它成功地为消费者建立了记忆点。

记忆点成功地建立具体操作如下。

1. 建立个性，创造品牌的差异性。

“农夫山泉有点甜”着重强调了产品的口味，恰到好处地区别了同类产品；在卫生、科技、时尚等不同角度的表现，让消费者耳目一新。

2. 便于记忆，容易理解。

广告仅仅用了“有点甜”三个字，充分展现了产品的特点，“甜”字富有感性，描述了一种味觉，每个人接触这个字都会有直接的感觉，这个感觉无疑具有极大的强化记忆的功效，而记住了“有点甜”就很难忘记“农夫山泉”，而记住了“农夫山泉”就很难对农夫山泉的产品不动心。农夫山泉就是以简单取胜，简单，使自己能够被轻松地表述；简单，也使消费者能够轻松地记忆。

3. 符合产品的特性，突出产品的优良品质。

农夫山泉取自千岛湖 70 米以下的深层水，这里属国家一级水资源保护区，水质纯净，喝一口都会感到甘甜。正是这样，用“有点甜”来形容可谓恰当至极，因为它符合产品的特性；更可谓精妙至极，因为它突出了产品的优良品质。

4. 建立面的纵深，配合、烘托这个点。

以千岛湖为背景的广告，突出表现了水源的纯净，广告中人物饮用湖水后的甜蜜微笑都是画面的纵深描述，画外音“农夫山泉有点甜”是点题之语。受众不仅记住了画面的信息，配合画面更对“农夫山泉有点甜”记忆深刻。

5. 针对消费者，要让他们感觉美好。

“有点甜”无疑是让人感觉美好的，“甜”意味着甜蜜、幸福、欢乐，这是中国人终生的追求，这样的中国人必定会追求感觉甜美的产品。农夫山泉狠狠地抓住这一点，它对中国人说：“我，有点甜，”这等于说：“我，是你的追求。”作为广告语，这更等于说：“请追求我吧。”这是极难抵挡的诱惑，农夫山泉就是用诱惑力赢得消费者的购买力。有了这种感觉，产品的成功就有了保证。所以要创造让人感觉美好的记忆点，赢得消费者的好感，才会有好的产品。

（本案例节选自：中国食品营销网）

# 第 5 章

# 广告公司

广告公司是广告经营业的基本组织形态，是接受广告主委托提供广告策划、创作、发布或其他营销服务的法人机构，是具备必要的专业技术人员、制作设备并依法办理公司登记，从事广告代理活动的组织。本章着重对广告代理制度、广告公司的盈利模式和广告公司的组织机构进行论述。

## 第一节　广告代理制度

广告代理制度是广告主与广告公司、广告媒体与广告公司在委托代理关系的基础上，实现广告交易行为的经营制度。广告主委托广告公司实施广告传播计划，广告媒体通过广告公司承揽广告发布业务，广告公司作为广告主和广告媒体的双向代理，为广告主和广告媒体提供双向服务。广告代理制度的实施，能理顺广告主、广告公司、广告媒体之间的关系，能推动广告产业分工现代化的发展。

### 一、广告代理制度的流变

广告代理制度是伴随着广告经营活动规模扩大和专业化分工的发展而自然形成的制度安排。广告代理商在 19 世纪初期出现，至今已有 200 多年的历史。其间，广告代理商在广告活动中扮演的角色和发挥的作用都发生了巨大的变化。按照广告代理商所从事工作重心的转移，广告代理业的发展历程分为以下四个阶段。

**1. 版面掮客时期**

1831 年，美国的沃尔尼 · 帕尔默在费城开办了第一家广告公司。起初，他只是为其父在新乔治州办的一份名为《镜报》的报纸拉广告。不久，帕尔默开始为一些广告主向其他报纸购买广告版面，广告中的文字与设计工作由报刊承担，帕尔默则从中抽取 25% 的佣金。由于这种广告代理工作既有助于增加报纸的收入和提高办报效率，又可以使广告主买到理想的版面，因此在报界和广告主中很受欢迎。帕尔默被认为是美国第一位广告代理商。1835 年后，帕尔默又在波士顿、纽约等城市设立办事处。截止到美国内战开始，已有 30 多家广告公司以某些报纸的指定代理商身份进行经营。当时的广告公司服务比较单一，实际上只是扮演版面掮客的角色。它们替报社销售版面，收取报社所给的佣金，其业务范围附属于报社的广告部。

**2. 媒体经纪时期**

媒体版面经纪人的出现，改变了广告的经营方式。1860 年，乔治 · 罗厄尔在波士顿正式设立广告代理公司，专门从事“报刊广告版面批发代理”的经营业务。他开始与新英格兰州的 100 家周报（刊）签订合同，买下它们的一部分广告版面。然后他把版面分成小的单位，用更高的价格转手，但是这个价格还是要比广告主从其他途径获得的版面便宜。这种做法盈利丰厚，罗厄尔进而把业务范围扩大到新英格兰州以外。1867 年，罗厄尔前往纽约。1870 年，他编印出《罗厄尔美国报纸导读》。这份导读列出了美国、加拿大 5000 多种报刊的名称、发行量，为广告代理机构和广告主在购买媒体版面时提供了较为准确的参考，在当时影响很大。这时候的广告代理商已经不再是某个媒体的业务代表，而是介于媒体和广告主之间的中介，是从报社分离出来的一个独立的实体。它们的经营方式是以批发价大量购进媒体版面，再将其分割，高价出售给广告主，赚取差价。

广告代理商充当版面经纪人是社会分工的需要，一方面使媒体不必一定要拥有自己的广告公司来招揽广告业务，另一方面又帮助广告主找到了一种廉价而又有效的推销商品的途径。这时的广告公司虽然已经独立，但其职能上仍然是媒体的代表。

**3. 技术服务时期**

19 世纪后期，世界经济发展的步伐日趋加快，企业的“销售”问题已变得越来越重要，由此导致了企业的广告活动日益频繁。而此时企业发现自身的广告设计和制作能力已经不能适应社会的需要，而要扩充自己的广告实力则并不一定合算。他们迫切需要一些具备媒体知识，专门为广告主设计、制作广告的专业广告代理公司出现。仅以报社业务代理者的身份推销“白版”(White Space) 的广告代理已不能满足广告客户的市场需求，于是，以面向广告主，主要提供所谓“黑版”(Black Space) 即广告制作服务的广告代理组织应运而生，并逐渐取代推销白版的广告代理，成为广告代理的主流。部分推销媒体版面的广告公司从以前站在媒体的立场上为广告主提供服务开始转向直接替广告主服务。最初，他们的主要业务是广告设计和制作；后来，随着广告主广告活动的发展，他们还在媒体选择、广告创意方面提供建议，其服务范围日益扩大。

到 19 世纪末期，企业的经营观念发生了重大的变革，许多有远见的企业家开始把目光集中于市场和消费者研究。广告公司为了适应这一新形势的发展，开始为广告主提供市场调查服务，他们广泛收集市场资料，供广告主在进行商业决策时作为依据。有些广告公司甚至可以为广告主制定广告计划和广告实施方案，开展有目的的统一的广告活动。这时的广告公司已从单纯的媒体代理中分化出客户代理，开始向为广告主提供全面服务的现代广告公司过渡。

**4. 整合传播时期**

20 世纪初，企业进入市场营销导向阶段，它需要广告公司介入企业的市场营销运作过程，提供策略性的广告服务，包括市场调查、广告策划、广告创作、广告效果研究等，几乎涉及市场营销所有的领域。1922 年美国第一家商业广播电台和 1931 年第一家电视台的创立，突破了印刷媒体一统天下的格局，推动了广告业的新飞跃。广告公司的技术手段日趋完善，服务经验日渐丰富，能为广告主提供全面服务的广告公司开始出现。全面代理是现代广告经营业的最主要特征。现代广告代理业务是一种“整合营销传播”活动，广告公司协助和参与广告主的经营管理过程，帮助广告主为其产品进行潜在市场调查和营销策略制定，包括广告作业、广告促销、公共关系、CI 设计、包装设计、商业计划等，实行全面代理制。

## 二、我国的广告代理制度

我国广告业从 1979 年开始复苏，广告代理制度是市场运行制度，不具有强制性。从广告主的角度来看，我国广告代理制度包含了四种主要模式。

**1. 无代理模式**

第一种模式是广告主和广告媒体之间直接发生交易，中间不经过第三方。广告主和媒体绕过了广告公司这一中间环节，可以减少交易成本。这种模式主要在小微型广告主中出现，近几年随着大数据和人工智能在广告中的应用，超大型广告主也出现了自建内容中心，自我运营广告的尝试，例如宝洁。

**2. 纯媒体代理模式**

广告主的媒体购买和媒体排期均由广告公司完成，而广告内容由广告客户下属的广告部独立完成。对于一些技术保密性强或是特殊行业，广告内容不宜由外来者策划；在广告公司（主要是媒体购买公司）可以获得较好媒体折扣的时候，广告主使用这一模式可以降低广告预算，否则，则使用无代理模式。

**3. 纯广告代理模式**

第三种模式是广告主与媒体之间发生媒体购买关系，广告策划、创意等部分由广告主委托广告公司完成。对广告主而言，这样既可以利用广告公司的智力优势，又可以省去广告公司从媒体拿到的回扣，从而降低广告预算。但广告主单独与媒体谈判，未必就能拿到理想的媒体版面或时间，也不一定能拿到较好的媒体折扣。

**4. 客户代理模式**

第四种模式是广告主与媒体之间通过第三方广告公司进行交易，广告公司为广告主提供包括创意策划和媒体代理在内的全面代理。

## 三、广告代理公司的类型

按照美国广告公司协会（4A）的定义，广告代理公司是指由专门从事营销计划、广告作品以及其他促销工具的制作与准备的创意人员和工商人员组成的独立机构。由新闻媒体成立的媒体广告公司和企业成立的企业广告公司，因具有兼营性和从属性，不属于严格意义上的广告代理公司的范畴。表 5-1 列举并简单解释了广告代理公司的类型。

表 5-1 广告代理公司的类型

| 划分标准 | 公司类型 | 性质描述 |
|---|---|---|
| 服务内容 | 全面服务广告公司 | 提供广告传播的全程和全面服务 |
| | 部分服务广告公司 | 提供两种以上广告业务服务 |
| | 专门服务广告公司 | 只提供一种广告业务服务 |
| 产权性质 | 国有广告公司 | 由国家投资和经营 |
| | 私营广告公司 | 由私人投资和经营 |
| | 股份有限广告公司 | 由国家和（或）私人按照股份投资和经营 |
| 公司规模 | 大型广告公司 | 部门齐全、服务完整、员工众多，营业额在 1 亿元以上（含 1 亿） |
| | 中型广告公司 | 部门较齐全、服务较完整，营业额在 1000 万到 1 亿之间（含 1000 万，不含 1 亿） |
| | 小型广告公司 | 部门不齐全、服务不完整，员工 10 人以下，营业额少于 1000 万 |
| 资本结构 | 本土广告公司 | 由一个国家内部的私人或机构出资成立 |
| | 中外合资广告公司 | 由中国和外国的私人或机构共同出资成立 |
| | 外资独资广告公司 | 由外国人或机构在我国境内出资成立 |
| 地理范围划分标准 | 地方广告公司 | 为地方广告主提供广告服务 |
| | 区域广告公司 | 为区域广告主提供广告服务 |
| | 全国广告公司 | 为全国广告主提供广告服务 |
| | 国际广告公司 | 为全球广告主提供广告服务 |

# 第二节　广告公司的盈利模式

广告公司要生存、发展，就必须赚取利润。要想赚取利润，首先是广告公司需要为广告主提供专业内容，诸如市场调查 / 数据挖掘、制作、创意、策略、媒介、促销、效果测试；其次是要有客户；再就是良好的盈利模式，盈利模式又取决于业务内容及与广告主的合作方式。

## 一、广告公司的盈利状况

不同类型广告公司的盈利状况有所不同，下文对专业服务型广告公司、媒体代理型广告公司、自有媒体型广告公司和人力资源型广告公司的盈利状况进行分析。

**1. 专业服务型广告公司的盈利状况**

专业服务型广告公司分为几种类型：一是设计制作类，这类广告公司的盈利状况是投入低、盈利低，收入相对固定，客户稳定、发展空间不大。这类广告公司在开办时确实不需要太多的固定投资，办公厅或写字楼可以是租来的，几部电话，几台电脑，加上传真机和复印机，就可以是一间小公司的所有硬件投入。投入稍大一些的广告公司的办公条件相对要好一些，并且也购置一些平面设计等设备。业务大多包括条幅印制、喷绘制作，企业画册的设计、印刷，门头灯箱的制作，广告材料的销售，促销活动组织、实施等。客户大致固定，且合作相对稳定。年营业收入起伏不大，盈利一般在营业收入的 10% 左右，提高盈利的模式是扩大再生产，大多是在设备上投入，人员上投入不大。二是创意服务类，这类广告公司的盈利状况是投入低、盈利高、收入起伏较大，发展空间大。这些广告公司在开办时也不需要太多的固定资产，主要是人力成本，盈利一般在营业收入的 10% ～ 20%，提高盈利的模式是招聘创意类人才、稳定客户关系。

**2. 媒体代理型广告公司的盈利状况**

媒体型广告公司的盈利状况是投入大、盈利低，营业收入高、利润较少，客户易开发、不稳定，发展波动较大。这类广告公司就是媒介的代理公司，办公环境比较讲究，硬件投入相对于媒体支出是很小的一部分。这类广告公司的营业额可能很高，但这些营业额绝大部分是媒介费用，公司的收入相对有限。以广告代理费 10% ～ 15% 计算，有 1 亿元营业额的广告公司收入不过一千多万，如果减去公司的其他支出，年盈利不过几百万元。公司人员素质要求较高，人员投入比较大，受媒介政策及人事变动影响大，客户比较容易开发，但不稳定。

**3. 自有媒体型广告公司的盈利状况**

风险型广告公司的盈利状况是投入大、收入大，营业收入高、利润较高，客户易开发、稳定，发展波动大。这类广告公司是指那些自有媒体公司，比如说户外、楼宇、电梯、地铁、公交车广告公司。这类广告公司大多带有垄断经营的色彩。投入大的是基础设施，相对于广告发布这一块，成本则相对较低。比如说，一辆公交车的车身广告，画面制作费及安装费是固定的，相

Jeep
在我身后 一切如履平地

Jeep
在我身后 一切如履平地

对于发布费这样一个线形结构的收费体制来说是少得可怜的。这类公司受政府政策的影响较大。这种公司的盈利状况是比较好的，但是，如果政府把这些资源收回后进行拍卖，对公司的盈利状况将产生很大程度上的影响。

## 二、广告公司的盈利模式

媒体代理费制、客户代理费制、制作费、其他服务费差价制以及服务费制是广告公司传统的收费与盈利模式。其运行的核心就是赚取差价，广告公司的自主性很小，结果是客户、媒体两头受气，利润越来越薄，操作不好，还要赔钱。下面再介绍一些广告公司新的盈利模式。

**1. 影视资源买断模式**

广告公司出资买电视剧、电影或综艺在电视、视频网站 /APP 的广告资源，广告公司将这些资源分成冠名、植入、贴片、硬广等方式售卖给广告主以获取利润。

**2. 自建自营媒体模式**

广告公司自办广告发布平台，例如专注于汽车、房地产行业的广告公司运营行业类微博、微信公众号作为内容输出和广告发布的平台，分众传媒运营写字楼电梯内及电梯口设置液晶视频以发布广告。

**3. 行业垄断模式**

公交广告公司经营车身广告，地铁广告公司经营地铁广告，路灯广告公司经营路灯广告。由于资源的垄断性，行业广告公司自行制定媒介发布价格，利润较高。

**4. 销售提成模式**

广告公司以广告投入换取客户的产品市场，进而做产品代理来获取利润。具体做法是，广告公司为某产品投入市场调研 / 数据挖掘、产品定位、包装设计、视频 / 平面广告的创作与投放、促销活动的方案设计，客户不付费用，而是给广告公司销售提成，广告公司通过销售提成来收回成本，赚取利润。

# 第三节　广告公司的组织机构

由于广告公司的种类不同，其机构设置也不尽相同。一般来说，广告公司组织机构的类型主要有五种：按职能设置部门、按客户设置部门、按地区设置部门、按产品或服务设置部门、按矩阵组织设置部门。

## 一、按职能设置部门的组织机构

职能部门型组织结构的公司内部划分为若干个职能部门，如客户部、策划部、创意部、设计制作部、媒介部等，是一种比较传统的组织形式。这种组织机构设置又可称为资源集中式，这种机构设置符合广告公司业务专业化原则。

它的优点是有利于各部门的集中统一，高层主管可以直接协调各部门之间的工作，垂直管理，最大限度地将公司资源集中利用，便于公司的有效管理。其缺点是各职能部门容易片面强调自己部门的重要性，过于独立，缺乏沟通，从而破坏公司的整体性。只有总经理才对公司的全面事务负责，对个人的依赖性太重，影响公司效率，不容易培养有全面训练的经理人员。目前在广告公司人员流动频繁的情况下，这种体制承受风险的能力也比较弱。

## 二、按客户设置部门的组织结构

按客户划分部门也被称为小组作业式的组织结构。这种结构是根据客户的种类和要求，将广告公司的人员划分成小组，每个小组负责一个或几个不同品牌的广告活动。广告公司各部门的划分中，除了财务部、办公室、媒介部、市场部外，其他部门都是按照服务的客户设置，每一组配备客户服务人员、创作人员（如文案、设计）及公关协调人员，有的可能根据需要增加其他专门人员。而且这种组织机构非常灵活，这些服务组的规模不等，视客户业务量的大小而定。

这样的组织形态，最大的优点是可以为客户提供一对一的服务，能够满足客户的个性化需要，人员沟通便利，客户的服务质量有所保证。缺点是人员和设备可能得不到充分利用。

## 三、按地区设置部门的组织结构

许多大型广告公司（尤其是全球或全国性的广告公司）由于广告业务在地理上较为分散，往往采用按地区划分的组织结构，在某一个城市注册成立总公司，在其他大城市设立分公司，几个分公司既是一个整体，又有相对的独立性，在业务上有所分工，也有配合。这些公司代理的客户的总部可能设置在不同的城市，因而这些广告公司按客户总部在哪里，公司的客户人员在哪里的原则设立组织。

按地区划分部门的优点是提高了公司的办事效率，客户服务人员与客户在同一地区办公，既能加快沟通的速度，又能节省成本，方便工作。缺点是增加了广告公司管理的难度，对部门主管的素质有很高的要求，他们要有较强的业务能力、管理能力、协调能力，才能很好地和异地的同伴协同为客户提供服务。

## 四、按产品或服务设置部门的组织结构

这种组织机构是广告公司组织依据本公司给客户提供的服务或产品设置部门，把与某服务或产品有关的各项业务工作组成一个部门，以项目组作业的方式成立组织机构。一些专业优势突出、给客户提供部分服务的广告公司常采用这种组织结构。

按服务或产品设置部门的优点是它使公司的注意力集中在产品或服务上，这对公司适应竞争激烈、日趋变化的市场环境非常重要，便于以利润为目标的管理，业务管理相对简单，部门随产品或服务的增加而复制，便于培养高级管理人员。按服务或产品设置部门的不足是管理成本较高；各部门间因业务不同而难以平衡，如果分权及控制不当，会使公司的整体性受到破坏。

## 五、按矩阵组织设置部门的组织结构

按矩阵组织设置部门是按职能划分部门与按客户或产品划分部门的一种综合方式。按矩阵组织的要求设计组织结构的优点是它吸纳了按职能划分部门和按客户或服务划分部门的长处，便于为客户服务和保证服务的质量，有利于集中各个部门的优势力量争取或服务客户，有利于公司积累对不同客户服务的经验。缺点是员工受项目经理和职能经理的双重领导，两者的牵引力不同，工作容易扯皮，当两方面的领导出现矛盾时，员工不知所从。

由于广告公司所处的内外环境千差万别，体制、规模、经营的范围、服务的功能等方面不尽相同。不同类型的广告公司，拥有不同的组织形式、不同的机构设置，因此不存在运用于所有公司的最好的部门设置方法。广告公司应根据具体情况，设计稳定、有效，有利于自己公司长远发展的组织结构。

**思考与练习：**

1. 广告代理制度的发展经历了哪几个阶段？
2. 我国广告代理制度有哪几种主要模式？
3. 简析广告代理公司的收费模式及其发展趋势。
4. 简析广告公司新盈利模式。
5. 论述广告公司组织机构的类型及其优缺点。

## 案例聚焦

**李奥贝纳的 ARC 整合营销部门**

整合传播在广告业中占据着越来越重要的地位，李奥贝纳顺时推出 ARC 整合营销部门，旨

在为客户提供更完备的解决方案。

**应对行业变局，ARC 顺时推出**

没有人怀疑李奥贝纳的实力。早在2004年，上海李奥贝纳广告有限公司（以下简称李奥贝纳）的年营业额就达到42.1亿元，2005年在评选中国最具影响力的广告公司时，李奥贝纳又荣获第一名。

面对极具潜力的亚洲市场，尤其是中国市场高速增长的机会，李奥贝纳积极引进新概念的同时，开始在原有组织架构下打造一个管理品牌整合营销的架构，即ARC。

“一年之前，李奥贝纳开始设立ARC整合营销部门，并且在全球范围内开始整合工作，ARC部门最主要的任务是提供服务，包括数据管理、直销跟单，等等。”李奥贝纳中国区董事总经理陈念端说，一些关于非传统的整合营销工作也都设在ARC部门。这个部门承接的另外一个任务是解决终端的沟通传播问题。比如在麦当劳，李奥贝纳不仅负责它们的创意、策划，还包括在细节上的具体实施，不管是麦当劳的海报还是一些菜单，它们都是由李奥贝纳来做的。

事实上，ARC整合营销部门只是李奥贝纳的核心部门之一。之所以推出ARC，是因为在判断未来广告业走向时，李奥贝纳已发现行业脉络的大致走向：广告业不再是过去传统的模式，将更多地强调整合性。ARC的适时推出，具有一定的预见性、前瞻性、可行性，这与广告策划和企业营销的整合趋势不谋而合。

与广告行业整合有密切联系的客户需求也在发生巨大的变化，这一点对广告公司影响最大。如果是几年以前，客户要求广告有冲击力，有足够的媒体传播就可以了，现在的客户在广告的针对性和统一性两方面提出了更高的要求。

针对性是要确保品牌信息和传播渠道更集约和有效，在设计整合营销及传播方案时，要对目标消费群的思维与行为作深度了解，确保所选择的传播渠道能广泛，同时又有针对性地传播到目标消费者。

统一性是要确保在整合方案中，品牌所宣传的核心价值，理性与感性的诉求及品牌形象有统一性规范；上至大媒体广告，下至销售终端，务求品牌价值能有效率地在消费者心中积累与沉淀。

而李奥贝纳ARC整合营销部门的设立，不仅能适应客户在针对性和统一性上的变化和需求，而且能超乎客户的要求，提出更完备的方案。

李奥贝纳的组织构架是由三部分组成，分别是创意部、策略部、ARC整合营销部，这三个部门分别有各自的职能。

最先为客户服务的是策略部门，第一步是给客户提供好的策划、策略，当客户认可后再由策略部提供最核心的策略建议交给创意部，这也是最根本的。有了核心的策略之后，再通过不同的渠道进行广告创意开发，包括电视、户外广告、互联网等，之后再由ARC整合营销部负责。策略部侧重于品牌定位、产品定位，结合对消费者和市场的了解，做一些策略的方案。

不过，李奥贝纳并不负责向客户推荐媒体或者与媒体合作，这些事情都是他们旗下的另一个公司来做。据悉，刚刚设立ARC一年的李奥贝纳，又在酝酿新的部门。

（此案例选自中国广告人网《成功营销》http://www.chinaadren.com）

# 第 6 章

# 广告受众

广告要取得好的效果，离不开对广告受众心理的理解和把握。尤其是在营销以消费者为中心，传播以受众为导向的今天，企业如果对广告受众的心理一无所知，对影响广告受众心理的各种因素一无所知，将无法使其产品发挥应有的市场效应。所以在策划广告时，首先要根据受众心理来给广告定位。对于广告活动来说，离开了广告受众就失去了“向谁说”这一接受者，广告过程就中断了，广告的作用就失去了。

## 第一节　广告受众的概念

### 一、何谓广告受众

所谓广告受众，就是在广告传播过程中广告信息的接受方。这包含两层含义：一层是通过媒介接触广告信息的人群，即广告的媒介受众；另一层是广告的诉求对象，即广告主的目标受众。

**1. 广告的媒介受众**

广告是一种非人际的信息传播活动，需要通过一定的媒介。传播广告信息的媒介多种多样，从传统媒介看主要有大众传播媒介和小众传播媒介，如报纸广告受众、电视广告受众、户外广告受众、交通广告受众、网络广告受众，等等。

**2. 广告的目标受众**

广告的特性之一，就是广告的传播对象具有选择性。也就是说，要根据广告目标的要求来确定广告活动的特定诉求对象。对广告的目标受众进行分析，有助于针对不同的诉求对象采取不同的广告策略。就商业广告来说，广告的目标受众主要有三种类型。

（1）**一般受众**：即为满足个人生活需要而购买商品的受众大众，其由个人和家庭组成，是广告活动的主要传播对象。

（2）**团体用户的决策者**：团体用户多由企业、社会组织、政府机关等构成，是区别于一般受众的大宗货物购买者。但广告诉求不是面对团体而是团体的代表，通常是团体的决策者，或是某一方面、某一领域的专业人员、权威人士等具有一定影响力的意见领袖。

（3）经销商的采购决策人：针对流通行业的广告活动，其诉求对象多与负责采购进货的决策人员有关。他们是流通领域中商品经销单位与广大受众的牵线人和守门人。

## 二、广告受众的特征

**1. 广告受众的针对性**

每一个企业，每一个组织，它所面对的受众都是有限的，它的产品、提供的服务只能满足部分人的需要。没有哪一个广告能针对所有的人，只能针对产品的目标受众，后者在整个社会公众中只占一小部分。

**2. 广告受众的复杂性**

其一方面有多种差别，种族的、民族的、文化的、性别的、经济能力的、消费习惯的等等。这些差别虽不妨碍他们有共同的兴趣和认识，但却增加了复杂性。另一方面，一个人可能同时是多个广告的受众，因为人有多种需要，就受到多个广告的冲击。这种冲击既来自同类产品或服务的广告信息，也来自不同类的广告信息。

**3. 广告受众的多变性**

一是目标受众有了新的需求而转向新的商品；二是在市场竞争中，企业的产品或服务的市场也在随时变化，其广告受众也在相应变化；三是广告产品又有了新用途，或是又有了新的服务项目又适合了新的受众，它的广告受众又增加了新的内容。

## 三、受众与广告受众的关系

受众指的是传播活动的对象或受传者，如听众、观众、读者，等等。其特点是广泛性、分散性、匿名性、流动性、无组织性。其角色是信息产品的消费者，传播符号的译码者，传播活动的参与者，传播效果的反馈者。作为社会群体成员的受众并不是孤立的存在，而是分属于不同的社会集团或群体，有着不同的社会背景。受众对大众传媒的接触虽然是个人的活动，但这种活动通常受到他的群体归属关系、群体利益以及群体规范的制约。

广告受众是受众的一部分。可以把广告受众作为“市场”的受众来定位。从市场的角度，受众可以被定义为：特定的媒体或讯息所指向的、具有特定的社会经济侧面的、潜在的消费者的集合体。把传媒与受众的关系固定为“卖方”和“买方”，着眼于受众的购买能力与消费特点相关的人口统计学属性，如收入、年龄等内容的分析，这样当然不能反映受众内部更深层次的社会关系和意识形态，容易把收视率或发行量作为判断传媒成功与否的唯一标准，而把公益性和社会效益标准放在次要的位置上。

# 第二节　广告受众的心理特征

为了使广告主在制定广告战略时有的放矢，使广告活动有效地打破消费者的心理防御，了解目标消费群体（或广告诉求对象）的心理特征是十分必要的。

## 一、广告受众的个人心理因素

受众的购买行为不仅受到个人心理因素的影响，还要受受众自身因素的影响，主要包括个人收入和家庭经济状况、职业和文化水平、个性爱好和年龄性别等因素的影响。

**1. 经济因素**

个人或家庭的经济状况强烈地影响着每个受众的消费水平和消费范围，并决定着个人和家庭的购买能力和消费模式。

**2. 年龄性别**

不同年龄的受众有不同的需要和偏好。人们在衣、食、住、行各方面的消费需要，都随年龄的变化而变化。

**3. 职业文化**

不同职业的受众，对于商品的爱好和需求往往是不同的。受众的文化水平和文化素质的差异也会导致其对商品评价的雅俗观和价值观存在差别。

**4. 个性特征**

受众在选择商品、购买商品的过程中还要受到其个性特征、兴趣爱好的影响。个性是指个体带有倾向性的、比较稳定的、本质的心理特征的总和，包括受众的兴趣、爱好、个人的气质、性格和能力等。

**5. 生活方式**

有些受众虽然同属于一个社会阶层，来自同一文化层次，具有相似的个性特征，但由于有不同的生活方式，他们的活动、兴趣和见解也会各不相同。

## 二、广告受众的环境心理因素

环境因素包括相关群体、社会阶层、文化状况、家庭情况等。

**1. 相关群体**

相关群体就是影响着受众的价值观，并影响他对商品和服务的看法及购买行为的人的总称。它可能是个人所属的群体，亦有可能是个人“心向往之”的群体。相关群体影响受众的购买行为，一般表现为以下四个方面：（1）相关群体为每个人提供各种可能选择的新消费行为和生活方式；（2）它引起人们的仿效欲望，从而影响人们对某种事物或商品的态度；（3）它促使人们的行为趋于某种“一致性”，因而影响人们对某种商品花色、品种的选择；（4）相关群体中的“意见”领袖有时有难以估计的示范作用。

**2. 社会阶层**

社会阶层指一个社会按照其社会准则将其成员划分成的不同层次，主要根据职业、收入来源、受教育程度、居住区域等标准进行划分。社会阶层的差异会对受众的心理产生明显影响。这种心理上的差异会直接影响受众的行为选择，具体表现在以下几个方面。（1）对信息的依赖程度差异。社会阶层高的比社会阶层低的受众能更多地利用不同渠道获取商品信息；（2）对商店选择的差异。不同阶层的受众喜欢光顾的商店类型有很大不同；（3）商品投向的差异。上层受众是名贵商品以及高档消遣娱乐方式的主要顾客。中产阶级由各类高级专业人员组成，如律师、医生、大学教授、科学家，通常非常重视教育，注重家庭的智力投资。下层一般由蓝领组成，整日忙碌于工作与生活中，多属习惯性购买者，喜欢购买实用廉价的商品。

**3. 文化状况**

文化是一个社会精神财富的结晶，是人类从生活实践中积累起来的价值观、道德、理想和其他意义的象征的综合体。文化差异会引起行为上的差异，表现在婚丧、服饰、饮食起居、建筑风格等物质和精神生活方面也是各有特点。

**4. 家庭状况**

在受众的购买行为中，家庭影响是至关重要的。家庭作为一个相关群体，强有力地影响着受众的态度、信仰和行为。家庭本身就是一个消费单位，许多商品和劳务是以家庭为购买单位的。家庭成员，尤其是父母，为其他家庭成员充当着购买代理人的角色。

## 三、广告受众的心理过程

广告受众是广告信息传播的目的地，如果广告信息在到达目的地之后并没有被接受，那么，广告传播就没有实现信息共享的目的。广告受众在选择媒介和讯息时有很大的自由度，这就是广告受众心理上的选择过程。广告受众的心理选择过程包括三个具体环节：选择性注意、选择性理解和选择性记忆。

**1. 选择性注意**

选择性注意又被称为选择性暴露，即受传者是否注意到媒介及其信息。这是广告受众心理选择过程的第一个环节。广告受众对媒介的接触具有很强的选择性，他们往往从自己原有的意见、观点和兴趣出发，将自己“暴露”在经过选择的传媒及其内容的面前。广告受众更倾向于接触与原有态度较为一致的信息，而尽量回避那些与己见不合的信息。这样，对广告传播者来说，最为重要的便是使自己所传递的信息对广告受众更具吸引力。从广告传播者如何适应广告受众的选择性考虑，传播媒介的信息要想具有吸引力，必须遵循以下原则：

（1）易得性：所传播的信息必须能使受众以轻易的手段获得；

（2）对比性：与环境中的其他部分形成强烈的对比常常可以吸引受众；

（3）报酬与威胁：受众能灵敏地感知和记忆那些有利于其需求和兴趣的信息，而对那些可能危及自身的警告性信息则会有特别的戒备。

**2. 选择性理解**

这是广告受众心理选择过程的核心，又被称为信息传播的译码过程。同样内容的信息，不同的广告受众会有不同的、有时甚至是相反的理解，出现这种情况的原因是广告受众的心理、感情、经历、需求以及所处环境等不同。

在心理学上，人对自己见闻的理解受到两种因素的影响：结构因素和功能因素。前者是指感官刺激在人的神经系统中引起的反应。后者比较复杂，它是源自一个人的情绪、需求、经验和记忆的因素，已经不属于纯粹感官刺激的范围。功能因素的具体表现是：人们理解事物时总是把事物组织起来而赋予其意义。而且，人们对事物的理解具有选择性，这主要是由当时的需求、兴趣和情绪等决定的。

人的这种选择性决定了他们在有选择地接触到某种讯息后，总是倾向于把讯息内容看作是与自己原有意见相一致的。即使在接触到与自身观点相悖的讯息时，人们也会对它们进行选择性的理解，将它们曲解为与自己相一致的观点。这种从自身需求出发对信息予以选择的心理倾向，使不同的人对同一信息的理解各不相同。有的人对信息全面接受，而有的人则只理解自己所需要的那些部分。所以，传播者组织和传播信息时一定要考虑到受传者的这种选择性理解，要努力防止或至少减少受传者对信息的曲解，并尽可能使信息被多数人正确理解和接受。

**3. 选择性记忆**

选择性记忆是指广告受众对信息的记忆也是有所选择的，这是广告受众心理过程的最末环节。事实上，留在人们记忆中的信息量一般会少于他们所接收和理解的信息量，他们有时甚至还竭力使自己去忘记某些信息。

也就是说，正如选择性注意、选择性理解一样，人们倾向于记住传播内容中与自己观点一致的那些部分，而忘掉与自己观点不一致的部分。这一行为往往是出于潜意识的，它可能用以加强而非改变受传者的已有意见。选择性记忆大致可以分为三个阶段。

（1）广告信息的输入阶段。一般来说，广告受众对接收到的语言和文字信息，很少能记住原来的具体词句，而是概略性地记住其大体意思，只有经过反复背诵才可能记住原有词句。对图像信息的记忆也基本相同，人们只能记得其中最精彩的、自己印象最深的一些画面。所以，广告传播者要想使广告受众记住自己的讯息，就必须在讯息内容的制作上下苦功，并使讯息不断重复，通过反复接触来增加受众的注意。

（2）广告信息的存储阶段。记忆包括短期记忆和长期记忆。其中，人的短期记忆能力是非常有限的。通常情况下，人们对于彼此间互不相关的数字的记忆量一次仅有 8 个；对于不相关字母的记忆量则仅有 7 个；对于不相关的单词，则是 6 个。而短期记忆信息储存量主要是取决于这些信息是否有意思。在长期记忆中，人们一般都是把意思抽象出来加以记忆。这些意思有时还会伴有视觉、听觉或其他的形象在人脑中以命题的形式组成网络而被记忆下来。因此，传播者不可高估受众的记忆，那些在广播电视上连续出现的数字号码等信息，往往并不能为受众所记忆。

（3）广告信息的输出阶段。一般来说，记忆有两种输出方式：辨认和回想。前者是指人们在接收到某一信息后，能够辨别出自己是否曾经接触过这种信息。而后者则是指人们能够以不同符号，如语言文字或图像把接触过的信息复述出来。通常，辨认比回想要容易一些。在需要对信息进行辨认和回想时，人们会尽可能地从记忆中找出所需的信息内容并将其重构成信息。

广告传播过程中所受到的干扰主要是来自普遍存在着的广告受众的心理选择。对于那些争议较大的广告信息，这种心理选择的干扰也较大。广告传播者尽管能够决定传播的内容，却无法决定受传者是否接受、怎样接受和接受什么。因此，广告传播者只有减少这种干扰才能取得较好的广告传播效果。而对于广告受众来说，这种心理选择过程却并非出于故意，是非常自然地存在发生的。这二者之间的矛盾也恰恰体现了整个广告传播过程的复杂性。

## 第三节　广告受众的购买行为

受众的购买行为是指受众为满足个人和家庭生存、享受和发展需要而进行的购买决策活动的总称。受众的购买行为会受到多种因素的影响，包括受众的心理因素、个人因素、环境因素等。对于从事广告宣传活动的企业来说，这些因素通常都是无法控制的。但是，企业可以通过对这些因素的分析，较为准确地预测和把握受众的购买意向和购买行为，为广告战略提供决策依据。分析受众的购买行为，还应进一步了解受众是如何进行购买决策的，包括购买决策的内容、购买决策的过程和购买的类型等。

**1. 受众购买决策的内容**

受众购买决策指受众决定购买或拒绝购买某种产品或服务的选择过程，也叫“解决问题过程”。其内容包括六个方面。

（1）谁来买。即受众扮演的“购买角色”。

（2）买什么。这是对商品的选择。

（3）何时购买。即受众的购物时间。

（4）何处购买。这是对商店的选择。

（5）怎样购买。这是对购买方式的选择。

（6）为什么要买。即购买原因。

**2. 受众购买决策的过程**

消费决策过程由认识需要、搜集信息、对比评估、决定购买和购后行为组成。这五个阶段环环相扣，表明受众的购买行为是在实际购买之前即已开始，直到购后结束。

（1）认识需要。受众进入市场后的第一步是确认自身需要解决的“问题”，即存在着某种需求。受众认识到自己有某种需要，是其购买决策的开始。需要可以是受到外界的某种刺激引起的，还可以是内外两方面因素共同作用的结果。

（2）搜集信息。一个掌握了比较全面、充分的信息的受众，可能比其他人以更低的价格买到同样的东西。因为他们主动搜集与满足需要有关的各种信息，以便进行评价工作。这种搜集信息的积极性会因其需要程度的不同有高有低。广告传播在市场调研和了解受众需求方面的任务是：了解受众的信息来源、不同信息源对受众的影响程度、设计信息传播策略。

（3）对比评估。受众得到了一定的相关信息后，这些信息可能是重复的，甚至是互相矛盾的，因此，就有必要对得到的信息进行分析、评估和选择，权衡利弊后才能做出购买决定。所以，评估信息是决策过程中的决定性一环。

（4）决定购买。受众对产品信息进行分析、评估和选择后，便产生购买意图。但其购买之前还会受到其他因素的影响，如他人的态度、意外的情况、环境因素、非环境因素等。所以，广告主应不断开发满足受众不同需求的产品，并设法使自己经营的商标、特点给受众留下印象，以便于受众的选择与比较。

（5）购后行为。受众购买商品以后，购买的决策过程还在继续，比如要评价已购的商品。西方许多广告主信奉一句名言“满意的顾客是最好的广告”。判断受众的购后行为有两种理论：一种叫“预期满意理论”，即认为受众对产品的满意程度取决于预期希望得到实现的程度。这种理论的结论是：企业对产品的广告宣传要尽量实事求是，不要夸大其词，否则受众的期望不能实现就会产生强烈不满，影响产品的市场信誉。另一种叫“认识差距理论”，即认为受众购买商品后都会有程度不同的满足感。原因是任何产品都有它的优点和缺点，买主购买后往往较多地看到产品的缺点，而别的同类产品越是有吸引力，其对产品的不满意感就越大。

**3. 受众购买决策的类型**

购买类型是受众购买行为的特点和表现，参与购买的程度和商品类别的不同，从而形成多种购买类型。

（1）复杂型购买。一些耐用品、价格昂贵的商品或品牌差异大的商品，如空调、电脑、高档服装，以及住房、汽车等，由于不经常购买，受众的参与程度比较高。受众要对商品进行慎重的考察和研究，需要学习相关的产品知识，特别是初次购买的受众，情况更为复杂。因此，广告要针对购买的决定者，实施相应的策略，使目标受众获得更多的学习机会，以便详细了解商品的特点、性能、优缺点等信息，影响他们对品牌的最终选择。

（2）和谐型购买。通常受众在购买品牌差别不大的商品时，多表现为这种购买方式。受众主要关心价格是否优惠，购买时间与地点是否便利。当然，在购买的同时受众也会出现心理不平衡的情况。如购买某一种商品时，注意到同类商品其他品牌的优点和特点，于是便试图获取更多的信息，以证明其购买决策的正确性。因此，广告要帮助受众建立对本品牌的信心，消除不平衡心理，进入和谐状态。

（3）多变型购买。这是受众为追求新奇、时髦而形成的一种购买类型。这些商品的价格比较便宜，也需经常购买，因此受众购买时参与程度低，经常变换品牌的选择。受众一般不主动寻求商品信息，也不对品牌进行认真评价，仅是出于某种目的而寻求变化。这种购买类型需要正确的促销策略和广告策略，吸引购买。

（4）**习惯型购买**。受众的参与程度低，品牌的差别小。这主要是一些价格低廉、需要多次重复购买的商品，如牙膏、洗发水等。受众在购买时一般不作太多考虑，经常表现为随意程度的确定性。因此，广告要就如何帮助受众指名购买方面制定策略，如选用信息易于接受的媒介、广告诉求内容简明扼要、多次重复等；还应设法增大产品的相关价值，提高受众的参与程度。

（5）**选择性购买**。受众对于这类产品有过购买经历，有些基本知识，但是由于对新商标、品牌不熟悉，有风险感。如受众在购买一台新的手机时，总要想方设法获取此品牌价格、质量等方面的信息，这时的购买行为就比较复杂，企业应当适时地传达有关新牌号商品的信息，增加顾客对新产品的了解和信任感，促使其下决心购买。

（6）**探究性购买**。受众对自己需要的商品一无所知，既不了解产品的性能、品牌特点，又不清楚选择标准和使用维护的方法。此类商品一般价格高，购买频率低，这种购买行为最复杂。如第一次选购电脑的受众，往往在购买前需要对商品有个全面的了解。企业要通过市场调查了解潜在的市场在哪里，然后针对潜在的目标顾客提供比较全面的信息，既要介绍此类产品的一般信息，又要突出宣传本企业商品的特点，使受众在普遍了解大类商品的基础上，建立起对具体品牌商品的信心。

思考和练习：

1. 什么是广告受众？分析受众与广告受众的关系。
2. 影响广告受众的心理因素有哪些？
3. 广告受众的消费购买决策是怎样的？
4. 举例分析手机类广告受众的心理与消费行为。

## 案例聚焦

### 儿童产品广告的心理诉求分析

著名广告商麦肯为美国本·威尔儿童服装，制作了一个主题为“本的逻辑”的系列广告。广告口号是“本·威尔是小孩的明智选择”。这也是本·威尔品牌的一贯主张。所谓“本的逻辑”，实际就是儿童稚真心理的采撷：本要帮妹妹“拔发助长”；本把一个玩具一分为二，因为他觉得“两个玩具比一个好”；本扳去螃蟹的六只脚，因为“我不能有八只脚，其他人怎么能有呢？”……广告把这些只可能出于儿童思维逻辑的话语和行动归纳入“本的逻辑”，配上鲜亮跳跃的色彩，夸张有趣的儿童漫画插图和歪歪斜斜的彩色文字……如此，一个单纯可爱、真实自然、活泼鲜亮的儿童世界跃然在受众面前。这样的趣味组合，相信父母们在忍俊不禁的同时，会点头认可：“小孩，就是这样的”。如果父母认可这种观念和逻辑，也就认可本·威尔服装所要塑造的品牌个性：穿出小孩的模样！当然，父母对孩子的穿着打扮观念也是见仁见智。但这并不影响本·威尔的品牌战略：为那些喜爱孩子单纯可爱的天性，而不赞同把孩子包装得“老气横秋”的父母们专门设计！

再看看庄臣婴儿护肤用品的系列印刷广告。它的与众不同之处，在于用宝宝的一个个局部特写作为广告的主体形象。宝宝胖乎乎的小手、小脚、小屁股，那细嫩的皮肤和稚气可爱的神态，非常惹人喜爱。每个广告的文案相当简单：

“也许有一天，他的小小的二头肌真能坚硬如铁。”
“也许有一天，这双脚会跳天鹅舞。”
“也许有一天，这双嫩手将去打棒球。”
“也许有一天，这个小屁股会坐在总经理的宝座上。”

在每个广告的产品形象下面，都接着相同的下半句：“但今天，他们需要庄臣的呵护。”宝宝们如花朵一般的娇嫩与他们日后所要干的大事在此形成一种矛盾的冲突，怎么不叫每位望子成龙的父母为之怜爱心动！

以上广告的共同点在于，它们都抓住了父母对孩子无比关爱和美好期望的心理状态，采取直接与父母沟通的策略，在创意上，通过语言、心理、形象的渲染，博得父母的认同与共鸣。台湾广告大师颜伯勤曾在讨论广告怎样“争取消费大众阅读欣赏”时，总结了“一个胜算较多的广告策略，是增加消费者的荣誉感”。儿童产品广告尤其适用这点，因为，孩子是父母的骄傲和荣誉。

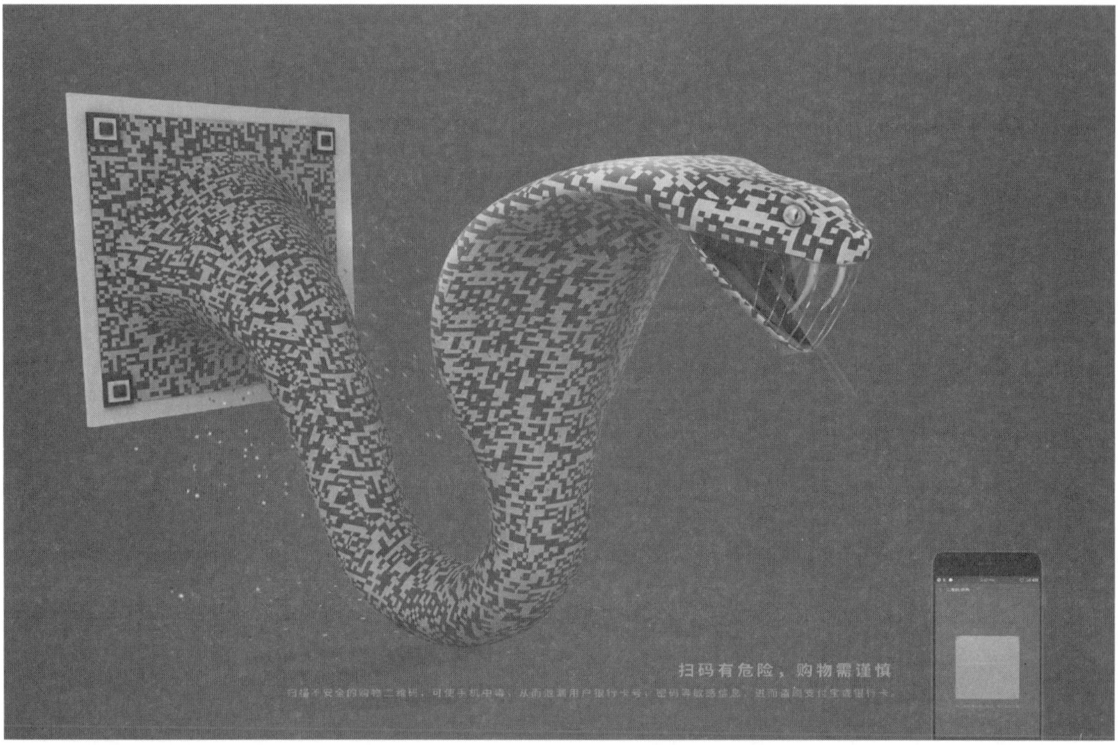
扫码有危险，购物需谨慎

扫码有危险，购物需谨慎

# 第 7 章

# 广告调查

广告调查是市场调查的一个分支。所谓市场调查，是指对营销决策相关的数据进行计划、收集和分析，并将分析结果与管理者沟通的过程。企业、国家、城市、个人，出于不同的目的，都会进行市场调查，来获得自己所需要的资料，比如，2008 年奥运会对中国经济和形象的影响有哪些？高尔夫运动在中国是否会流行？别墅在大城市的升值潜力有多少？别克应该为它的家庭多功能轿车取一个什么名字？这些对了解市场、进行决策至关重要的问题，都属于市场调研的范围。在众多的市场调研中，当调研目的是为了用于广告推广时，我们把这种调研叫作广告调查。

## 第一节　广告调查概述

广告调查经历了 1900 年—1920 年的萌芽期、1920 年—1950 年的成长期、以及 1950 年至现在的成熟期三个阶段。各种各样的实验设计、民意测验、人为因素、运筹学、动机研究、细分市场等新式方法被不断推出，以满足卖方市场向买方市场转变之后，生产者需要得到更加精准的信息，来增加产品销售力的需求。

### 一、广告调查的含义和特征

广告调查，是指企业或者组织，为了更好地推广他们的产品，利用市场调研的方式，对和广告相关的信息进行收集、整理、分析和解释，并把分析结果用于广告活动的市场行为。广告调查具有三个特点：重要性、必要性和客观性。

**1. 广告调查的重要性**

从前的广告，只需要将产品特点用优美的文字书写出来，刊登在报纸上面就能取得效果，因为竞争对手很少，消费者的数量也局限于一个人口有限的城市或者小镇。但是今天，广告主不只在空间和时间上脱离市场，在文化和社会阶层上与消费者也有脱离的可能。与此同时，产品的同质化、市场的竞争日益激烈，广告主只有通过调查才能切实地了解消费者的市场情况，使广告有的放矢。

**2. 广告调查的必要性**

首先，广告调查是广告活动的开端，为后续的广告活动提供支持，比如广告策划如何展开、广告往哪个媒介投放。其次广告推广活动耗资巨大。在中央电视台或腾讯视频播出一次 30 秒的广告，成本可能几万元，涉及这么大笔金钱，广告主和代理公司为了经营的考虑，一定要尽量消除广告上的风险。

**3. 广告调查的客观性**

广告调查有一套完整的方法体系，抽样、问卷设计 / 访谈或观察对象的选取、结果分析方面都有一整套的科学体系，广告调查只有客观反映消费者的态度和意见，才能够为后续的广告活动提供有力的支撑。

## 二、广告调查的功能

广告调查具有三种功能：描述、诊断和预测。

**1. 描述功能**

是指收集并陈述事实。例如：某个行业的历史发展和销售趋势是什么，消费者最在意产品的哪个特点，同类产品的市场竞争情况。

**2. 诊断功能**

是指解释信息或者活动。例如：一个改良过的产品包装对销售会产生什么影响，一次广告运动有没有取得应有的效果。

**3. 预测功能**

是指对决策提供支持的广告调查活动，例如如何利用消费者健康意识的提高进行保健品的广告策划。

佳得乐的市场定位案例就可以说明广告调查的功能。运动饮料佳得乐最初被作为竞技运动员的饮品来销售。但是，市场调研发现，它的主要顾客是 19 岁～ 44 岁的男性。他们对这个产品的功能非常清楚，知道它的作用以及应该在什么时候使用。因此，佳得乐被重新定位为体育爱好者的饮料，能够解渴并能够比其他饮料更好地补充运动时失去的矿物质。这一新定位大大增加了销售收入。

# 第二节　广告调查的方法

从资料获取的方式来看，资料来源主要包括原始资料的采集和二手资料的获取。二手资料的获取主要是用文献研究方式，读者通过查阅文献、资料来获取相关信息。二手资料获得成本较低、节省时间，但是也存在不够全面、及时，以及缺乏针对性的缺点。原始资料的采集指的是调研者根据自身信息需要，自己采集信息，获取原始资料的方式。原始资料的采集按照所取得的信息的性质，可分为定量调查和定性调查。它们常常被结合起来使用，以获得不同层面的信息。

**表 7-1 定量调查和定性调查比较**

| **比较纬度** | **定性调查** | **定量调查** |
|---|---|---|
| 样本 | 小 | 大 |
| 问题的类型 | 解释性、探测性 | 以描述性为主，兼解释性与探测性 |
| 执行人员 | 需要特定技巧 | 需要特定技巧 |
| 需要硬件 | 录音、录像机、投影机、照片、讨论提纲 | 问卷、计算机、相关软件 |
| 对调研者的培训 | 心理学、社会学、消费者行为学、营销学、市场学 | 统计学、决策模型、计算机程序设计、营销学、市场调研 |

## 一、定量调查

这是通过科学系统的方法采集样本信息，经过软件（如 SPSS）分析，调查结果以数据来呈现的调查活动。例如，要了解 2018 年北京居民日用品消费占他们收入的比例，就必须通过定量调查的方法。以北京常住人口来建立样本框，按照科学的抽样方法抽取一定的样本，让这些样本来填写问卷以获得调查结果。问卷获取的方式主要有四种。

| **类型** | **定义** |
|---|---|
| （1）入户调研 | 在消费者家里进行问卷填写 |
| （2）街头拦截 | 在街头等客流量大的地方进行问卷发放 |

| | |
|---|---|
| (3) 电话调研 | 通过专门的电话设备向样本提问，调研员填写答案 |
| (4) 邮寄调研 | 将问卷寄给消费者，附有说明及小礼品，要求被访者自己填写寄回来 |

英国维珍航空公司曾做过一个针对中国市场的调研，在北京和上海机场出发前往英国的航班等候区，让消费者填写问卷。问卷如下。

| | | | | | | | | |
|---|---|---|---|---|---|---|---|---|
| 维珍航空的顾客询问调查 （上海／北京） | | | | | | | | |
| 请填写这张问卷，在答案后面打勾或在空白处填写你的回答。如果您的年龄已满 14 岁，希望能够帮助填写此问卷。谢谢。 | | | | | | | | |
| (1) 请问您今天的终点是哪里？ | | | | | | | | |
| 伦敦 | 苏格兰 | 爱尔兰 | 威尔士 | 北爱尔兰 | 其他 | | | |
| (2) 您是直达还是转机？ | | | | | | | | |
| 直达 | 转机 | | | | | | | |
| (3) 您买的是哪种机票？ | | | | | | | | |
| 经济舱全价 | 头等舱 | 会员制 | 职员折扣 | 其他折扣 | 其他 | | | |
| (4) 您通常居住在哪里？ | | | | | | | | |
| 上海 | 北京 | 广州 | 其他 | | | | | |
| (5) 您一行中有几位成人？ | | | | | | | | |
| 没有 | 1 个 | 2 个 | 3 个 | 3 个以上 | | | | |
| (6) 您这次旅行的性质是什么？ | | | | | | | | |
| 商业目的 | 展览会／会议 | 工作 | 访友／探亲 | 度假 | 回家 | 其他 | | |
| (7) 在过去一年中，您乘坐几次飞机出国？ | | | | | | | | |
| 没有 | 1 次 | 2 ～ 3 次 | 4 ～ 8 次 | 8 ～ 15 次 | 15 次以上 | | | |
| (8) 您是在哪里听说维珍的？ | | | | | | | | |
| 报纸 | 电视 | 杂志 | 广播 | 路牌 | 海报 | 航班杂志 | 传言 | 其他 |

| | | | | | | | | |
|---|---|---|---|---|---|---|---|---|
| (9) 您为什么选择维珍而不是其他的航空公司? | | | | | | | | |
| 方便／航班多 | 舒适 | 可靠 | 服务好 | 价格 | 其他 | | | |
| (10) 您的年龄在? | | | | | | | | |
| 14～17 岁 | 18～24 岁 | 25～34 岁 | 35～44 岁 | 45～54 岁 | 55～63 岁 | 65 岁以上 | | |
| (11) 您的性别? | | | | | | | | |
| 男 | 女 | | | | | | | |
| (12) 您还有其他关于维珍服务的建议吗? | | | | | | | | |
| | | | | | | | | |
| 感谢您的合作，请在访谈员回来时交给他或者您离开时放在座位上。 | | | | | | | | |

## 二、定性调查

定性调查是通过科学系统的方法采集样本信息，经过软件（例如内容分析软件）分析或主观分析的方法，调查结果以定性结论来呈现的调查活动。它在一定程度上依赖于调查者的主观认识和个人解释。定性调查的目的是对问题提供比较深层的理解，从而找寻处理问题的途径。定性调查的方法，比较常用的有两种：焦点小组访谈法和深度访谈法。

**1. 焦点小组访谈法**

这是目前最流行的方法。它起源于精神病医生所用的群体疗法。目的是为了了解人们内心的想法及其原因。小组由 8 ～ 12 人组成，在一名主持人的引导下对某一主题进行深入讨论。焦点访谈不是一问一答式的面谈，它成功的关键在于群体动力所提供的互动作用。一个人的反应会成为对其他人的刺激，受试者的相互作用，能产生比同样数量的人单独陈述时更多的信息。下文以女性信用卡为例解释焦点访谈小组的执行。

**(1) 解释焦点访谈小组规则（10 ～ 20 分钟）**

* 没有正确答案——只要说出你自己的观点。

* 要倾听别人发言。

* 这里有录音录像设备，请不要介意。

* 请一个一个发言，以免我漏掉你们的意见。

* 如果对我们探讨的话题了解不多，没关系。这对我们也很重要。

* 不要害怕和别人不同，我们不要求人人持有同样的观点。

* 还有问题吗?

（2）信用卡的历史（15 分钟）

* 你知道有哪几种主要的信用卡？你使用哪种？什么时候开始？

* 你使用信用卡的目的是什么？你是如何得到它们的？

* 你最常用的是什么卡？为什么？

* 申请某些信用卡是否比较困难？如果有，是哪些卡？

* 你目前的信用卡使用感觉如何？当你拥有一张信用卡后，你的消费习惯是否有所改变？如何改变？

* 假如你拥有了一张女性信用卡，别人对你的看法是否会改变？怎样改变？

（3）桌面广告设计（25 分钟）

现在我们将向你们出示几种信用卡广告设计，它们将出现在女性消费者比较集中的地方，比如美容院以及大型购物商场。我想知道你们对不同广告的反应。我每出示一种，你们就写下自己的第一反应，我想知道的是你们在没有思考时的第一反应。

A. 出示第一种广告，让她们写下第一反应。

讨论：为什么这样反应？你喜欢它哪里，不喜欢它哪里？

你会被它吸引吗？为什么？哪里吸引了你？

你会停下来仔细阅读吗？为什么？

B. 出示第二种广告，重复上述讨论。

C. 出示第三种广告，重复上述讨论。

D. 出示所有的广告设计。

讨论：这些广告中，哪一个最吸引你的注意，让你停下来阅读，为什么？

哪一种最不能引起你的注意，为什么？

（4）宣传册与赠品（25 分钟）

现在我想让你们看一看信用卡的赠品，它们和之前的广告设计是相配套的。首先，我将展示宣传册和赠品的样本，然后你们写下自己的第一反应，最后，对每一种赠品进行讨论。

A. 出示第一种宣传册和赠品，让她们写下自己的第一反应。

讨论：为什么是这种反应？

你特别喜欢赠品的什么地方，特别不喜欢什么地方？为什么？

你理解赠品的含义吗？

你会为这种赠品而申请信用卡吗？为什么？

你会考虑使用这种信用卡吗？为什么？

你将用这张女性信用卡取代现在的卡吗？

你会向朋友推荐这张卡吗？为什么？

你在多大程度上会使用这种卡？为什么会？为什么不会？

B. 出示第二种宣传册，重复上述讨论。

C. 出示第三种宣传册，重复上述讨论。

D. 出示所有的宣传册和赠品。

讨论：最佳赠品是什么？为什么？

考虑到赠品，你会选择这种信用卡吗？为什么？

(5) 信用卡设计（15 分钟）

最后，我想让你们看一看附带赠品的信用卡的三种设计。和之前一样，你们将写下自己的第一反应，然后我们分别讨论。

A. 出示第一种信用卡设计，让她们写下自己的第一反应。

讨论：为什么是这种反应。

设计中你最喜欢的是什么？不喜欢的是什么？

设计中是否有什么东西让你在使用的时候感到不舒服？为什么？

B. 出示第二种信用卡设计，重复上述讨论。

C. 出示第三种信用卡设计，重复上述讨论。

D. 出示所有设计。

讨论：如果市场上出现这些卡，你会选择哪一种？

你确定不会选择哪一种？为什么？

焦点访谈的优点在于可以让市场人员得知消费者的直接感受，亲眼观察他对各种观念的反应，用自己的语言讨论生产商和竞争对手的产品，而不是阅读计算机打印出来的含有浩瀚数字和报表的文件。而且，这种方式比一对一的交谈更具激发性，能够让参与者之间产生互动，得到更加深入的思考结果。但焦点访谈的缺点也很明显：彼此陌生的人们在单调乏味的测试室里很容易感到僵硬冷漠，难以进行开诚布公的交谈；优秀的主持人比较少，过于咄咄逼人会让人产生压力，而玩深沉的风格又让人觉得像一个骗子；另外一些价格比较高的产品的访谈，则很难在中产阶级里面找到一定数量的参与者。

**2. 深度访谈法**

深度访谈法是一对一的会谈。访谈员经过严格训练，根据访谈目的进行刺探和诱导详细回答的技能。在深度访谈过程中，面谈者会用到很多心理学上的投射法来了解人的深层心理。比较常用的有下面七种方法。

| 方法 | 操作方式 |
|---|---|
| 1．词语联想法 | 是非常实用和有效的方法。面谈者读一个词给受访者，要他说出头脑中出现的第一个事物，一般是快速地念出一连串的词语，不让心里防御机制有时间发挥作用。通常消费者会给出一个同义词或者反义词。例如，企业要给一种新的牛奶起名，可能会测试消费者对以下词语的反应：健康、新鲜、强壮、美味、浓郁、自然。 |

| | |
|---|---|
| 2．句子完成法 | 这种方法是给出一个具体、有限制的剧情，让消费者去完成。通常可以和词语联想法一起使用。比如，受访者被要求完成下列句子：<br>1．百盛公司是……<br>2．在百盛公司购物的人是……<br>3．我不明白百盛公司为什么不……<br>4．自从有了百盛公司以后，…… |
| 3．漫画测试法 | 画一幅连环画，一个人物的话框中有对话，另一个则没有，受访者要完成所缺少的那句对白。例如，有这样一幅画：一个 5 岁的小女孩说：“我家附近开了一家麦当劳，爸爸昨天带我去吃的，可好吃了。”旁边一个 10 岁的小男孩说：“……” |
| 4．照片归类法 | 给受访者展示不同社会阶层、性格和类型的人群，让他们把这些人和特定的品牌联系起来。例如：通过展示 80 张照片，得出消费者认为喝喜力啤酒的人是比较时尚和富有的，喝嘉士伯的人比较中产、有教养，而力波则是蓝领工人的啤酒的结论。 |
| 5．画图法 | 给消费者展示一组图片，让他们写下自己的感受。例如：雷达公司想要了解为什么蟑螂喷雾剂比灭虫碟卖得好，给出一组妇女和蟑螂搏斗的图片，让她们写下自己的感受。这些收入不高的妇女普遍把蟑螂描写成男性，说它们就像生活中的男人一样，“只有想吃的时候才回来”。这些无助的人用蟑螂喷雾剂喷射蟑螂，然后把看着它们死去当作一种安慰，并从中获得了一种控制权。这种感觉是灭虫碟无法提供的。 |
| 6．叙述故事法 | 让消费者用自己的语言讲述经历。例如：一家连裤袜公司在调研中发现，妇女普遍认为穿连裤袜很不方便，只是不得不穿。但他们认为这不是妇女真正的想法。公司要求这些女人回家以后，把杂志上她们认为和连裤袜有关的照片剪下来，一周后再回到测试室。结果发现，有人带来了溢出的冰激凌的照片，暗示连裤袜脱线时的愤怒；有人带了美丽女子和水果的照片；有人带来了伊丽莎白女王的照片。通过讨论，她们终于承认了在访谈中所否认的真实想法，即连裤袜让她们变得年轻漂亮，具有吸引力。 |
| 7．第三人称法 | 不直接问“你”，而用“你的邻居”“其他人”来代替，以回避让人感到尴尬的问题。例如：关于早餐营养。可以问“为什么很多人给家人准备的早餐总是营养不均衡？” |

深度访谈法的优点在于消除了群体压力，让人感到自己想法的重要性，从而说出更诚实的信息，而不是群体容易接受的话。但是，相对焦点访谈，它的缺点在于成本较高，后期信息整理较为繁琐。

# 第三节　广告调查的内容

广告调查的内容，一般分为四类：广告媒体调查、消费者行为调查、广告效果调查、广告环境调查。为了不同目的所实施的广告调查，有时会涉及这四个方面全部的内容，有时只需要涉及其中的某一项。比如，当调查的目的是为了了解信用卡广告需要传达的信息，需要进行广告环境调查和消费者行为调查，主要涉及这个城市的消费习惯和消费能力是怎样的，他们比较能够接受什么样的广告形式。而当调查的目的是需要推广信用卡在这座城市的发行时，则需要进行四个内容的调查，即应该选择什么样的媒体，消费群有什么特征和行为模式，广告是否传递了正确的信息给正确的人，以及这个城市的经济、人口、竞争对手等宏观环境的资料。

## 一、广告媒体调查

广告媒体的作用，在于把广告主需要消费者了解的信息，用最有效和省钱的方法传递出去。为了达到这个目的，媒体策略人员必须对媒体特性和市场有深入的理解，在计划中明确反映媒体所采取的行动，如：

* 使用什么媒体？
* 每种媒体每天的使用时间？
* 每种媒体要花费多少钱？

一个好的媒介计划必须能够产生足够的冲击力，并遵从有效、经济、合理的原则，而非是花钱越多越好。关于如何选择有效的媒体组合，评估媒介计划的优劣，我们将在第十三章广告媒体中具体阐述。

## 二、消费者行为调查

这一部分是广告调查中使用最为广泛和频繁的调查项目，包括消费者行为特征、心理特征和人口特征三个方面。

| 行为特征 | 心理特征 | 人口特征 |
| --- | --- | --- |
| 使用行为 购买行为<br>低关注商品 决策过程<br>高关注商品 购买时间／地点<br>服务类商品 购买原因 | 关于工作、家庭<br>自我意识<br>价值观<br>金钱管理<br>媒介接触<br>健康意识<br>时尚流行 | 性别、年龄<br>收入、学历<br>职业<br>家庭结构<br>社会地位 |

## 三、广告效果调查

虽然广告的目的是为了销售产品，但是销量并不能够作为衡量广告活动好坏的唯一标准，因为还有很多市场方面的因素，比如竞争对手、价格、包装、铺货和经销商的态度都会影响到销售。因此，广告效果测量不能单纯依赖销量，而必须结合消费者行为的变化，观察他们在和广告接触的过程中，究竟是哪一个环节促使他们购买，或者不购买的原因。消费者行为的变化，一般可分为三个阶段来考核：媒体接触阶段、认知阶段、态度改变和购买阶段。

**1. 媒体接触效果**

即消费者有没有接触到特定媒体、特定的广告。通过了解媒体接触效果，我们可以得知目标消费群是否在收看特定的电视节目或报纸，收看的频率是否符合媒体计划的预期，由此可以了解到媒体计划是否合理。

**2. 认知阶段效果**

即在接触过特定媒体的人之中，有多少比例的人接触过广告，他们对广告的印象如何。

其分为有提示和无提示两种。无提示的调查方法，是在广告播出之后，用电话访问了解消费者对广告的印象（注目率、理解率、记忆率），对创意、文案、产品信息的记忆度、喜好度，再进行综合评价并找出原因。有提示的调查方法，是将被访者请到固定地点，先进行无提示测试，再播放广告，重新做一次同样内容的测试。

认知阶段效果调查的目的在于，了解在目标消费群接触的媒体中，广告有没有被他们看到，广告的冲击力如何，是否具有一定的吸引力并且传递了正确的信息。

**3. 态度改变 & 购买阶段**

态度改变会紧接在广告接触之后，然后再扩大到购买以及使用经验的变化。可以在广告接触的事前、事后，分两次进行调查，以了解消费者在接触广告前后态度、行为的变化。某酸奶客户在新的广告推广活动前后分别进行了消费者调查，得到以下结果（见表 7-2）。

表 7-2　广告播出前和广告播出后消费者调查结果比较

| | 广告播出前 | 广告播出后 |
|---|---|---|
| 不知道 | 20% | 0 |
| 知道，不理解 | 50% | 10% |
| 理解，不相信 | 20% | 20% |
| 相信，还没有买 | 10% | 30% |
| 购买 | | 40% |

从这张表中可以看出，广告使不知道产品的人从 20%减少到 0，使确信的人群从 10%上升到 30%，并使购买者达到了 40%，因此可以说，广告的效果是非常理想的。

除了事前、事后调查之外，还有一些其他的数据也可以用于广告效果的推测，比如免费样品、商品目录的索取数、有奖应征信函的收集数量，等等。

年轻人的
阅读小星球
书里的那女孩
为什么哭得那么伤心？
我不懂，
也许以后会懂。
QQ阅读

年轻人的
阅读小星球
不读书的时候，
我们飘在天上，
读起书，每个人都降落在
自己的小星球。
QQ阅读

## 四、广告环境调查

是指对广告发布地区宏观状态的调查，包括它的经济、文化、社会、技术环境，以及竞争对手的广告投入、市场占有率等情况。这一类的信息，一般能通过二手资料的收集来获得。

**思考和练习：**

1．什么是广告调查？它有哪些特征？

2．简述广告调查的功能。

3．广告调查的方法有哪些？试联系实际说明它们的特征。

4．试论述广告调查的内容。

## 案例聚焦

### 2007 年度 CCTV.COM 用户需求和满意度调查问卷

**亲爱的用户：**

十分感谢您能够参加本次调查活动。CCTV.COM 是以央视为依托，集新闻、信息、娱乐、服务于一体，具有视听、互动特色、多终端传播的综合性网络媒体，是国内最权威的网络视频传播机构。为了让您能够享受更完善的服务，更为了提高我们的服务质量，占用您几分钟的时间填写本调查表，您的反馈将作为我们衡量服务质量的标准，对我们十分重要。为了感谢您对于本次活动的支持与关心，我们特别为您准备了丰富精美的礼品。为了方便我们为您邮寄礼品并进行确认，请填写您的详细信息。

请您下载我们的问卷，填写后发送到以下邮箱：cctv.user@gmail.com，谢谢！

**第一部分：基本信息**

**如果您不是学生，请回答下面问题！**

公司名称：

公司地址：

邮编：　　　　　　　　性别：　　　　　　　　职务：

部门：　　　　　　　　电话：　　　　　　　　传真：

手机：　　　　　　电子信箱：　　　　　　公司主页：

所处行业：银行□　保险□　证券□　政府□　电信□　邮政□　企业□　学校□　其他（请注明）

A1　您的年龄（周岁）：

14~19 岁□　20~24 岁□　25~29 岁□　30~34 岁□　35~39 岁□　40~44 岁□

45~49 岁□　50~54 岁□　55~59 岁□　60~69 岁□　70 岁以上□

A2　您的文化程度是：

小学及以下□　初中□　高中（含职高，中技）□　中专 □

大专□　本科□　研究生及以上□

A3　您现在从事的职业是：

工人□　军人、武警、公安□　农民□　党政机关干部□

科、教、文、体、卫工作者□　企业领导或管理人员□　个体及私营业主□

公司职员□　商业服务业人员□　待业、无业人员□

离、退休人员□　在校学生□　其他（请注明）

A4　您全家每月的平均收入（所有的收入）大约有多少？

300 元以下□　301~600 元□　601~900 元□　901~1200 元□　1201~1500 元□

1501~2000 元□　2001~3000 元□　3001~4000 元□　4001~5000 元□

5001~6000 元□　6001 元及以上□

**如果您是学生，请回答下面各题！**

学校名称：

学校地址：

邮编：　性别：　电话：　手机：

A5　您的年龄（周岁）：

A6　您现在在读：

小学□　初中□　高中（在读含职高，中技中专）□　大专□　本科□

硕士研究生及以上□

A7　你的居住地是：

城市市辖区□　县城（城关镇）□　乡镇（乡政府所在地）□　农村□

**第二部分：观点与看法**

以下这些陈述，你同意吗？

请选择：非常不同意　不同意　说不清　同意　非常同意

B1　现代社会中，家庭是一个美好温馨的港湾：______

B2　金钱是衡量成功的最重要标准：______

B3　随地吐痰、乱扔垃圾应该受到重罚：______

B4　我要父母给我买电视广告中的产品或品牌：______

B5　现代婚姻家庭越来越不稳定：______

B6　每个人应当通过正当合法的劳动获得财富：＿＿＿＿＿＿

B7　公交车上不一定给老人儿童让座：＿＿＿＿＿＿

B8　暴力可以解决一切争议和冲突：＿＿＿＿＿＿

B9　电视中出现的正直勇敢的人物会让我感动：＿＿＿＿＿＿

B10　课堂之外，电视是我增长知识的最重要方式：＿＿＿＿＿＿

B11　我喜欢像电视节目里的孩子、年轻人那样打扮：＿＿＿＿＿＿

B12　电视节目中的不良情节容易让人模仿学坏：＿＿＿＿＿＿

B13　电视节目寓教于乐，是对青少年进行思想、品德、情感教育的好途径：＿＿＿＿＿＿

B14　我想为 2008 年奥运会做些有益的事情：＿＿＿＿＿＿

**第三部分：电视收视情况**

C1　您家里现在有多少台电视？

①黑白电视机　□台　　②彩色电视机　□台

C2　您经常收看的电视节目有（可以多选）：

国内新闻□　国际新闻□　动画片□　音乐类□　少儿类□　教育□　教学类□

综艺类□　体育类□　科技类□　军事类□　法制类□　经济类□　戏剧曲艺类□

电视剧□　电影□　探险冒险类□　环境保护类□　动物自然类□　天气预报□

谈话类□　益智竞猜 / 游戏□　谈话类节目□　历史、文化、地理、人物□

大型直播类节目□　商业广告□　公益广告□　电视购物□　其他（请注明）

C3　您每天大概收看多长时间的电视？＿＿＿＿＿＿分钟

C3_1 您每天收看多长时间的电视剧？＿＿＿分钟

C3_2 您每天收看多长时间的少儿节目？＿＿＿分钟

C3_3 您每天收看多长时间的新闻？＿＿＿分钟

C3_4 您每天收看多长时间的电影？＿＿＿分钟

C3_5 您每天收看多长时间的专题节目？＿＿＿分钟

C3_6 您每天收看多长时间的综艺节目＿＿＿分钟

C3_7 您每天收看多长时间的体育节目？＿＿＿分钟

C3_8 您每天收看多长时间的音乐节目？＿＿＿分钟

C3_9 您每天收看多长时间的生活服务类节目？＿＿＿分钟

C3_10 您每天收看多长时间的财经类节目？＿＿＿分钟

C3_11 您每天收看多长时间的法制类节目？＿＿＿分钟

C3_12 您每天收看多长时间的教学类节目？＿＿＿分钟

C3_13 您每天收看多长时间的外语类节目？＿＿＿分钟

C3_14 您每天收看多长时间的戏剧类节目？＿＿＿分钟

C3_15 您每天收看其他节目的时间：C3_15_1＿＿＿节目＿＿＿分钟

C3_15_2______ 节目 ______ 分钟

C3_15_3______ 节目 ______ 分钟

C4　您经常收看的电视频道有（可以多选）：

CCTV 电影频道□　CCTV 综合频道□　CCTV 体育频道□　CCTV 科教频道□

CCTV 经济频道□　CCTV 少儿频道□　CCTV 音乐频道□　CCTV 电视剧频道□

省卫视频道□　省娱乐频道□　其他（请注明）

C5　您收看电视是为了（可以多选）：

娱乐消遣□　增加聊天话题□　增加课堂外的知识□　追求艺术享受□

了解国内外知识□　了解时尚信息□　关注社会现实□　情感寄托□

**如果您是学生，请继续回答 C6、C7、C8；如果不是，请直接回答第四部分。**

C6　您经常收看的儿童类节目有（可以多选）：

知识类□　新闻类□　体育类□　科教类□

娱乐类□　儿童类□　知识儿童类□

C7　您经常在哪些地方收看电视？

自己家□　同学朋友家□　亲戚家□　学校宿舍□

学校教室□　学校食堂□　公共场所□　其他（请注明）

C8　您的家长对您看电视有限制吗？

有□　没有□

**选“有”的请继续下面的四道题；选“没有”，请直接回答第四部分。**

C8_1 家长对您看电视有哪些限制？（可以多选）：

规定我哪些时间可以看电视□　过问我看的节目内容□

限制我看电视的时间长短□　没限制，尊重我自己的选择□

C8_2 如果选择了规定我哪些时间可以看电视，请回答该题。 家长允许您什么时间看电视？

每天做完作业后□　吃饭的时候□

大人看电视的时候，我都可以跟着看□　其他（请注明）

C8_3 如果选择了“过问我看的节目内容”，请回答该题。家长允许您看什么内容的节目？

知识教育类□　新闻时事类□　娱乐放松类□

言情类□　恐怖类□　其他（请注明）

C8_4 如果选择了 “限制我看电视的时间长短” ，请回答该题。家长一般允许您每天平均看多长时间的电视？

0.5 小时以内□　0.5~1 小时□　1~1.5 小时□

1.5~2 小时□　2~2.5 小时□　2.5~3 小时□

3 小时以上□

**第四部分：网络视频收视情况**

D1　您是否在网上收看过视频电视？

收看过☐　　　　没有收看过☐

**如果看过，请继续回答；如果没有收看过，请直接回答第五部分。**

D2　您经常收看的网络电视节目有（可以多选）：

国内新闻☐　国际新闻☐　动画片☐　音乐类☐　少儿类☐　教育教学类☐

综艺类☐　体育类☐　科技类☐　军事类☐　法制类☐　经济类☐

戏剧曲艺类☐　电视剧☐　电影☐　探险冒险类☐　环境保护类☐

动物自然类☐　天气预报☐　谈话类☐　益智竞猜 / 游戏☐　谈话类节目☐

历史、文化、地理、人物☐　大型直播类节目☐　商业广告☐　公益广告☐

电视购物☐　其他（请注明）

D3　您每天大概收看多长时间的网络视频电视？　______ 分钟

D3_1 您每天收看多长时间的网络视频电视剧？　______ 分钟

D3_2 您每天收看多长时间的网络视频少儿节目？　______ 分钟

D3_3 您每天收看多长时间的网络视频新闻？　______ 分钟

D3_4 您每天收看多长时间的网络视频电影？　______ 分钟

D3_5 您每天收看多长时间的网络视频专题节目？　______ 分钟

D3_6 您每天收看多长时间的网络视频综艺节目？　______ 分钟

D3_7 您每天收看多长时间的网络视频体育节目？　______ 分钟

D3_8 您每天收看多长时间的网络视频音乐节目？　______ 分钟

D3_9 您每天收看多长时间的网络视频生活服务类节目？　______ 分钟

D3_10 您每天收看多长时间的网络视频财经类节目？　______ 分钟

D3_11 您每天收看多长时间的网络视频法制类节目　______ 分钟

D3_12 您每天收看多长时间的网络视频教学类节目？　______ 分钟

D3_13 您每天收看多长时间的网络视频外语类节目？　______ 分钟

D3_14 您每天收看多长时间的网络视频戏剧类节目？　______ 分钟

D3_15 您每天收看其他视频节目的时间：D3_15_1______ 节目 ______ 分钟

D3_15_2______ 节目 ______ 分钟

D3_15_3______ 节目 ______ 分钟

D4　您经常收看的网络视频频道有（可以多选）：

CCTV 电影频道☐　CCTV 综合频道☐　CCTV 体育频道☐　CCTV 科教频道☐

CCTV 经济频道☐　CCTV 少儿频道☐　CCTV 音乐频道☐　CCTV 电视剧频道☐

省卫视频道☐　省娱乐频道☐　其他（请注明）

D5　您收看网络视频是为了（可以多选）：

娱乐消遣□　增加聊天话题□　增加课堂外的知识□　了解国内外知识□
了解时尚信息□　关注社会现实□　追求艺术享受□　情感寄托□

D6　您经常在哪些地方收看网络视频电视（可以多选）：
自己家□　单位□　旅行或出差的路上及间歇无线上网收看□　网吧□

D7　您为什么选择在网上收看视频？（可以多选）：
没有电视□　不受播放时间限制□　上网方便□　可以重复看□

**如果您是学生，请继续回答 D8，D9，D10；如果不是，请直接回答第五部分。**

D8　您经常收看的网络视频儿童类节目有（可以多选）：
知识类□　新闻类□　体育类□　科教类□
娱乐类□　儿童类□　知识儿童类□

D9　您经常在哪些地方收看网络视频电视？
自己家□　同学朋友家□　亲戚家□　学校宿舍□
学校教室□　学校食堂□　公共场所□　其他（请注明）

D10　您的家长对您看网络视频有限制吗？
有□　没有□

**选“有”的请继续下面的四道题；选“没有”，请直接回答第五部分。**

D10_1 家长对您看网络视频有哪些限制？（可以多选）：
规定我哪些时间可以看网络视频电视□　过问我看的网络视频节目内容□
限制我看网络视频电视的时间长短□　没限制，尊重我自己的选择□

D10_2 如果选择了规定我哪些时间可以看网络视频，请回答该题。　家长允许您什么时间看网络视频电视？
每天做完作业后□　吃饭的时候□
大人看电视的时候，我都可以跟着看□　其他（请注明）

D10_3 如果选择了过问我看的节目内容，请回答该题。家长允许您看什么内容的网络视频节目？
知识教育类□　新闻时事类□　娱乐放松类□
言情类□　恐怖类□　其他（请注明）

D10_4 如果选择了限制我看网络视频电视的时间长短，请回答该题。家长一般允许您每天平均看多长时间的网络视频电视？
0.5 小时以内□　0.5~1 小时□　1~1.5 小时□　1.5~2 小时□
2~2.5 小时□　2.5~3 小时□　3 小时以上□

**第五部分：手机视频收视情况**

E1　您是否用手机看过电视？
收看过□　没有收看过□

**如果看过，请继续回答；如果没有，问卷到此结束。**

E2　您经常收看的手机电视节目有（可以多选）：

国内新闻□　国际新闻□　动画片□　音乐类□　少儿类□　教育教学类□
综艺类□　体育类□　科技类□　军事类□　法制类□　经济类□
戏剧曲艺类□　电视剧□　电影□　探险冒险类□　环境保护类□　动物自然类□
天气预报□　谈话类□　益智竞猜 / 游戏□　谈话类节目□　历史、文化、地理、人物□
大型直播类节目□　商业广告□　公益广告□　电视购物□　其他（请注明）

E3　您每天大概收看多长时间的手机视频电视？　______ 分钟

E 3_1 您每天收看多长时间的手机视频电视剧？　______ 分钟
E 3_2 您每天收看多长时间的手机视频少儿节目？　______ 分钟
E 3_3 您每天收看多长时间的手机视频新闻？　______ 分钟
E 3_4 您每天收看多长时间的手机视频电影？　______ 分钟
E 3_5 您每天收看多长时间的手机视频专题节目？　______ 分钟
E 3_6 您每天收看多长时间的手机视频综艺节目？　______ 分钟
E 3_7 您每天收看多长时间的手机视频体育节目？　______ 分钟
E 3_8 您每天收看多长时间的手机视频音乐节目？　______ 分钟
E 3_9 您每天收看多长时间的手机视频生活服务类节目？　______ 分钟
E 3_10 您每天收看多长时间的手机视频财经类节目？　______ 分钟
E 3_11 您每天收看多长时间的手机视频法制类节目？　______ 分钟
E 3_12 您每天收看多长时间的手机视频教学类节目？　______ 分钟
E 3_13 您每天收看多长时间的手机视频外语类节目？　______ 分钟
E 3_14 您每天收看多长时间的手机视频戏剧类节目？　______ 分钟
E 3_15 您每天收看其他手机视频节目的时间：E3_5_1______ 节目 ______ 分钟
E3_5_2______ 节目 ______ 分钟
E3_5_3______ 节目 ______ 分钟

E4　您经常收看的手机视频频道有（可以多选）：

CCTV 电影频道□　CCTV 综合频道□　CCTV 体育频道□　CCTV 科教频道□
CCTV 经济频道□　CCTV 少儿频道□　CCTV 音乐频道□　CCTV 电视剧频道□
其他（请注明）

E5　您收看手机视频是为了（可以多选）：

娱乐消遣□　增加聊天话题□　增加课堂外的知识□
了解国内外知识□　了解时尚信息□　关注社会现实□
追求艺术享受□　情感寄托□　其他（请注明）

E6　您经常在哪些地方收看手机视频电视（可以多选）：

自己家□　单位□　旅行或出差的路上及间歇无线上网收看□

E7 您为什么选择在手机上收看视频电视？（可以多选）：

没有电视□　　手机方便□　　及时快捷□

**如果您是学生，请继续回答 E8, E9，E10；如果您不是，问卷到此结束。**

E8 您经常收看的手机视频儿童类节目有（可以多选）：

知识类□　　新闻类□　　体育类□　　科教类□

娱乐类□　　儿童类□　　知识儿童类□

E9 您经常在哪些地方收看手机视频电视？

自己家□　　同学朋友家□　　亲戚家□　　学校宿舍□

学校教室□　　学校食堂□　　公共场所□　　其他（请注明）

E10 您的家长对您看手机视频有限制吗？

有□　　没有□

**选“有”的请继续下面的四道题，选“没有”，问卷到此结束。**

E10_1 家长对您看手机视频有哪些限制？（可以多选）：

规定我哪些时间可以看网络视频电视□　　过问我看的网络视频节目内容□

限制我看网络视频电视的时间长短□　　没限制，尊重我自己的选择□

E10_2 如果选择了“规定我哪些时间可以看手机视频”，请回答该题。家长允许您什么时间看网络视频电视？

每天做完作业后□　　吃饭的时候□

大人看的时候，我都可以跟着看□　　其他（请注明）

E10_3 如果选择了“过问我看的节目内容”，请回答该题。家长允许您看什么内容的手机视频节目？

知识教育类□　　新闻时事类□　　娱乐放松类□

言情类□　　恐怖类□　　其他（请注明）

E10_4 如果选择了“限制我看手机视频电视的时间长短”，请回答该题。家长一般允许您每天平均看多长时间的手机视频电视？

0.5 小时以内□　　0.5 ～ 1 小时□　　1 ～ 1.5 小时□　　1.5 ～ 2 小时□

2 ～ 2.5 小时□　　2.5 ～ 3 小时□　　3 小时以上□

问题到此结束，非常感谢您的合作！

# 第 8 章

# 广告策划

随着产品和服务的同质化、市场竞争的日趋激烈、竞争手段的多样化，消费者对商品和服务的可选择性增大。而社会信息量的巨大，也使受众对被动性信息的态度冷漠，这些都使广告不再是随意的活动，而要实行一整套系统性的操作，这就使广告运作与策划成为一种必然和趋势。

## 第一节　广告策划

广告策划要遵循策划的基本原则与规律。广告作为一种营销传播活动，服务于营销目标，又必须将传播的技巧与方法融于广告运作之中来实现促销目的，因此，广告策划也要遵从营销和传播的规律。

### 一、广告策划概述

广告策划的实施是现代广告活动规范化、科学化的主要标志。20 世纪 60 年代，伦敦 DDB 广告公司创始人斯坦利 · 波利特首先在广告领域倡导广告策划。美国奇阿特 · 戴公司的推广则使广告策划蔚然风行。目前，世界范围内，广告策划已成为广告运作的常态活动。在我国，20 世纪 80 年代中后期，广告界提出“以创意为中心，以策划为主导，为客户提供全面服务”的经营理念，广告策划在广告活动中的地位和作用越来越受到重视。

广告策划是指根据市场营销目标制定广告活动的基本战略方向和相关策略的过程。一般而言，广告运作由广告调查、广告策划、广告表现、媒介发布、效果测定五个环节组成。广告策划是广告运作的核心环节，所有的其他环节都必须服从策划；广告策划提供未来活动的全面指导，其他内容只是它的执行环节；广告策划需要各个工作部门通力合作，涉及面最大。

## 二、广告策划的实施原则

广告策划是一个有着特殊规律的系统工程，也是一种创造性的思维活动过程。尽管企业的经营模式、策略等各有不同，每次广告活动的任务和要求千变万化，但广告策划有其自身的规律，进行广告策划时，都要遵循一些共有的原则。

**1. 服务性原则**

广告策划源于营销策划。企业营销策划是指企业为适应和满足消费者需要，从产品开发、定价、促销以及将产品送达消费者，再将消费者的意见反馈回企业等活动的运筹规划。企业在市场中找到自己的位置，确定本企业的目标，目标确定以后，要通过企业的营销活动来实现。

**2. 目的性原则**

广告目标的制定大体有二维思考指向，即销售目标和传播目标两个层面。广告目标是为营销目标服务的，最终是为促进销售。制定广告目标的过程就是将营销目标转化为广告目标的过程。要实现这一转化，我们首先要了解销售额的提高来自哪种购买行为，广告主期望通过促进、强化或改变目标消费者的哪种购买行为来提高销售额；其次，还要搞清通过广告沟通什么信息，或通过引起目标受众的何种反应，才能导致这种所期望的行为。广告人把广告当作沟通工具，强调整个沟通过程的复杂性，所以沟通目标（如知名度和情感态度变化）往往是广告的主要目标。而广告主因为是广告投资者，自然对销售目标（如市场份额等）情有独钟。无论如何，一定阶段的广告运作和活动只能实现特定的一两个目标。因此，广告策划必须明确选择本次活动的主要目标，为达到特定的目的而采取相应的战略战术，进行合理的资源配置，避免无的放矢，造成人力、物力、财力和时间等的浪费。

**3. 系统性原则**

是指要把广告作为营销系统的一部分来考察，保持广告策略与营销策略的整体一致性；也要把广告自身作为一个运行系统来考察，保持广告活动自身的整体一致性。强调广告策划活动的系统性，就是要坚持广告策划中的统一性原则，从系统的整体与部分相互依赖、相互制约的关系中，提示系统的特征和运动规律，以实现广告策划的最优化。

**4. 效益性原则**

广告活动是一种经济活动，因而必须讲求效益。效益原则是广告策划中必须遵循的重要原则。广告人要力求在提高广告的经济效果的同时，不偏废社会效益。

**5. 操作性原则**

广告策划的最终目的是要在实际的运用过程中进行操作，因此，广告策划时必须遵循可操作及可灵活运用的原则。策划出来的每一个环节、每一个步骤、每一个方法都应是可以实际操作的，即“拿出来就能用”。

## 三、广告策划的主要内容

广告策划的主要内容是由其主要任务确定的，不同类型的广告策划活动，其策划的主要内容当然有所差异。但一般来说，企业实行广告战略是为了与消费者沟通，了解市场、消费者和竞争情况，确立广告活动目标；再就是搜索广告活动针对的对象；考虑各种达成目标的方法；组合各种广告策略。广告策划包括以下基本的内容。

**1. 确定广告目标**

首先进行市场营销环境调查，并根据市场营销战略确立广告目标。广告目标是指广告活动要达到的目的，要依据企业目标和营销目标来确定。广告策划的首要任务，就是明确广告传播活动将要实现的目标。广告目标是衡量广告传播效果的一个重要依据。

广告目标的制定是一个复杂的问题，企业的各种活动千差万别，企业所希望的“广告目标”也就各种各样。如确定广告目标时，可以把广告目标与传播效果挂钩。实现广告目标最终是为了达成营销目标，需要利用大量不同的营销传播工具和各种传统及非传统媒介，有效地实现层级传播目标。

从传播效应的认识——感觉——行动模式出发，可确定广告目标的层级模式，即知名度——了解度——好感——行动——忠诚，即：首要广告目标应该是创造知名度，让人们知道你们的公司、产品、服务或品牌；下一个任务是促进理解，即传递充分的产品信息，使知晓群中的某个百分比认识到产品的功用、形象、位置和某些特点；广告还要传递足够的信息让人信服，即劝服一定数量的人相信产品的价值。在被打动的人中，要打动一部分人期望这个产品；最后，在期望这个产品的人中又有一部分会采取行动——索取额外信息，送回优惠券，光顾商店或购买产品。

而企业某一阶段所确定的树立品牌、应对品牌竞争的营销任务，可归纳为创牌、保牌和竞争广告目标三种类型。

**创牌广告目标：**为实现此种广告目标的活动一般属于开拓性广告。其目的在于开发新产品和开拓新市场。它通过对产品的详尽宣传介绍，提高广大消费者对产品的认识程度，重点在于提高消费者对新产品的认知度、理解度和厂牌、商标的记忆度。

**保牌广告目标：**为达到此种广告目标的广告活动多属于守成性广告。目的是巩固已有的市场阵地，并在此基础上深入开发潜在市场。它主要通过连续广告的形式，加深对已有商品的认识，使现实消费者形成习惯与偏爱，潜在消费者发生兴趣与欲望。诉求重点在于保持消费者对企业或产品的好感、偏爱和信任。

**竞争广告目标：**为实现此种广告目标的广告活动一般属于争夺性广告。其目的在于争夺市场、争夺消费者。诉求重点是本产品的独特之处，使消费者认知本产品给他们带来的比较利益，以增强偏爱，巩固已形成的消费习惯。

广告目标的常见描述有创造品牌和保持品牌的知名度，形成或改变消费者对产品、品牌的观念和态度，影响消费者的购买意向，刺激消费者尝试产品或服务，刺激重复购买，提高销售量，诱导消费者发生品牌转换。

**2. 明确广告目标受众**

广告目标受众是指广告信息的传播对象，即广告信息的接收者。明确广告的目标受众是广告策划的重要内容。

对广告目标受众的选择，需要首先明确企业的目标市场。任何企业都不可能满足消费者的全部需要，不可能垄断整个市场，因此，还需要确定与企业相适应的目标市场。目标市场是企业为满足现实的或潜在的消费者需求而开拓的特定市场。企业选择目标市场，是在对市场细分的基础上进行的。最简单的方法，就是运用地域分布和需求分布两个标准，对总体市场进行横向和纵向的切割。

但是，企业的目标市场并不等同于广告目标市场。企业在整体市场中，选出一类或几类消费者，有针对性地对其进行广告传播，促使其购买本企业的产品，这样的消费者即为企业的广告目标市场。一般说来，企业目标市场范围较大，也比较笼统，细分的市场可能有多个，目标内容关系到企业的方方面面；广告目标市场则比较具体、直接，在一定时期内，目标内容是单一的，规定着广告的战略战术。广告目标市场要以企业目标市场为基础，为企业目标市场服务；要能根据市场的变化和产品生命周期的不同阶段，及时加以调整。

需要注意的问题是，确定广告目标市场，不应与企业目标市场有较大的偏差。广告目标市场应有一定的市场潜力，不仅有利于保持现实消费者，而且能够开发潜在的消费对象；借助广告媒体可以到达目标市场，能够发挥广告媒体的特点和优势，使目标消费者能最大程度地接触到广告信息。

**3. 制订广告信息策略**

即确定广告活动的主题及其表现方式策略。它是广告策划的主要内容之一。

广告主题是广告的中心思想，是广告的灵魂，是广告为达到某项目所要说明和所要传播的最基本的观念。它统率广告作品的创意、文案、形象、衬托等要素，像一根红线贯穿于广告之中，使组成广告的各种要素有机地组合成一则完整的广告作品。

对广告主题进行构思、提炼，要在分析研究企业的内外经营环境及其经营产品的基础上，依照广告目标的指标要求，同时融入消费者的心理因素来确定。

根据信息个性确立广告的主题，是确立广告主题最常用也是最重要的方法。所谓的信息个性是指广告所宣传的商品、企业和观念与众不同的特点，是跟同类其他产品相比较而突出显示的区别性特点。要创作一个好广告必须先确定一个好主题，而为了确立一个好的广告主题，就千万不能放过产品之间任何一点微小差异。信息个性的内容很多，它包括：商品的质量、产地、作用、性能、工艺水平、文化情调、价格、信誉度、企业的资格、资本性质、企业等级、荣誉、实力、经营状况、经营规模、设施及文化特征等。

1961 年，美国广告大师罗瑟·瑞夫斯提出了确立广告主题的 USP 理论（独特销售主张理论）。我们可以从三个层面来整体理解他的主张：每一则广告必须向消费者诉说一个主张，必须让消费者明白，购买广告中的产品可以获得什么具体的利益；所强调的主张必须是竞争对手做不到的或无法提供的，必须说出其独特之处，在品牌和说辞方面是独一无二的；所强调的主张必须是强而有力的，必须聚焦在一个点上，集中打动、感动和吸引消费者来购买相应的产品。USP 理论实质上强调的就是以企业或产品的信息个性来确立广告的主题。

广告主题是广告的核心，只有融入了消费者的心理因素，才能使广告诉求适应消费者的欲求，才能使广告宣传深入到人们的生活领域深处，使消费者从广告主题中切身体会到广告商品跟他们的利益的密切关系，由此使广告主题与消费者发生心理共鸣，产生诉求力量。

广告主题需要通过广告作品来表现，因此广告活动的另一重要内容，就是创作出成功的广告作品，即广告表现。它是广告活动的中心环节，决定着广告效能的发挥程度，综合反映出广告活动的管理水平。把有关商品、劳务和企业等方面的信息，通过广告创意，运用各种符号及其组合，以形象的、易于接受的形式表现出来，达到影响消费者购买行为的目的，就是广告表现。

广告表现最终的目的是要突出信息主题。广告在运用各种艺术手段和方法来表现有关的信息内容时，还要达到一些基本的要求。

广告表现是市场营销、广告整体策划的一部分，必须依从于广告的整体策略和广告创意；广告作品并不是纯粹的艺术品，而要与广告表现的最终目的联系在一起；所表现的内容必须真实、准确、公正，不能虚夸、欺骗，要公平竞争；所采取的形式应做到新颖、恰当、简洁、吸引人；广告表现是一种创造性活动，需要借助于文学、绘画、舞蹈、电影、电视等多种表现手段和方法。表现手法要顺应时代特色和人文特征。广告具有公共性，广告表现必须考虑对社会可能发生的影响；要有益于社会生活，符合公共利益。

**4. 广告媒介策略谋划**

广告活动最基本的功能是通过媒介把信息“广而告之”，因此，媒体计划是广告运作中最重要的环节之一。广告活动是有价的传播活动，它需要付出费用，而广告预算是有限的，因此，要在有限的费用里，得到比较理想的传播效益，如何运用好广告媒介，便是一个关键问题。广告媒体计划主要包括媒体的选择、确定广告发布日程和方式等内容。媒体选择的基本原则是要在广告费用许可这个前提下，尽可能有效地使广告信息接触目标受众；在此基础上，按一定步骤对媒体进行选择。应先提出媒体选择的目标，然后确定媒体类型；在选定的媒体类型中，再选定具体的媒体；接着确定在媒体上发布广告的方式以及进行媒体组合；最后提请广告主审定媒体选择方案。进行广告媒体战略，还要考虑确定如何使用已经选择的媒介，主要包括广告在什么时间发布、持续多长时间、在不同媒体上的发布方式、时段选择、空间布局等。

**5. 广告预算及分配**

广告费是指开展广告活动所使用的费用。广告预算及分配是对企业投入广告活动费用的计划和控制方法。正确地编制广告预算是广告策划的重要内容之一，是企业广告活动得以顺利开展的保证。它能够提供控制广告活动的手段，保证有计划地使用经费，争取广告活动更有效率，增强广告业务人员的责任感，为评价广告效果提供经济指标。其最基本的原则是：用最小的投入获得最大的产出。

确定广告预算总额的方法有很多种，每种方法都有各自的长处和短处，没有一种方法被公认为最科学，一般由企业根据自己的营销目标、市场销售与发展情况确定。有时，广告代理公司会提出广告预算的建议，多采用传播目标法来确定广告预算。通常广告公司会分析企业的诉求策略和媒介策略，估算出制作费用和媒介投放费用，然后向企业提出预算建议，最后广告公司和客户共同协调，双方共同制定一个适当的支出水平。企业在确定广告预算时，往往采取两种以上的方法。常用的确定广告预算总额的方法主要有以下几种。

（1）**销售百分比法**。是按一定限期内的销售额（头年的销售额或当年的预计销售额）的一定比率，计算出广告费总额。通常的比例在销售额的 2% ～ 12% 之间。由于执行标准不一，其又可分为计划销售额百分比法、上年销售额百分比法和两者的综合折中——平均折中销售额百分比法，以及计划销售增加额百分比法四种类型。

（2）**比较定额法**。企业要监测各个重点竞争对手的广告费，然后参考本企业与竞争对手各自所占的市场份额比例，拿出与竞争对手广告费额度相等的广告预算。凭借这种方法，广告主可以在市场获得与竞争对手旗鼓相当的广告份额，从而使企业在与对手竞争中处于有利地位。

（3）**总额包干法**。根据广告宣传年度计划一次总额估计经费，报请企业领导审批。一经批准，总额就不再变动。专项开支也不作它用，广告工作人员在这个经费总额开支全年的广告宣传活动经费，超支不再追加，留有节余可转下年度使用。

（4）**项目费用汇总法**。对年度计划中的各个广告活动的所需经费进行总额结算，上报领导。但这个预算只是概算。所需费用在每项广告宣传活动开展之前再提出精确预算，因此，实际花费的总额，到年度结算后才正式确定。

（5）**抽成法**。即根据企业本年度产值或本年度利润确定一个合适的比例，作为广告宣传活动经费。

（6）**支出余额法**。企业把一年度中可支配的资金总额，扣除各项必须支出的预算额后，剩下的就是广告宣传经费预算额。

（7）**销售单位法**。这是以每件产品的广告费摊分来计算的广告预算方法。其以计划销售额为基数来进行计算，方法简便，特别适合于薄利多销的商品。运用这一方法，企业可掌握各种商品的广告费开支及其变化规律，同时，还可方便地掌握广告效果。

（8）**目标达成法**。这种方法是根据企业的市场战略和销售目标，具体确立广告的目标，再根据广告目标要求所需采取的广告策略，制订出广告计划，进行广告预算。这种方法是唯一注重广告费与广告目标之间的关系的广告预算法。

在确定了广告预算总额之后，下一步的工作就是进行广告预算的分配。其主要是根据广告计划的要求，将广告费分配到各个具体的广告活动项目中去。可以按多种不同类别分配，如项目、时间、媒介等。在按照各个类别进行分配后，可制成一张大表，以时间分配为基本方法一一列出不同月份或季节各类费用分配的标准和要求，相关方通过这张表格可以清楚地看出广告费的具体投放情况。

进行广告费的预算分配，一是要注意预留机动费用，分好用好这笔钱；二是注意销售的淡季和旺季问题，根据销售额的周期性变动，一般加大在销售旺季的费用投入；三是广告效果的迟滞性问题。不同产品在不同媒体上做广告，使用强度不同，都会影响广告效果的迟滞时间的长短。我们可以从广告推出的时间与产品销售变动的情况进行比较分析，看出广告效果迟滞的时间，从而为确定媒体计划、广告的推出日期和广告费用的具体分配提供参数。

# 第二节　广告计划

## 一、广告计划的概念与特征

当明确了企业广告的整体战略思想，建立了具体的广告目标后，广告公司应在此基础上，制订出一套科学的广告计划，以解决如何才能达成这一总体战略目标和具体广告目标的问题。

严格来说，广告策划应该分为广告策略和广告计划两种情况。广告策略是关于广告如何运作的一种连贯性思考。回答的是三个问题：广告将要做什么、广告针对谁、内容为何时何地（媒体选择）。广告策略可以相对独立存在，反映广告战役的核心谋略。但广告策略需要好的广告计划来实施，以获得预期效果。同时，好的广告计划一定包含明确的广告策略。

不同于方向性的广告战略和策略，广告计划以实施为前提。也就是要把战略规划用具体系统的形式加以规范化，具体地考虑各种因素（如时间、人力、财力，等等），提供操作的程序表。

制订计划首先是确定广告运作的时间和空间范围，还应对媒介的选择和运用做出限定，包括怎样的媒介组合比较合理，如何计划媒介才有可能合理有效地发挥作用，广告的频率如何？用多少预算才能支持这样的频率，等等。

制订计划就是要把此前属于策略性的、思想性的各种意向，以一种详细的展露和限定形式加以确定，以保证策略的实施。在一个完整的广告策划中，计划的制订，使得策略具备了可操作性，有了落实的条件，一个好的计划不仅能保证策略的执行，也可完善和补充策略的某些欠缺和不足。

广告计划可以是与企业长期发展战略相适应的计划。如结合销售部门的营销战略和产品的生命周期，决定何时何地，以何种广告活动在市场上推出新产品，达到多大的市场占有率，如何提高企业的产品知名度和美誉度，以及为此而进行的广告预算分配的决策等，也可以是为组织某一特定广告活动，或为达到某一项广告目标而制订的广告活动规划，如临时性广告计划和单项广告计划。

广告计划是一个动态的活动过程，它要求企业广告组织要经常进行市场调查与分析，密切关注本企业产品在市场上的销售状况及同类产品的发展趋向以及消费者的需求，不断地根据营销环境的变化修订广告计划，保证其目标的实现。

## 二、广告计划的撰写

在广告战略思想和操作细节都基本明晰的基础上，我们还需要有一个系统全面的文本形式来说明整个广告方案，这个方案通常叫作广告计划书。撰写广告计划书是为了具体说明广告活动的战略思路、实施策略、操作步骤以及相关的背景和因素，集中文本化体现广告运作的思想、策略和实施计划。在撰写阶段，还应检视修改前期材料，着重于对每一步骤提出结论性总结。计划书也是广告策划人员向客户说明并争取广告业务的文本依据，因而必须经过多重修改审定之后才能完成。

广告计划案格式因撰写者和个案而异，并无固定要求，但一般应包括广告活动的全部运作过程。下面提供一个相对正统、完整的广告计划纲要。

**1. 概述**

营销计划回顾

广告目标概述

广告战略概述

预算概述

**2. 形势分析**

目标的营销形态

目标市场描述

营销目标

营销组合概述

广告在传播中的预定角色

**3. 广告目标**

主要或次要目标

直接行为或间接行为

广告目标表述

**4. 广告创意策略**

产品概述

目标受众描述及排序

广告信息（包括文案要素、艺术要素和制作要素）

**5. 媒体策略**

媒体目标表达

媒体种类选择

与购买行为有关的媒体可行性

传播效益的潜力

成本因素

与创意组合其他元素的关联性

媒体计划范围

预定媒体工具的暴露值 / 注意值 / 动机值

**6. 广告预算**

营销形势对资金分配方法的影响

资金分配方法

**7. 测定与评估**

实施的广告调查（包括战略确定和概念发展）

事前测定与事后测定（包括测定项目、方法与测试成本）

**思考与练习：**

1. 为什么说广告目标的制订是复杂的？制订广告目标的基本方法有哪些？
2. 进行广告策略应遵循哪些原则？除了本章所提及的几个原则外，你认为还有哪些原则应当遵循？
3. 广告费用预算方法的基本思路有哪几种？
4. 收集两份不同行业的广告计划书，仔细参读，指出写作方法和格式存在的优点和不足，并加以分析。

## 案例聚焦

### 上海通用雪佛兰科鲁兹 1.6T 版本上市广告运作策划

**背景：**

科鲁兹 1.6T 版本即将上市，针对科鲁兹的品牌个性，企业采取了与其他同类品牌采用单一硬广投放不同的推广策略，利用网络，结合线上线下活动、体验式的互动营销策略来打造科鲁兹 1.6T 的个性化产品。

借助 2010 年 WTCC 赛事，科鲁兹用试驾体验来打动目标受众。延续科鲁兹上市期间的追逐游戏概念，以互动活动推动 1.6T 上市信息的广泛传播与体验。

科鲁兹把“追击令”活动作为参与 WTCC 赛事的常规活动，利用网络视频传播来增强参与性及互动性。

**执行过程**

整体活动执行过程分为三个阶段。

第一阶段：招募阶段。吸引网友以传播视频赚取积分的方式，结合各地经销商店面活动提示，选取线下活动参与名单；并以线下活动为原型设计的趣味线上游戏，引导用户线上体验 T

学院精彩任务。

第二阶段：10 个城市实地考验，持续网络内容铺垫与炒作，吸引网友关注活动进程，并采用网络直播方式，对 2010 年 WTCC 澳门收官战进行直播报道，并以网络竞猜方式短时间聚焦网友关注、参与、评论。2010 年 WTCC 澳门收官战直播，WTCC 追击令官网可直接参与车队、选手竞猜，参与评论。

第三阶段：联合视频媒体，跟进线下决赛的集训过程，比赛全程直播，以 WTCC 的排位赛及复赛方式，进行网络及现场结合的追击令收官战比赛。

**媒体表现**

借助 IM 软件和 SNS 的用户高黏度及人际传播的特征，实现快速且扩大化的信息传播，并通过视频媒体生动有效的视频传播方式，用多个生动的病毒视频来“表现”科鲁兹 1.6T 的超强操控性能。同时为线下 10 个城市试驾活动进行铺垫，并吸引用户到达科鲁兹 WTCC 追击令官网，观看更多“表现”视频，了解整个 2010WTCC 追击令活动的其他信息，长时间锁定目标受众关注。

其中，在 11 月 3 日 1.6T 正式上市后，首次以网络视频贴片方式，替代传统电视媒体广告方式，以多个视频媒体的影视贴片方式，对科鲁兹 1.6T 上市广告进行 15 秒及 30 秒的播放。

**营销效果与市场反馈：**

活动时间：2010 年 10 月至 12 月，为期三个月

媒介投放：人民币 632 万

网络注册用户：活动平台共有 5.8623 万位注册网友

活动参与：活动官网获得 294 万次浏览

（本案例节选自：艾瑞广告先锋网）

# 第 9 章

# 广告定位

## 第一节　定位理论概述

### 一、定位理论的历史演变

整个 20 世纪是广告行业和广告学科迅速发展的一个世纪，产生了许多广告理论流派。如美国最有影响的文案撰稿人约翰 · 肯尼迪，创立了情理广告派，他为广告定下了“纸上推销员”的著名定义。李奥 · 贝纳建立和发展了芝加哥广告学派；以及罗瑟 · 瑞夫斯首创了广告是“独具特点的销售说辞”，简称 USP(Unique Selling Proposition) 理论；威廉 · 伯恩巴克提出广告写作一定要有创造力，在广告上最重要的东西就是要有独创性 (Original) 与新奇性 (Fresh) 简称 ROI 理论；大卫 · 奥格威创立了“形象设计”理论，等等。

20 世纪 60 年代末 70 年代初，阿尔 · 里斯和杰克 · 特劳特提出“定位”(Positioning) 的概念，并写了一系列名为“定位时代”(Positioning Age) 的文章。1969 年 6 月号的《工业市场》杂志上，杰克 · 特劳特撰文指出，“定位乃是确立商品在市场上的位置”。其后，他与阿尔 · 里斯合著了《广告攻心战略——品牌定位》一书，该书迅速成为畅销书，从而使广告定位理论迅速传播到许多国家。最近，杰克 · 特劳特在总结 25 年来的经验基础之上出版了《新定位》(The New Positioning) 一书，提出了更符合时代要求的定位策略。

### 二、定位理论的内涵

**1. 定位概念**

所谓定位，就是使企业的产品在消费者心中占有地位、留下印象的一种广告方法或推销方法。定位可分为产品定位和广告定位两大方向。定位的关键在于操纵消费者心中的想法，唤起或加强他原本已有的欲望和渴求，使他倾向于自己的广告目的。产品的特性、企业的新意识，消费者的需求和喜好三者协调恰当，就能正确地确定产品定位和广告定位。

**2. 产品定位和广告定位之间的关系**

这两个概念既有区别但又相互影响。产品定位是确定产品在市场上的位置，一般由生产经营者或广告主来决策实施，而广告定位则是确定产品在广告中的位置，即所要传达的信息，一般由广告公司进行策划实施；广告定位是产品定位在广告中的体现。广告定位策划的任务，就是要解决在广告中给产品确定一个地位，突出什么形象，创造消费者对产品的何种特有印象等问题。广告定位离不开产品定位，产品定位越明确，广告定位才越准确有效。所以，确定广告定位，应该从产品定位分析开始，产品在人们心目中居于什么地位，能够给人们带来什么好处和利益，知名度和信任度如何，这一切构成了产品在人们心目中的形象（即位置），这种形象就是广告定位所追求的效果。如西门子冰箱的宽代系列平面广告就体现了这一点，冰箱的宽度比以往的产品要宽，高度基本保持不变，容积增大。产品这一具体定位在“宽”，广告定位也随之定位。平面广告中利用宣传册纸张的可折叠与伸展性，将一个正常比例的红色沙发处于册子的折叠状态，打开册子并拉伸后，红色沙发随即延长开来，文案内容“西门子宽代系列”，一语道出产品特点，广告定位依据产品定位明确有效。

广告定位又影响产品定位。一个树立了以消费者为中心的经营思想的企业，应该懂得要提高产品在消费者心目中的地位，必须首先要有针对性地进行广告宣传工作，并通过广告来实现产品定位，使之引起消费者的注意，进而引导消费者的购买。如中国移动通信在春节播放的一则影视广告就充分运用了聚合思维，利用中国人在春节中走亲访友，彼此间沟通情感的习俗，不失时机地推出了应景之作。用中国传统红色剪纸为贺岁主题，大阿福、财神爷、门神等春节应时的传统吉祥人物跃然纸上，个个神采奕奕，笑逐颜开。人物与手机的动画合成巧妙而精致，将传统与现代融为一体，原本平面的人物被赋予了生命力，增加了立体感。人物对话与开怀笑声，和广告语“贺岁声声传佳音，畅想移动新生活”，将春节和中国的通信紧密结合，在贺岁的同时宣传企业，可谓是将广告定位在以消费者为主，同时引起消费者关注产品的成功之作。

正确的广告定位有利于进一步巩固产品定位，特别是在某些情况下，错误的产品定位能被正确的广告定位所挽救，但是，在产品生产之前必须有正确的产品定位，靠“亡羊补牢”毕竟是下下策，只能是不得已时才为之。

## 三、定位理论的影响

定位理论对经济发展的影响显而易见。当今世界，科学技术是第一生产力，21 世纪是知识经济、信息经济的时代。科技的进步，带动了企业的进步和发展，新技术不断应用于生产，新产品不断地涌现，这就意味着广告量的不断增加，同时带来了广告投资的增加。经济全球化的进程全面加快，广告业集团化趋势等不断发展，这些变化增长的因素，使得各行各业的竞争变得越发激烈，对经济的发展起到推进作用的同时，对各行业也提出了更高的要求，同时也促进了广告业的发展。定位理论正是在这种情况下产生的，它是适应经济社会发展的理论，为广告业的专业运作，为企业的健康发展指明了正确方向。我们说产品定位和广告定位一定要先做“对”，才能再做“好”，最终才能有“效”，正是基于定位理论的应用。也就是说定位要先依据消费市场、消费心理进行分析，然后准确定位，即大的方针决策好，再施行后期广告传达的具体工作，一切围绕定位展开，最终才能赢得市场，赢得消费者，在后者心中保有一席之地。

# 第二节　产品定位

## 一、广告主的定位意识

广告主的定位意识，主要是针对其产品的定位观念，产品不仅是指产品自身的有形物质实体，还包括一切能够满足消费者需求和利益的无形服务及其他因素，即凡是能够满足消费者需要的因素都属于产品范畴。广告主要想在激烈的市场竞争中占得一席之地，其势必要重视对产品的定位意识并逐步加强。对产品的研究，不能只局限于对产品本身的研究，还要有对产品能够满足人们所有需要的整体研究，包括对产品的性能、质量、价格、包装、服务、受众心理、市场动态、竞争者等许多有形和无形因素的研究。

广告主的定位意识，随着企业市场的不断竞争不断发展，逐渐成熟。对于一个企业而言，企业与消费者的关系是通过产品来沟通的。对于广大消费者来说，对于产品的要求，不仅是对产品的占有，更重要的是希望得到某种需要的满足。如果企业设定了一个商品，就应该从实际的市场中去考查和核定位置是否能存于广大消费者的心目中，以保证这个位置不会失去。而一旦找到并确定了产品定位，就要竭尽全力保持住这个位置，特别是要通过有效的广告活动使产品扎根于消费者心目中，并在那里占据自己不可取代的地位。

## 二、产品定位的方法

广告产品定位能否符合消费者的需求，是广告成功与否的关键。广告产品定位包括实体定位和观念定位两大类方法。

**1. 实体定位法**

此种方法是指在广告宣传中突出商品的新价值，强调与同类商品的不同之处和所带来的更大利益。实体定位法可分为功效定位、品质定位、市场定位和价格定位等。

（1）功效定位

在广告活动中突出产品的特异功效，使该产品在同类产品中有明显差别，以增强选择性需求。它是以同类产品的定位为基准，选择有别于同类产品的优异性为宣传重点，以增强产品的竞争力。通常，人们选购产品就是为了它的功效，即功能与实用性。无功效的产品，人们是不会对它产生购买动机的。所以在进行功效定位时，研究商品性能就显得较为重要。例如“小饿小困喝香飘飘”的功效定位。

(2) 品质定位

通过强调产品具体的良好品质对产品进行定位，也就是通过广大消费者对产品品质的认识来启动自己需求欲望和购买欲望，并在其心目中确定产品的位置。品质定位方法在定位理论中占很重要的地位，不可忽视。产品质量好，则耐用、健康，消费者不必经常为质量问题烦恼，同时，也可减少投资花费。所以很多企业在推销自己的产品时，大都非常注意产品质量的广告宣传，使消费者有安全感，往往取得好的广告效果。例如伊利经典有机奶的“零污染零添加”就是通过强调产品的良好品质来打动消费者。

(3) 市场定位

是市场细分策略在广告中的具体运用，将产品定位在最有利的市场位置上，又称目标市场定位。任何企业，无论其规模多大，历史多悠久，都不可能百分百满足所有消费者的所有需要，因此只有为自己的特定产品定位一个或几个目标市场，满足一部分特定消费者需要，就是进行市场定位。企业的目标市场定位不同，产品定位销售与广告策略就不同，也就是说产品定位、广告策划必须依据其目标市场的特点，来确定广告对象、广告目标、媒介选择、诉求重点和诉求方式等。例如江小白白酒，定位在年轻消费群体，强调青春而简单的理念，与其他白酒品牌形成市场区隔。

(4) 价格定位

从产品价格角度分析，有三种情况。第一种情况是价格与市场价持平，这里不作为特点分析。第二种情况是价格高于同类产品，这时一般需要用价格与产品的各种性能进行比较，其结论是“优质优价”。但这种产品一般针对社会中一部分高收入、追求高品质生活的消费者，例如金浩茶油“贵的有理由”。第三种情况是价格低于同类产品，以价格取胜。这种定位可在市场中确立理想位置，其竞争力也是强有力的，但要长期保持甚为艰难，付出的代价也十分巨大。例如神州笔记本电脑上市之初凭借“4980笔记本电脑扛回家”的低价策略获取了很大一部分市场，但随着竞争对手的降价而失去了优势。

**2. 观念定位法**

观念定位是指通过突出产品的新意义改变消费者的习惯心理，树立新的产品观念的广告策略。广告产品的观念定位一般有逆向定位和是非定位。

(1) 逆向定位

是借助于有名气的竞争对手的声誉来引起消费者对自己的关注、同情和支持，以便在市场竞争中占有一席之地的广告产品定位方法。逆向定位通常采取“贴身”策略，尽量与第一名挂起钩来，承认自己不如第一，甘居第二等，从而占据市场的一个有利位置，与大多数的产品定位以突出产品优异性能的正向定位反其道而行之。这种方法主要是利用社会上人们同情弱者和信任诚实人的心理，故意突出自己的不足之处，以换取同情与信任的手法。

例如，美国第二大出租车汽车公司——安飞士（AVIS）出租汽车公司就是采用两面提示的逆向定位而取得成功的。它在广告中同时谈竞争对手的优点和本企业的不足，其第二位宣言中说：“本公司与哈兹（HERTZ）公司相比是第二位的，因此要在充实服务上全力以赴。”这一

腾讯公益 Operation Smile China
丁俊晖
如果我有唇腭裂
我还会是斯诺克世界冠军吗?

腾讯公益 Operation Smile China
任志强
如果我有唇腭裂
我还会是名嘴企业家吗?

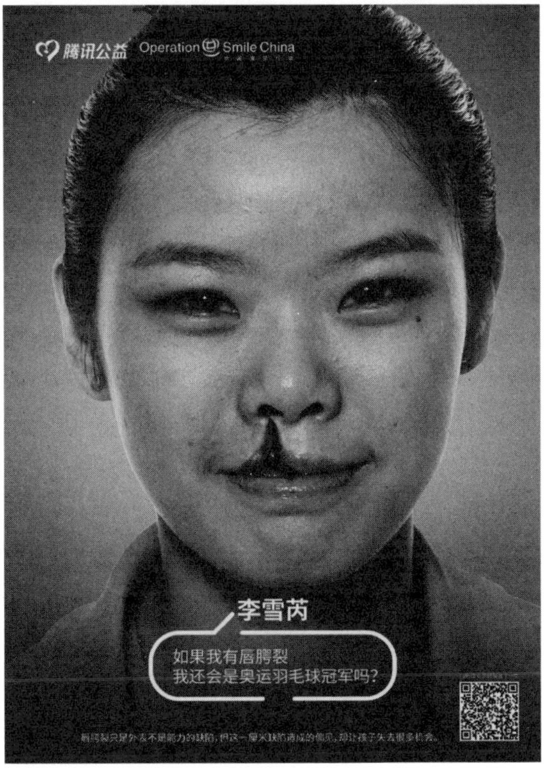
腾讯公益 Operation Smile China
李雪芮
如果我有唇腭裂
我还会是奥运羽毛球冠军吗?

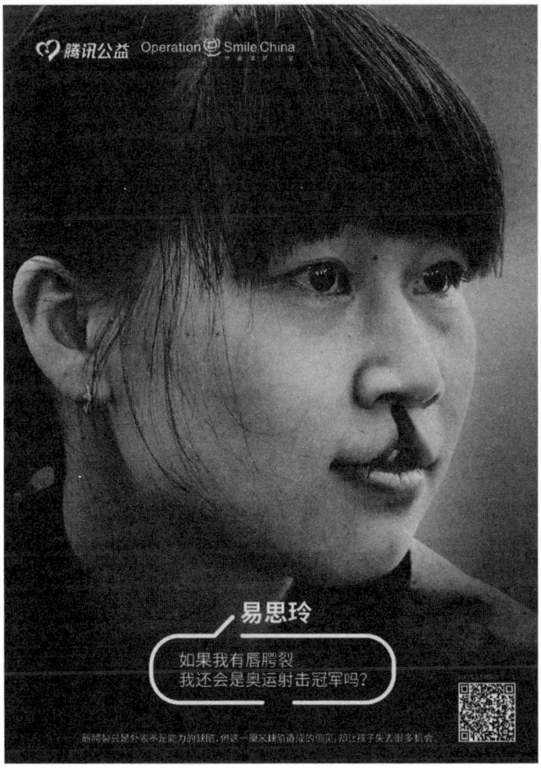
腾讯公益 Operation Smile China
易思玲
如果我有唇腭裂
我还会是奥运射击冠军吗?

定位利用了人们心理上认为第二位与第一位相差不多，同情弱者的倾向以及良好服务的许诺，赢得了消费者的同情和信任，使广告活动获得了成功，很多人开始租用安飞士的车，其营业额迅速提高，几乎赶上了第一位的哈兹公司，从而打开市场局面。

（2）是非定位

这是从观念上人为地把产品市场加以区分的定位方法。进行是非定位最著名的案例当属美国的饮料七喜（7UP）汽水。当时，可口可乐、百事可乐早已家喻户晓，深入人心，其他饮料几乎无立足之地。如果七喜定位为“七喜可乐”，则不可能引起人们的任何兴趣，其销量是不言而喻的。但七喜的产品定位采用了是非定位法，更新消费者观念，提出“七喜：非可乐”（Seven up：The Uncola），巧妙地把饮料市场分为可乐型饮料和非可乐型饮料两类型，进而说明七喜汽水是非可乐型饮料的代表。促使人们在两种不同类型饮料中进行选择，一举打破了可乐的垄断局面。该产品的是非定位使消费者认识到了两种类型，从而确定了它在非可乐市场上“第一”的位置，销量不断上升，七喜成为美国市场的三大饮料之一。

（3）观念引导定位

这是引导消费者抛弃旧习惯，建立新理念，以便使消费者接受新产品或新服务的定位方法。例如滴露洗手液在进入市场之初，通过广告向消费者传达香皂裸露在外，多人反复长久使用，不卫生，洗手液封闭在瓶内，通过挤压的方式使用，更卫生的观念，使消费者迅速地接受洗手液。

# 第三节　广告定位

## 一、广告定位的含义

广告定位是先通过全面的市场调研分析总结，运用各种宣传手段，使产品或服务在消费者心中占据位置的一种策略方法。其与产品定位密不可分，互相渗透，互相影响，所以我们有时也会统称为广告产品定位。每个购买行为的背后都有一定的代表性，都代表着一个特定的消费群体，这就是该商品在消费者心中的位置，同时广告的定位也就显示出来。广告定位就是要解决消费者的问题，并让他们记住产品而采取购买行动。

## 二、广告定位的策略

**1. 从市场领导者角度定位**

（1）第一进入消费者心中，建立领导地位

“第一”是最容易进入消费者心智的途径，因为这时的心智是一片空白，一个还没被其他品牌所擦亮的心智。“最大”也有同样效用，争取“最先”“最大”，就可以成为某领域的领导者，其市场占有率就要高，胜算的机率也就大。领导者地位在消费者心目中确立后，其他竞争品牌只有面临其他策略选择。例如瓜子二手车直卖网是“二手车行业领军者”。

（2）保持“第一”的领导地位策略

占据领导的地位后，企业应努力加强和提高自己在消费者心目中的现有定位，考虑长远发展问题，即企业的品牌在 5 年之后会怎样，再过 10 年又会怎样。在广告定位方面仅仅是重复叙述明显的事实便显得毫无意义。如“只有可口可乐，才是真正可乐”这个典型的广告策划活动，其所用的策略可运用于任何领导者。产品获得领导地位的主要目的，是要能进入消费者的心智；保住此位置，则需加强当初的观念。

**2. 从市场跟进者角度的定位**

对领导者有效的做法，对跟进者则不一定奏效。当市场的领导地位已确定，跟进者为了求得自己的一席之地，一味地模仿领导者，是根本不能压制对方的。有效的做法应该是“避实就虚，寻找空隙”，寻找潜在消费者心中的一个空位。最有效的方法则是反其道而行之。广告活动中常用的方法有如下这些。

（1）性别空隙

香水是属于女性世界的，但并不是说越女性化越能取得成功，以男性名字命名的露华浓“查理”香水就打败了充满诗情画意的“梦仙”香水并一统天下。万宝路牌香烟最初是专门生产女性香烟的，在激烈的市场竞争中非常被动，始终得不到发展。而改生产男性香烟后，在美国成为男性香烟的第一个全国性品牌，在 10 年间其销售排名由第 5 位上升到第 1 位，进而闻名世界。

（2）年龄的空隙

根据年龄的差异，制订不同的广告定位。如日本的“MINTIA”牌小颗粒薄荷含片，一直想追赶定位于三四十岁白领消费层的欧洲“FRISK”牌薄荷含片。但通过市场销售状况研究，其发现前期制订的广告目标并未实现，业绩不升反降。后来，他们改变了消费层定位，锁定其消费市场的年龄空隙段在20岁左右的青年人，围绕这一年龄层进行广告定位，继而大获成功。

（3）大小的空隙

美国底特律的汽车制造者都强调“更长、更低”，每一年的汽车款式都变得更具流线型、更好看。可刚刚进入美国汽车市场的福斯金龟车，却是既小又短又丑陋。此时如用传统的方法去推销金龟车，无非就是尽量避开其弱点而去宣传其各种优点，这样既没有新鲜感，又不会引起消费者的注意。于是金龟车反其道而行之，用“想想还是小的好”这个广告语，这立即让人联想到：其一，说明金龟车的定位——小；其二，对潜在顾客所认为的要想更好则体积必然要更大的看法表示不以为然。当时市场上并不是没有小型车，但没有一种小型车从“小”的观念上占据消费者的心智，金龟车看到了这个空隙，以小获胜。

（4）高价位空隙

有些品牌几乎完全是用高价位观念作为全部产品信息的基础，如“世界上最贵的香水只有快乐牌（Joy）”，“为什么你应该投资于伯爵表（Piaget），因为它是世界上最贵的表”。高价位不仅对汽车、香水及手表等奢侈品有效，即使对牛奶、爆米花及冰激凌等普通食品也同样有效。其成功的关键在于先建立高价位的位置，并且有一个确实可信的产品质量，更要在消费者能够接受的高价位品牌类别之内。但要注意把握好高价位的度，不要因过高价位而令你潜在的顾客不敢问津。

（5）低价位的空隙

低价位的空隙是超级市场探索的重要内容，恰当使用低价位策略，产品可以达到薄利多销的效果，使销售额遥遥领先。许多消费者会认为在某些产品中，花较少的费用做一次尝试，也不必冒多大风险，何乐而不为呢？

当然，企业可以将高价位、低价位和标准价位三种价格策略结合起来制订营销方法；也可以对企业生产的不同产品分别定位，以适合不同消费阶层。

**3. 重新为品牌定位**

重新定位指的是在原有定位错误、定位不符合发展态势、定位优势不存在、顾客取向发生变化的情况下，对品牌重新定位，旨在摆脱困境，使品牌获得新的增长与活力。它不是对原有定位的一概否定，而是企业经过市场的磨炼之后，对原有品牌战略的一次扬弃。

## 三、广告定位的方法

在第二节产品定位的方法中已经讲述了产品实体定位法和观念定位法，其中实体定位法又包括功效定位、品质定位、市场定位、价格定位，观念定位法又包括逆向定位、是非定位和观念引导定位，这些定位方法在广告定位中也是可以贯穿使用的。接下来再介绍几种广告定位方法。

**1. 实体定位法**

（1）档次定位

产品有一定的档次、品位和格调，广告根据产品的质地、特色，根据消费者对产品档次的追求，宣传产品的品位、格调、档次，这就是档次定位。例如："人头马干邑，格调高几级"，"劳力士——财富权势和地位的象征"，等等，就是运用档次定位的方法。这种定位方法要根据产品自身的实际档次、销售目标和对象来确定广告档次定位。

（2）造型定位

强调产品在造型上的特异之处。产品的造型向消费者传递了生产者的情感和审美意识，不同的造型定位会引起人们心理上的不同反应。因此广告设计中的造型定位准确，可激发消费者购买的欲望。

（3）包装定位

突出精美包装给人带来的心理价值。还有一些广告包装设计以精美加收藏或再利用进行定位，受到许多消费者的青睐。

（4）色彩定位

色彩能影响人们的性格、情绪、行为。色彩心理学知识的合理运用，对广告定位具有重要意义。许多情况下，消费者选择这家产品而不选择那家产品，可能仅仅只是由于颜色的因素。此外，不同民族、不同地域的人，对颜色的喜恶、引起的联想、代表的意义均不相同，所以色彩定位对广告产品的定位也是不可忽视的。

（5）服务定位

强调产品售后服务措施的完善和所具有的优势，以打消消费者的后顾之忧，增强购买信心。近几年一些有实力的企业已经将售后服务的范围扩大，层次升为以旧换新、免费升级等范畴。

（6）名称定位

好的名称能够告诉顾客，产品能给他的主要利益是什么。一个良好的名称是直接传达信息的便利宣传方式。如加勒比海的诸岛尽管风景十分宜人，但却曾经长期以来无人问津，后改名为"天堂岛"直接传达了信息，就吸引了大批游客前往度假。

（7）利益定位

这种定位会一语道出产品实实在在带给消费者的利益或好处。如"充电五分钟，通话两小时"，"前后两千万，拍照更清晰"等。

**2. 观念定位法**

（1）概念定位

从概念上人为地将产品市场加以区分，通过产品的广告宣传，给人们以一个全新的概念。例如"五谷道场，非油炸"——五谷道场健康方便面的广告定位，就是将人们一贯认为方便面都是油炸类非健康食品的概念进行转变。

（2）象征定位

将一种商品所具有的特点综合起来，塑造一种象征性形象，使消费者容易记住并喜爱。如百事可乐以各区域年轻人喜爱的演艺界明星作为形象代言人，而可口可乐则以各区域民族特色作为象征定位，都取得较好的效果。

（3）追随定位

这是将自己产品的定位与其他同类产品在声誉上或在消费者心目中所占地位进行比较，然后依据比较结果选择沿用前者进行追随定位。这种方法有其谦逊的一面，但应避免完全照搬。

（4）归类定位

这是依据产品分类进行的广告定位。在开拓市场过程中，广告定位可用产品类别细分、改变产品归类、扩展产品类别的方法表达宣传的目的。产品类别细分是根据产品的功能细分和市场细分而进行的产品深度定位。根据不同的划分角度和标准，同一产品可以归属多种类别。一支钢笔可以归于文具类，也可归于礼品类。

（5）利用“群体效应”定位

当市场的第一、第二、第三的位置都已被占据，市场空位已不存在，而整个产品类别市场相当广泛时，企业可使用“群体效应”策略。这种群体包括各类俱乐部，如“全国综合实力排名前50强”等概念，这种“群体效应”在消费者心智中有一定的可信度，因此消费行为就会产生。

**思考和练习：**

1. 简述定位理论的含义。
2. 试述广告定位、产品定位的关系，并举例加以说明。
3. 广告定位、产品定位有哪些常用方法？
4. 简述重新定位与比较性广告的区别。

## 案例评析

### 红罐王老吉品牌定位战略

红罐王老吉在广东、浙南地区销量稳定，盈利状况良好，有比较固定的消费群，红罐王老吉饮料的销售业绩连续几年维持在一亿多元。但是，红罐王老吉如果想走向全国，就要重新定位，在重新定位过程中，一个突出的核心问题是：红罐王老吉当“凉茶”卖，还是当“饮料”卖？

这个问题突出表现在如下三方面。

表现一：广东、浙南消费者对红罐王老吉认知混乱。消费者觉得“它好像是凉茶，又好像是饮料”，鉴于此表现，企业就要将品牌特点明确出来，并与竞争对手区别开来。

表现二：红罐王老吉无法走出广东、浙南。

在两广以外，人们并没有凉茶的概念，甚至在调查中频频出现“凉茶就是凉白开”“我们不喝凉的茶水，泡热茶”这些看法。

表现三：推广概念模糊。

如果用“凉茶”概念来推广，加多宝公司担心其销量将受到限制，但作为“饮料”推广又没有找到合适的区隔，因此，在广告宣传上不得不模棱两可，并不能够体现红罐王老吉的独特价值。

经初步研究企业后发现，红罐王老吉销售问题首先要解决的是品牌定位。

在研究中企业发现，广东的消费者饮用红罐王老吉主要在烧烤、登山等场合。其原因不外乎“吃烧烤容易上火，喝一罐先预防一下”，“可能会上火，但这时候没有必要吃牛黄解毒片”。而在浙南，饮用场合主要集中在“外出就餐、聚会、家庭”。

消费者对红罐王老吉并无“治疗”需求，而是将其作为功能饮料购买，购买红罐王老吉的真实动机是用于“预防上火”。再进一步研究消费者对竞争对手的看法，则发现红罐王老吉的直接竞争对手，如菊花茶、清凉茶等由于缺乏品牌推广，仅仅是低价渗透市场，并未占据“预防上火的饮料”的定位。

同时，任何一个品牌定位的成立，都必须是该品牌最有能力占据的，即有据可依。红罐王老吉的“凉茶始祖”身份、神秘中草药配方、175 年的历史等，显然有能力占据“预防上火的饮料”这一定位。

由于“预防上火”是消费者购买红罐王老吉的真实动机，自然有利于巩固加强原有市场。通过二手资料、专家访谈等研究表明，中国几千年的中医概念“清热祛火”在全国广为普及，“上火”的概念也在各地深入人心，这就使红罐王老吉突破了凉茶概念的地域局限。研究人员认为，“做好了这个宣传概念的转移，只要有中国人的地方，红罐王老吉就能活下去”。

至此，品牌定位的研究基本完成。在研究一个多月后，成美向加多宝提交了品牌定位研究报告，首先明确红罐王老吉是在“饮料”行业中竞争，竞争对手应是其他饮料；其品牌定位——“预防上火的饮料”，独特的价值在于——喝红罐王老吉能预防上火，让消费者无忧地尽情享受生活：吃煎炸、香辣美食，烧烤，通宵达旦看足球……

一个品牌如若能够将自己定位为与强势对手不同的选择，其广告只要传达出新品类信息就行了，而效果往往是惊人的。红罐王老吉作为第一个预防上火的饮料推向市场，使人们通过它知道和接受了这种新饮料，最终红罐王老吉就会成为预防上火的饮料的代表，随着品类的成长，自然拥有最大的收益。

确立了红罐王老吉的品牌定位，就明确了营销推广的方向，也确立了广告的标准，所有的传播活动就都有了评估的标准，所有的营销努力都将遵循这一标准，从而确保每一次的推广，在促进销售的同时，都对品牌价值（定位）进行积累。　　（本案例节选自《哈佛商业评论》）

# 第 10 章

# 广告创意

创意是广告的灵魂，广告创意是对创意人员能力的挑战，它要求创意人员要思考而不能仅仅乞求于灵感，要遵循一定的创意原则。现代传播学和市场营销理论的发展，为广告创作注入了科学的内涵和新的活力，从而丰富发展了现代广告创意策略。

## 第一节　广告创意概述

随着市场竞争的加剧，简单的告知型广告很难发挥作用，使广告产生效果好的创意成了决胜的利器。

### 一、广告创意的概念

20 世纪 60 年代，在西方国家开始出现“大创意”(the big creative idea) 的概念，并且迅速流行开来。大卫 · 奥格威指出：“要吸引消费者的注意力，同时让他们来买你的产品，非要有很好的特点不可，除非你的广告有很好的点子，不然它就像很快被黑夜吞噬的船只。”奥格威所说的“点子”，就是创意的意思。

詹姆斯 · 韦伯 · 扬在《产生创意的方法》一书中对于创意 (ideas) 的解释在广告界得到比较普遍的认同，即“创意完全是各种要素的重新组合。广告中的创意，常是有着生活与事件‘一般知识’的人士，对来自产品的‘特定知识’加以新组合的结果”。

广告创意是带着“镣铐”跳舞，不是创意人员的天马行空。广告创意是广告活动的一个环节，而广告活动是具有商业目的和目标的，是有计划性和程序性的，所以广告创意必然受到各种条件的约束。广告创意人员必须在有限制的自由空间内发挥自己无限的创作潜能。

美国广告大师李奥 · 贝纳认为，所谓创意的真正关键是如何运用有关的、可信的、品调高的方式，与以前无关的事物之间建立一种新的、有意义的关系的艺术，而这种新的关系可以把商品某种新鲜的见解表现出来。李奥 · 贝纳的看法强调了创意是与以前无关的事物建立一种有新意义的关系。同时，值得一提的是，他强调了运用“可信的、品调高的方式”，这对于今天许多喜欢信口开河、制造虚假广告的人是一种很好的告诫。

综上所述，编者认为广告创意是以产品或服务为基础，附加创新意念，营造出的一个销售或推行的场景。用公式来概括广告创意就是：

广告创意 = 创新 + 场景

创新，就是要使广告与众不同。这样才能在众多广告的世界中引起消费者的注意。有人说，我们的时代已经进入了注意力时代，注意力是财富和力量。这种说法用在广告方面，真是再合适不过了。广告要获得成功的第一步是引起消费者的注意。场景，就是要营造一个吸引和引导消费的情境。这一点十分重要，消费者在接受了“创新”的吸引之后，就要为其找到消费的理由，这就需要营造一种场景世界来满足他们的需求。

## 二、创意的特征

广告创意必须具备以下几个特征。

**1. 广告创意要以广告主题为核心**

广告主题是广告定位的重要构成部分，即“广告什么”。广告主题是广告策划活动的中心，每一阶段的广告工作都要紧密围绕广告主题而展开，不能随意偏离或转移广告主题。

**2. 广告创意要以广告目标对象为基准**

广告目标对象是指广告诉求对象，是广告活动所有的目标公众，这是广告定位中“向谁广告”的问题。广告创意除了以广告主题为核心之外，还必须以广告对象为基准。“射箭瞄靶子”“弹琴看听众”，广告创意要针对广告对象，要以广告对象进行广告主题表现和策略准备，否则就难以收到良好的广告效果。

**3. 广告创意要以新颖独特为生命**

广告创意的新颖独特是指广告创意不要模仿其他广告创意，人云亦云、步人后尘只会给人雷同与平庸之感。唯有在创意上新颖独特，才会在众多的广告创意中一枝独秀，产生感召力和影响力。

**4. 广告创意要以情趣生动为手段**

广告创意要想将消费者带入一个令人印象深刻、浮想联翩、妙趣横生、难以忘怀的境界中去，就要采用情趣生动的表现手段，立足现实，体现现实，以引发消费者共鸣。但是广告创意的艺术处理必须严格限制在不损害真实的范围之内。

**5. 广告创意要以形象化为表现**

广告创意要基于事实，集中凝练出主题思想与广告语，并且从表象、意念和联想中获取创造的素材。形象化的妙语、诗歌、音乐和富有感染力的图画、摄影融会贯通，构成一幅完整的广告作品。

**6. 广告创意是原创性、相关性和震撼性的综合体**

所谓原创性是指创意的不可替代性，它是旧有元素的新组合。相关性是指广告产品与广告创意的内在联系，是既在意料之外，又在情理之中。如 1996 年 6 月戛纳国际广告节上获得广告大奖，由日本电 · 扬创作的“VOLVO 安全别针”，每一个人看到之后都会过目不忘。正如美国评委格蕾 · 高德斯密斯所言：“它是一幅仅有一句文案（一辆你可以信赖的车）的广告——纯粹的视觉化创意。我认为我们所看到的一些最好的东西，都是传递信息很快，并且很到位，它无须费神去思考或阅读。”因此，广告创意必须巧妙地把原创性、相关性和震撼性融为一体，才能成就具有深刻感染力的广告作品。

## 三、广告创意的作用

广告是一种信息传播活动，然而，传播效果如何却是一个变量。不论从哪个角度检视，广告创意都是影响传播效果这一变量的重要因素。广告创意必须使广告客户的信息有效地发送出去，而且仅仅发送出去还不够，广告创意还必须使信息的接受者乐于接收信息。只有达成这种效果，广告才有可能影响消费者的认知、偏好以及具体的购买行为。

广告创意人员置身于广告客户和消费者之间。广告创意人员必须基于广告客户的产品和服务，从消费者的角度进行思考。哈尔 · 斯特宾思说：“广告创意者是这样一种人：他们对事实进行加工，将其化为一种创意构思，注入感情，让感情打动大众，促使大众去购买。”打动大众的方法有多种，既可以利用感性诉求，又可以利用理性诉求，因此，哈氏的这种看法确有偏颇之处。但是，广告创意的作用是“打动大众，促使大众去购买”的说法，则非常准确地揭示了广告创意的任务。

# 第二节　广告创意的四个阶段

美国华尔街著名广告创意大师詹姆士 · 韦伯 · 扬对广告创意总结出了五个步骤：

（1）收集原始资料，包括对产品、对人的专业知识和一般生活上的常识；

（2）开始咀嚼这些资料；

（3）尽可能将主题抛开，把问题彻底忘掉；

（4）不知道从哪里创意就蹿出来了；

（5）将你新生的创意付诸实践测试，然后看看它是否会成功。

## 一、准备阶段

广告创意人一定要对需要做广告的产品或服务作充分的了解。如果是适合自己使用的个人消费品，广告创意人要尽量尝试使用广告的产品或服务，体验消费者使用商品或服务的真实感受。这一点说起来简单，做起来却实在不易。

广告创意人同时也要分析竞争对手的情况，了解他们的产品或服务有何优点和缺点，了解竞争对手的广告是如何做的。这样，才能给自己的创意找一个恰当的方向，选择一种合适的策略，或是正面对抗，或是侧翼进攻，或是另辟蹊径。

广告创意人在筛选提取销售信息时，必须考虑如果消费者看到这项或那项销售信息时，会有什么反应和行动。同时，广告创意人应思考消费者为什么会有这样或那样的反应和行动。目标消费者在看了广告后，是不是开始喜欢这个产品了呢？他们会去商场买这个产品吗？他们会直接通过广告邮购吗？他们看了这则网络广告后会立即在网上订购吗？广告创意人应该尽量把可能出现的情况预先想到，并从中做出最好的选择。

广告创意人还应该想一想广告预算的多少。广告创意人必须在广告预算限定的范围内开展创意，否则，广告创意是无法得以实现的。

## 二、消化阶段

经过调查研究，广告策略已经制定之后，需要反复咀嚼广告策略的分析过程，在广告策略文本基础上拟订一份创意指导性清单。大多数著名广告公司在长期的实践中都发展出发展创意策略的程序或方法，有的还制定了相对固定的策略发展格式。下面是创意指导性清单的格式之一，它包括：

**1. 关键事实**

在这一部分中，要从消费者的观点出发把一切有关产品、市场、竞争、用途等资料整理出来，加以系统地陈述。关键之处是要发现是什么原因使消费者购买或不购买本产品或本服务，或者发现是什么原因使消费者转换了品牌。在这里，一定要确认可以通过广告解答的问题是什么，必须提取出一个也是唯一需要加以解决的问题，并且，这一问题应该以消费者的观点陈述，而不要从广告主想当然的立场出发。

**2. 首要的营销问题**

在这一部分中，要从营销的角度出发，以营销者的观点加以陈述。这个营销问题可能是产品认知问题、一个市场上的问题、一个竞争上的问题，但是它一定要是广告可以施加影响的问题。有些问题是广告无法解决的，一定要明确广告可以做什么，不可以做什么。

**3. 广告目的**

在这一部分，要将期望广告对目标消费者发生的影响作一个简明的描述。通常，广告目的是改变知名度、偏好度、信服度等传播方面的效果。

**4. 广告目标**

广告目标是广告目的的量化。比如，“在未来三个月内使某某产品的知名度达到百分之多少”就是一个广告目的。

**5. 创意定位**

在确认目标市场及其心理的基础上，再把产品或服务能为消费者提供的最为重要的利益用简练和明白的一句话加以表述。一个广告承诺应该注意以下几点：

◆ 这个承诺必须提供消费者利益或能够解决消费者的问题；

◆ 这个承诺所提供的利益或所解决的问题对于消费者来说必须是重要的，并且是潜在消费者所欲求的；

◆ 这个承诺必须和产品或品牌相融合；

◆ 如果广告采用竞争策略，承诺一定要具有明确的竞争性。

## 三、酝酿阶段

这一阶段是广告创意的发想过程。首先需要创意者在充分咀嚼、消化相关资料和信息的前提下，找出它们之间的线索关联，形成一个无限的、扯不断理还乱的信息关联网，然后就是理出关联线索的条理，抓住诉求的重点，探究深层的含义的策略构建过程。创意策略方式可以分为如下五种。

**1. 目标策略**

一个广告只能针对一个品牌一定范围内的消费者群，才能做到目标明确、针对性强。

**2. 传达策略**

在有限的版面空间、时间中传播无限多的信息是不可能的，广告创意要诉求的是该商品的主要特征，把主要特征通过简洁、明确、感人的视觉形象表现出来，使其强化，以达到有效传达的目的。广告的文字、图形应避免含糊、过分抽象，否则不利于信息的传达。

**3. 诉求策略**

诉求策略指的是确认广告创意是采用知觉诉求、感性诉求还是理性诉求。

**4. 个性策略**

赋予企业品牌个性，使品牌与众不同，以求在消费者的头脑中留下深刻的印象。

**5. 品牌策略**

把商品品牌的认知列入重要的位置，并强化商品的名称、牌号，对于转瞬即逝的视听媒体广告，通过多样的方式强化，适时出现、适当重复，可强化公众对其品牌的深刻的印象。

## 四、创意诞生

詹姆士·韦伯·扬认为：“创意发想的过程就与福特装配线上生产汽车一样；也就是说在

这一年
你努力
想把孩子接到身边
你为梦想全力以赴　我们为你全力以服

这一年
你努力
想要写出10万+
你为梦想全力以赴　我们为你全力以服

这一年
你努力
想要融到B轮
你为梦想全力以赴　我们为你全力以服

这一年
你努力
想要衣锦归家
你为梦想全力以赴　我们为你全力以服
牛大壮

这一年
你努力
想把公司做大
你为梦想全力以赴　我们为你全力以服

这一年
你努力
想再多攒一点
你为梦想全力以赴　我们为你全力以服

创意的发想过程中，心智是遵循着一种可学习、可控制的操作技巧运作的，这些技巧经过熟练的操作后，就跟你使用其他任何工具一样。”广告创意的产生是在大量积累、分析和酝酿后的灵感迸发，是在努力忘记前面各阶段思考时忽然发现的、那个无法忘记的事情、故事和场景。詹姆士 · 韦伯 · 扬这样比喻创意的产生：“我想，创意应该具有类似冒险故事里的神秘特质，就像在南海上骤然出现的魔岛一般。”

## 第三节　广告创意的经典方法

每个人都有自己的思考方式、方法，各不相同，广告创意也是如此。广告发想的过程是阅历经验和习惯的自然延伸。但是作为广告人，其发想过程却是要遵循一定的规律和法则的。

### 一、李奥 · 贝纳的内在戏剧性

李奥 · 贝纳早年在芝加哥的欧文广告公司任职。1935 年，他离开了欧文广告公司，创办了李奥 · 贝纳广告公司。后来，他又创办了芝加哥广告学校。李奥 · 贝纳以其特有的广告哲学闻名，他和他的追随者们被称为“芝加哥学派”。

李奥 · 贝纳的创意给人的印象深刻，他通过热情、激情和经验，创造的广告文案具有“内在戏剧性效果”。他认为，成功广告的创意秘诀在于发掘产品本身内在的、固有的刺激，他自己把这种刺激称为：内在的戏剧性。李奥 · 贝纳认为，广告创意最重要的任务是把产品本身内在的固有的刺激发掘出来并加以利用。这种创意方法的关键之处是要发现企业生产这种产品的原因，以及消费者要购买这种产品的原因。

产品本身内在的、固有的、刺激的产生是建立在消费者的欲求和兴趣基础之上的。但是，此种创意方法的出发点是产品，从产品出发去寻找消费者心中对应的兴趣点，即认为产品中必然包含有消费者感兴趣的东西。因此，我们可以认为，这种创意的方法带有产品至上年代的思考特征。但是，另一方面，这种创意方法也包含了以消费者为思考中心的萌芽。

李奥 · 贝纳和他的公司利用这一创意理念，汲取内心的激情，创作了许多著名的广告，造就了许多著名的品牌——“绿色巨人乔利”“炸面包人皮尔斯伯里”“金枪鱼查理”以及凯洛格食品公司的“老虎托尼”。下面，我们以李奥 · 贝纳创作的“绿色青豆巨人”这个广告来说明固有刺激法。

这则广告是李奥 · 贝纳为“绿巨人公司”所创作的。当时，那家公司的名称还叫作明尼苏达流域罐头公司。广告的标题是：月光下的收成。文案是：“无论日间或夜晚，青豆巨人的豌豆都在转瞬间选妥，风味绝佳……从产地到装罐不超过 3 个小时。”李奥 · 贝纳解释道，如果用新罐装做标题是非常容易说的，但是月光下的收成则兼具新鲜的价值和浪漫的气氛，并包含着特种的关切。“月光下的收成”，这在罐装豌豆的广告中的确是难得一见的妙句。

在一次演讲中，李奥·贝纳自己以该广告为例，论述了可能出现的三种背离固有刺激创意法的做法。

（1）用许多不证自明的事实作成一篇无趣味的自吹自擂的文章。这种人可能会这样写广告——“如果你想要最好的豌豆，你就要青豆巨人。青豆巨人经过精心种植与罐装，保证你最后对味道满意。因为它们是同类产品中最好的，所以这些大而嫩的豌豆在美国最畅销。今天就在你买东西的食品杂货店中买一些吧。”

（2）用明显的夸大之词构成了夸张的狂想曲。李奥·贝纳认为有这样倾向的创意人员可能会醉心于这样的文案——“在蔬菜王国中的大颗绿宝石。你从来不会知道一颗豌豆能够像这样的——似露的甜蜜，像六月清晨那么新鲜并洋溢着丰富的豌豆的芬芳。把它端到烛光照射的餐桌上，如果你丈夫把你的手握得更紧一点也不足为奇。”

（3）炫耀才华，舞文弄墨。这类创意人可能会这样写下去——“这种豌豆计划永远终止蔬菜战争。青豆巨人，它不过像玉米粒那么大，剥豌豆的人能够剥下。青豆巨人有一个保证豌豆永存于世的计划——豌豆在大地，善意满人间。”

## 二、罗瑟·瑞夫斯的独特销售说辞

罗瑟·瑞夫斯（1910—1984）提出了“Unique Selling Proposition”，简称 USP，中文之意为“独特销售说辞”（也有人翻译为“独特销售主张”）。

罗瑟·瑞夫斯曾经是弗吉尼亚银行的一个文员。在移居纽约后，他开始在广告公司工作。1940 年，他加入了贝茨公司。在长期的实践中，他不断发展自己的创意哲学。他强调研究产品的卖点，对家庭消费非常看重。他帮助总督香烟、高露洁牙膏重塑了形象。1952 年，罗瑟·瑞夫斯为德怀特·艾森豪威尔所做的竞选总统的电视广告宣传计划被采纳，从而对美国政治广告活动产生了巨大的影响。

1961 年，在达彼思广告公司任职的罗瑟·瑞夫斯写了一本名为《广告实效》（Reality in Advertising）的书，此书极为畅销，对于广告界影响巨大。在这本书中，罗瑟·瑞夫斯提出了“独特销售说辞”的广告创意理念，这个理念包含三部分内容。

（1）每一个广告都必须向消费者提出一个说辞。说辞不是光依赖文字，不只是对产品的吹嘘，也不只是巨幅的画面。每则广告一定要对一个广告信息接收者说明“买这个产品，你将从中获得这种明确的利益……”

（2）提出的这个销售说辞必须是竞争对手没有提出或无法提出的，并且无论在品牌方面还是承诺方面都要独具一格。

（3）提出的销售说辞必须要有足够的力量吸引众多的消费者，也就是说，销售说辞应该有足够的力量为你的品牌招来新的消费者。

罗瑟·瑞夫斯认为，一旦找到“独特销售说辞”，就必须把这个独特的说辞贯穿于整个广告活动，必须在广告活动中的各个广告中都加以体现。“独特销售说辞”的著名案例之一是罗瑟·瑞夫斯为 M&M 巧克力所做的广告。这个广告创意的诞生颇具传奇色彩。

1954 年的一天，M&M 糖果公司的总经理约翰·麦克那马拉来到罗瑟·瑞夫斯的办公室找他。约翰·麦克那马拉认为原来的广告并不成功，他想让罗瑟·瑞夫斯为自己的巧克力做一个广告，广告创意必须能为他招来更多的消费者。于是，双方进行了一番谈话，在谈话进行了 10 分钟之后（注意，广告客户的定向说明会会以非正式的方式出现，这种谈话的性质正是一种关于产品独特的定向说明会），罗瑟·瑞夫斯认为在这个产品之中，他已经找到了客户想要的创意。当时，M&M 巧克力是美国唯一一种用糖衣包裹的巧克力。罗瑟·瑞夫斯认为独特的销售说辞正在于此。下一步，怎样把这一独特的销售说辞体现在广告中呢？最后，在 M&M 巧克力的广告中，他把两只手摆在画面中，然后说："哪只手里有 M&M 巧克力呢？不是这只脏手，而是这只手。因为，M&M 巧克力——只溶在口，不溶在手。"

我们不难发现，罗瑟·瑞夫斯的独特销售说辞和李奥·贝纳的固有刺激法有一个相似之处，即一开始把很大的重点落在产品之上，先找到产品独有的特点，然后再以不同的方法去引起消费者的兴趣。产品同质化的现象使寻找独特销售说辞的工作越来越难，但是，毫无疑问，它仍是广告创意重要的思考方法之一。

## 三、大卫·奥格威的品牌形象法

大卫·奥格威（1911—1999），这个富有传奇色彩的广告大师以创作简洁、富有冲击力的广告而闻名于世。他是奥美广告公司的创办人。他的广告作品的特点是文辞华丽却又切合实际，尊重消费者而不是幽默机敏。他为世人留下了许多杰出的广告创意：哈撒韦衬衫、壳牌石油、西尔斯连锁零售点、IBM、罗尔斯 - 罗依斯汽车、运通卡、国际纸业公司，等等。大卫·奥格威同时也擅长以事实为依据的长文案，他发展了艾尔伯特·拉斯克尔的"印刷推销术"的理论。他的品牌形象法是随着他所写的《一个广告人的自白》一书而于 60 年代开始在广告界风行的。

大卫·奥格威认为每一个广告都是对整个品牌的长期投资，任何产品的品牌形象都可以依靠广告建立起来。他认为品牌形象并不是产品固有的，而是消费者产品的质量、价格、历史等，在外在因素的诱导、辅助下形成的。

根据品牌形象的理论，由于一个产品具有它的品牌形象，消费者所购买的是产品能够提供的物质利益和心理利益，而不是产品本身。因此，广告活动应该以树立和保持品牌形象这种长期投资为基础。

品牌形象理论的提出在广告界产生了巨大的影响，这就像一场广告观念的变革。而引起巨大震动的原因是这种广告创意法把对产品品牌的长期投资放在首要地位。一旦以长期投资为目标，企业在有些时候就必须牺牲短期利润。长期利润和短期利润的平衡问题近年来已经成为令企业和广告界最为头痛的问题之一。按照大卫·奥格威的看法，产品的品牌形象一旦培植到出众的地位，生产该产品的企业将会以最高利润获得最大的市场份额。

然而，随着竞争的日趋激烈，要维持品牌形象的活力和领导地位的广告费用越来越大，企业的利润开始降低，许多企业把广告作为开支来看待，为了保证利润，广告预算成为被削减的首位“开刀”对象。愈演愈烈的促销战等短期获利行为使许多企业对长期投资望洋兴叹。即使许多著名的大品牌也在为经过长期投资建立起来的品牌形象是否会受到侵蚀而感到惴惴不安。

利用品牌形象法获得成功的著名案例是万宝路香烟。万宝路一度曾是带有明显女性诉求的过滤嘴香烟。自 20 世纪 50 年代中期开始，万宝路香烟开始和“牛仔”“骏马”“草原”的形象结合在一起，从而，万宝路的世界逐步扩大，获得了前所未有的成功。万宝路粗犷豪迈的形象从此深入世人之心（但是，万宝路的广告代理是李奥 · 贝纳广告公司）。

## 四、威廉 · 伯恩巴克的 ROI 理论

威廉 · 伯恩巴克（1911—1982）可能是时至今日在广告创意领域最有影响的人物。在《广告时代》20 世纪末的评选中，他被推选为广告业最有影响力的人物的第一位。1939 年以前，伯恩巴克在多个广告公司任过职。1945 年，他加入葛瑞广告公司并迅速成为创意副总监。1949 年，他和多伊尔以及马克斯韦尔 · 戴恩成立了多伊尔 · 戴恩 · 伯恩巴克（DDB）广告公司。

ROI 理论的基本主张是优秀的广告必须具备三个基本特征，即关联性 (Relevance)、原创性（Originality)、震撼力 (Impact)。所谓关联性是广告创意的主题必须与商品、消费者密切相关；原创性是广告创意应与众不同；震撼力是指广告作品在瞬间引起受众注意，并在心灵深处产生震动的能力。要达到 ROI 必须具体明确地解决以下五个问题：

（1）广告的目的是什么？

（2）广告做给谁看？

（3）有什么竞争利益点可以做广告承诺？有什么支持点？

（4）品牌有什么独特的个性？

（5）选择什么媒体是合适的？受众的突破口或切入口在哪里？

伯恩巴克的经典案例是金龟车的广告创意，金龟车被初次介绍到美国市场时，被认为有四个特征：外观不漂亮、小、后引擎驱动、外国制造。这四个特征皆不被看好。在此之前，美国所有的汽车广告都是展现富丽堂皇或赏心悦目的图景。然而，伯恩巴克却在产品特点的基础上，抛弃传统的诉求方式，以幽默和别致的创意制造了广告史上的奇迹。金龟车的系列广告画面都很简洁，只是单纯的金龟车，通常是黑白两色，主标题是“想一想小”（Think Small）。标题简单却富有深意。下面让我们来看几则金龟车的广告。

1．柠檬篇（见图 10-1）。这则广告以“柠檬”（Lemon 俚语，意为不合格、被剔除的产品）为标题，画面是一辆看不出任何瑕疵的金龟车。那么，为什么说它是“柠檬”呢？广告文案写道：“这部车子没有赶上装船，因为某个零件需要更换。你可能不会发现那个零件的问题，但是我们的品质管理人员却能检查出来。在工厂里有 3389 人只负责一件事，就是在金龟车生产的每一道过程中严格检验。每天生产线上有 3000 个员工，而我们的品质管理人员却超过了生产人员。任何避震器都要测试，任何雨刷都要检查……最后的检验更是慎重严格。每部车经过 189 个检

图 10-1

图 10-2

查点，在刹车检查中就有一辆不合格。因此，我们剔除‘柠檬’，而你得到好车。”

2．蛋壳篇（见图 10-2）。这则广告标题是“某种外形很难再改良”。广告文案是这样的：“问任何一只母鸡都知道，你实在无法再设计出比鸡蛋更具功能的外形，对金龟车来说也如此。别以为我们没有试过（事实上金龟车改变将近 3000 次），但是我们不能改变基本的外观设计，就像蛋形是它内容物最合适的包装，因此，内部才是我们改变的地方。如马力加强而不耗油，一档增加齿轮同步器，改善暖气，诸如此类的事。结果我们的车体可容纳 4 个大人和他们的行李。一加仑可跑大约 32 英里，一组轮胎可跑 4 万英里。当然，我们也在外形上做了一些改变，如按钮、门把，这一点就强过鸡蛋。”

思考和练习：

1. 试述广告创意的特征和作用。
2. 试述广告创意的步骤和方法。
3. 随意设定一个产品（详熟的产品），按照创意的步骤，创意一则广告的文案。
4. 找一些你认为优秀的广告，结合本章内容，发现其不足之处，并重新创意。

## 案例聚焦

案例 1

### 2011 戛纳国际创意节平面类全场大奖、平面类金奖、户外类金奖作品

《天堂和地狱》 HEAVEN AND HELL

这是上海 JWT 为 SAMSONITE 的行李箱做的创意。在乘坐交通工具旅行的时候，虽然你正在享受天堂般的服务，但你的行李箱却正经受着地狱般的考验，但不管怎样，SAMSONITE 总会体面地跟着你。

客户： SAMSONITE

广告公司： JWT SHANGHAI, CHINA

创意人员

执行创意总监： Yang Yeo/Elvis Chau/Sheung Yan Lo

创意总监： Hattie Cheng/Rojana Chuasakul

美术指导： Rojana Chuasakul/Haoxi LV/Danny Li/Surachai Puthikulangkura

文案： Marc Wang

客户： Sophia Ng/Lily Zheng/Tom Dotoroff

插画师： Surachai Puthikulangkura/Supachai U-Rairat (Illusion)

制作公司 : Illusion

制片 : Anotai Panmongkol/Somsak Pairew (Illusion)

**案例评析：**

《天堂与地狱》的作品利用大胆鲜明的对比，画面上方展现了旅行箱的主人在头等舱享受着天堂一样的尊贵礼遇，而下方却是 Samsonite 旅行箱在行李舱里遭受着炼狱般的折磨的景象。在历经摧残后，Samsonite Cosmolite 系列旅行箱依旧亮丽如新，其“超坚韧”的特点展现无遗。整幅作品采用细腻的欧洲文艺复兴的优雅手笔，配合突破传统的独特创意，营造了极具震撼力的视觉冲击。

# 第 11 章

# 广告文案写作

大卫·奥格威曾经指出:“广告是文字性的行业……在奥美公司,通常写作越好,提升越快。”著名广告学者 H·史载平斯也强调“文案是广告的核心”，文案在广告中的重要作用可见一斑。

## 第一节　广告文案写作概述

### 一、广告文案的定义

广告文案是广告作品中为传达广告信息而使用的全部语言符号（包括有声语言和文字）所构成的整体。它与非语言符号共同构成有效传达信息的广告作品。在不同的媒体中，广告文案以不同的表现方式出现。在平面媒体广告中，广告文案指的是广告的文字部分；在广播广告中，文案以有声语言的形式出现；在电视广告中，文案包括叠印在电视屏幕上的字幕、广告画面中出现的文字和有声语言。

### 二、广告文案的基本结构

一般来说，一则完整的广告文案包括标题、正文、随文和广告语四个部分。

**1. 标题**

广告文案的点睛之笔，是统领整个广告，传达最重要的广告信息的较简短的文字。标题在文案中有很重要的地位，可以表现广告主旨，是一则广告的核心，是区分不同广告的标志，是吸引受众注意力的主要手段之一。有的广告标题提供了本则广告所要表达的重要信息，如“现在‘波多黎各’对新工业提供百分之百免税”（波多黎各国家招商广告）；有的标题能够引起读者的悬念,促使读者继续阅读,如“总督牌过滤嘴能给你而别的香烟不能给你的是什么？”(总督牌香烟广告）；有的标题善于制造新奇、陌生化的效果，吸引受众注意，如“我的朋友乔·霍姆斯，他现在是一匹马了”（箭牌衬衫广告），“自 12 月 31 日起，大西洋将缩小 20%”（以色列航空公司广告）；有的标题善于制造气氛，引起读者对广告目标的兴趣，如“轻轻踱过历代帝王们漫长的沉睡……”（英国威斯敏斯特教堂旅游广告）；有的标题能够直接促进购买行为，如“前 10 位顾客享受 2 折优惠”（某家电商场广告）。

**2. 正文**

一般情况下为广告文案的主体，集中表现广告主题，较详细地叙述宣传的产品或倡导的服务理念的部分。正文在逻辑上由引言、主体和结尾组成，引言承接标题，引起下文，主体部分表述出广告的诉求重点，结尾用来加深印象，促进受众的行动。

**3. 口号**

又叫广告语，为了加强受众对企业、产品或服务的印象而在广告中长期、反复使用的言简意赅的宣传语句。广告语具有广泛适用性，传达的是同一品牌产品的总体形象；广告语具有长期性、稳定性，对受众进行反复提醒，使其对品牌产生深刻印象；广告语具有传播性，一般很简短，能够通过宣传品牌核心理念，与受众深度沟通，使受众“津津乐道”，达到受众间口耳相传的效果，从而达到树立品牌、长远促销的效果。优秀的广告语具有恒久的生命力，如“只溶在口，不溶在手”（M&M 巧克力）、“Just do it（想做就做）”（耐克）、“灵感点亮生活，西门子”（西门子）、“横扫饥饿，做回自己”（士力架）。

**4. 随文**

又称附文，是广告中传达购买商品或接受服务的方法等基本信息，促进或方便诉求对象采取行动的语言或文字，一般出现在广告的结尾。随文的内容包括购买商品或获得服务的方法（电话、店名、地址、网址等）、权威机构证明标志、用于接受诉求对象反应的热线电话、信息反馈栏、特别说明、企业（产品）名称与商标等。随文的内容要根据受众的需要和广告目标来确定。

## 三、广告文案写作基本原则

**1. 真实性原则**

广告文案的真实性原则指的是广告文案必须以产品或服务的真实情况为基础进行创作。广告大师奥格威说：“广告必须提供事实……切忌夸大和不实之词。”在广告当中，艺术的夸张是允许的，如白丽香皂的广告语，“今年二十、明年十八”，并未对受众的常识提出挑战，受众领会广告诉求点的同时对其夸张手法报以会心一笑，不会认为这是一则欺骗消费者的广告。但是如果广告中传达了虚假信息、错误信息，欺骗消费者，甚至不计后果对消费者进行误导，坑害消费者，得到的必然是广告同行的批评，社会的谴责，甚至法律的惩治。

**2. 规定性原则**

广告的创作被比喻为“戴着镣铐的舞蹈”，指的是广告创作者不可能像文学创作者一样随心所欲地去表达自己，而要遵循广告目标，把握广告创意，解决营销问题的规定性。广告文案人员必须能够抓住广告的创意核心，解决影响的问题，符合广告目标，而不能为了创意而创意。所以，文案人员必须保证写出符合规定性作品。

**3. 简洁性原则**

广告是营销工具，是商业社会中的信息传播手段。在快节奏的商业社会中，简洁鲜明的事物更能成功吸引受众的注意力；同时，广告作为商业社会的一环，成本的核算是必不可少的，简洁的广告不仅是必要的，而且是必需的。

**4. 创新性原则**

在快节奏的商业社会中，毫无特点、庸常的事物难以吸引受众的注意力，何况广告像洪水一般充斥、淹没着消费者的视听？“广告拒绝平庸”，平淡无奇的广告要想吸引消费者，使之对广告中的商品感兴趣，引起拥有的渴望，进而产生购买行为显然不容易。所以创新性对广告而言举足轻重。广告文案的创新性表现在广告信息选择和表现手法的创新两个方面。

### 四、广告文案写作中的常见错误

**1. 模棱两可**

尽量描述具体内容而不是用笼统和含义不明的词汇，文案人员心目中某词汇的含义和观众心目中的含义可能有所差异甚至相去甚远。

**2. 用语啰嗦**

言简意赅很重要，如果内容冗长乏味、用语啰嗦，必然使受众厌倦，无法达到广告目标。

**3. 为创意而创意**

创意永远是为广告目标服务的，如果只为了写新奇词汇和句子而使观众费解或分散了观众对广告诉求重点的注意力，这样的广告文案是不可取的。

## 第二节　广告文案写作过程

### 一、广告文案策划书的撰写步骤

文案写作是广告创作的一个部分，有时只是其中的一小部分。事实上，在真正动笔开始写作之前，大量的工作早已经开始了。大量的调查工作和仔细全面的思考（策划创意）才能确定广告的大方向和基本策略，使一个广告形成最初的雏形。和新闻记者收集写作素材相似，文案人员在写作前也要收集关于产品、受众和竞争者的信息。文案写作的具体步骤如下。

**1. 提炼出广告面临的关键事实**

这个关键事实为构思广告奠定了基础，一个心中没有明确关键事实的文案人员往往会陷入犹疑不定的境地，面对几个不同的方向不知如何是好。关键事实应该包括竞争信息：一个新的市场；也应该包括受众的信息：知道该产品的人还很少；还应该包括产品本身的信息：该产品是经过改进的新一代产品。获知这些信息需要大量的调查工作，还需要与客户相关人员进行反复讨论。但写出关键事实却能使文案人员的思路进入正轨，从而使创作过程真正切实高效，为创作出成功有效的广告作品提供了有力的保障。

**2. 列出广告要解决的问题**

在提炼关键事实的基础上，文案人员就可以进入这个步骤了。这个要解决的问题来源于对前述关键事实的判断，而且要详细明确地表述出来。比如，关键事实是：某产品的市场份额正在下降。那么要解决的问题是：提高产品的市场份额。要解决的问题也可以包括产品本身，比如产品的美誉度较差，或者产品的价格高于其竞争者。

美国约翰逊公司生产一种抗头痛的药物太岚诺（Tylenol），是市场上主要的抗头痛药品之一。当一则新闻报道披露有人服用了该药品后死亡而该药品又含有少量砒霜时，公司面临困境，大量的订单退回，产品和公司的名誉遭受极大的损害。公司决心在事件稍稍平息时采取行动挽回名誉和产品市场份额。公司制订了全套市场策略，其中包括这样一则广告，一位女士面对摄影镜头告诉观众：“我第一次尝试太岚诺是在医院里，我生下我的第一个儿子以后。从那时起，太岚诺就成为我信赖的产品。”在突发事件后不到一年的时间里，太岚诺的市场份额就恢复到了从前的 80%，产品在人们心中的印象也得以扭转。

**3. 明确广告的目的**

如果文案人员对关键事实和广告要解决的问题都清楚地领会了，下一步就是清晰又准确地列出广告的目的。广告是用来做什么的呢？广告的目的可以是：使人们意识到某产品，改变人们对某产品的印象，告知消费者产品有哪些地方得到了改进，使人们停止买别的牌子而来买广告中的品牌，等等。

**4. 形成文案策划书**

当文案人员把以上三个步骤都完成以后，第四步是整理这些信息，并把它们按照一定的次序一一写出，就形成了写作广告文案的基础性文本——文案策划书。这个基础性文本提供了撰写文案完稿的有价值的信息，不管是哪种媒体的广告，文案的写作以此为据，就可以保证有的放矢了。当然，根据个案的不同和广告公司的不同风格，基础性文本的布局和结构可能有所不同，但基本信息内容大同小异。

**示例：丰田小型车的文案策划书**

广告产品：丰田－特赛尔

广告要解决的问题：大众通常把所有型号的丰田车与这个口号联系起来：“噢，感觉真好——丰田车！”但公司不希望把这个广告口号与新型的特赛尔车联系起来。

产品特性：是丰田系列小型车中最受欢迎的车型之一。

广告目标：继续保持特赛尔车在大众广受欢迎的地位，并把这种特赛尔与丰田的其他车型区分开。

目标受众：刚从大学毕业的年轻人。年龄段：21 ～ 24 岁。

竞争者：本田－塞卫克、雪佛莱－雪弗泰、福特－埃斯考特

能带给消费者的好处或吸引力所在：本车型是现在市场上制造最精良、乘坐最舒适的小型车之一。

创意主题：丰田－特赛尔的魔力！

销售支持点：(1) 二手车的价格大大高于竞争者；(2) 卓越的保养记录；(3) 7 年间没有被顾客投诉；(4) 价格较为低廉。

媒体：报纸、电视

## 二、广告文案写作的逻辑次序

当文案人员写作时，脑子里要有一系列“路标”——文案写作的逻辑次序——来引导。一个较为普遍的基本逻辑次序就是 A-I-D-M-A 原则，即 Attention（注意力）－ Interest(兴趣)－ Desire(渴望)－ Memory（记忆）－ Action(行动)。这个原则体现了广告创作要以消费者为中心的思想。一则广告应该致力于吸引受众的注意力，引起受众的兴趣，激发他们拥有产品或服务的渴望，留下记忆，导致他们的购买行动（相关实践的具体技巧和说明见报纸广告文案写作的分步讲解)。当然，写作并不一定要对这些“路标”完全亦步亦趋，严格遵守这样的逻辑次序，而且，每一个逻辑步骤之间也并不一定以句子为单位有严格的区分，广告的创作是不拘一格的，常常有不循常规之笔出现。但这些“路标”还是可以给写作者提供文案中可以遵循的基本规律，在写作时把这些点放在脑中是不无裨益的。

根据丰田－特赛尔广告文案策划书创作的报纸广告就遵循了文案写作的逻辑次序。文案人员首先以标题吸引受众的注意力，用了正副标题的形式：“什么也比不上您的第一份工作……”“除了丰田－特赛尔的魔力！”第一份工作对于目标受众——21 至 24 岁的年轻人——来说是容易引起注意的题目，副标题加以转折，一方面增强了文案行文的起伏，一方面更把话题转向了广告的主要内容，强调了丰田－特赛尔车的诉求重点——魔力。在正文中，文案对标题进行了承接，用更明确清晰的语言告诉受众，当驾驶着一辆崭新的丰田－特赛尔车的时候才能真正体会到什么是奇妙。下面的行文中，文案重点诉求了产品的可信赖性、上乘的质量、低廉的价格和对于目标受众的适用性。在正文的结尾，一句“现在就去丰田销售处吧！”引导受众马上产生购买行为，随文告知受众产品的销售处，提供了受众需要的信息。

标题：什么也比不上您的第一份工作……

副标题：除了丰田－特赛尔的魔力！

正文：您也许认为第一次上班的体验是奇妙的，但只有当您驾驶一辆崭新的丰田—特赛尔时才能真正体会到什么是奇妙。

特赛尔对刚成为白领的您来说堪称是一部完美的车。没有欺诈，特赛尔可供聪明又年轻的您驾驶经年，值得信赖。

丰田车的一贯质量是我们承诺的保证。价格也同样使人开心，很低廉！只有 5995 美元。现在就去丰田销售处吧！

广告口号：丰田—特赛尔的魔力！

随文：丰田销售处地址（略）

## 三、广告文案的自我检测

完成一则文案后，文案人员可以做一个自我检测：

**1. 是否使用了准确、简洁的语言？**

利用大众传媒传播讯息，最基本的要求就是内容传达要顺畅。模糊的用词和复杂的句法结构可能会使读者望而却步。一篇好的文案，不管是平面媒体、广播媒体还是电视媒体，应该让受众一读就懂、一听就懂或一看就懂。拖沓冗长的语言也是广告文案写作的大忌。同时，文案人员需要特别注意的是，想一想你写出的词句在受众接受时，会不会出现信息传达不全、偏差甚至误读的现象，尽量避免“自说自话”的现象。

**2. 广告能否吸引受众的注意力？**

文案写作者要想方设法吸引受众注意广告，但需要注意的一点是，吸引受众注意的方法也要适合于广告产品和受众的接受程度，与下文有连贯性，与整个广告相协调，引起受众继续阅读或收听收看的欲望。

**3. 广告中是否出现了利益承诺或吸引受众之处？**

说服受众的第一步就是要使他们认为产品对他们有好处，能够满足他们的需要，这样广告才有可能说服受众，刺激其消费动机，促成他们对产品的购买。有时利益的承诺在广告中是非常明显的，有时仅仅是在广告中有所暗示。

**4. 文案能否激发受众对产品和对广告的信任？**

广告中应该包含能够使受众相信或信赖广告产品的信息。受众不会为了一个短期的目标牺牲长期的利益，所以广告要使受众相信某产品或服务是值得他们长期信赖的。广告不仅要激发受众的信任，广告本身也要表现出充分的自信，还要尽量表现出高雅的品位和素养，使用规范文明的语言。作为一个令人自豪的产品的代言者，文案人员也要表现出对广告本身的信任和自豪感。

**5. 是否提供了受众需要的信息？**

这是一个简单却容易被忽视的问题。一则广告不需要把产品和厂家的信息面面俱到地介绍出来，同时也不宜给受众留下关于产品或厂家的悬而未决的问题。比如，一家电力公司最近推出了一项新的服务项目，公司员工亲自到顾客家中帮助检测相关产品的性能并提供免费维修服务。无疑这是一项受欢迎的业务。但热情洋溢的广告直到结尾也没有告诉受众究竟怎样才能享受到这种服务：打哪个电话？或者往哪里写信申请？于是广告在广大受众心目中造成了这样一个印象：电力公司并不真正热心为顾客服务。写作文案时一定要避免类似的情况。

盒马
我快 我「鲜」说
从这一秒开始
餐餐面朝大海
盒马鲜生
30*
分钟免费送达

盒马
我快 我「鲜」说
再见冰箱先生
因为我爱上了
盒马鲜生
盒马鲜生
30*
分钟免费送达

盒马
我快 我「鲜」说
不住海上
就住上海盒马边上
盒马鲜生
30*
分钟免费送达

盒马
我快 我「鲜」说
生的
活的
才是生活
盒马鲜生
30*
分钟免费送达

# 第三节 平面媒体广告文案写作

为了达到传播信息、与受众沟通交流效果的最大化，我们需要详细了解和把握不同媒体的特点，遵循不同媒体的写作原则，有的放矢，扬长避短，创作出成功的广告文案。平面媒体可以分为报纸媒体、杂志媒体和户外媒体等几种形式。

## 一、报纸媒体广告文案写作

由于报纸的发行量大、读者广泛稳定，在报纸媒体中刊登富有文采、含义隽永的文字要比在其他媒体中更容易被受众接受。《北京晚报》以“晚报，不晚报”为题的报纸广告以其文采斐然、格调高雅、富于雄辩的文字表明了报纸的内容和品位，成功树立了《北京晚报》的品牌形象。

标题：时尚，不晚报！
正文：当它开始被我的目光审视
它就不再是一条平凡的领带
我同意，我的眼光可以改造一切
无论是她的一只手包
还是一条无人问津的领带

时尚是独自的占有，时尚是他人的匮乏
时尚是过时的未来，时尚是超前的现在
时尚是羡慕与被羡慕，时尚是学习与被学习
时尚是领导与被领导，时尚是超越与被超越
时尚是新鲜的空气，时尚是呼吸的权利
时尚是明天的生命，时尚是不能晚报的每一天！

时尚是领导的艺术，时尚是独占的特权。
随文：2001 年《北京晚报》，彩色印刷，全市邮局征订，订阅代号 1-14 全年订购：180 元
广告语：晚报，不晚报！

报纸媒体的另一个独特的优势在于，在报纸上可以刊登篇幅较长的文案，有利于对产品或服务进行较为完整、详细的诉求，使消费者在持续阅读的过程中，受到较为深刻的影响，从而达到与消费者进行深度沟通、成功说服的目的。一般情况下，这种长文案的优越性是其他媒体的广告难以替代的。“劳斯莱斯”汽车广告，使用消费者容易理解的语言，条理清晰，内容全

面地告知消费者“劳斯莱斯”及“班特利”车的种种优越性。数字的罗列，细节的说明进一步增加了文案的说服力，实现了与受众的有效沟通。

标题：这辆新车在时速 60 英里时，最大闹声来自电子钟

副标题：“什么原因使得‘劳斯莱斯’成为世界上最好的车子？”一位知名的“劳斯莱斯”工程师说：“说穿了，根本没有什么真正的戏法，这只不过是耐心注意到每个细节。”

正文：

1. 行车技术工程师报告：“在时速 60 英里时，最大闹声来自电子钟。引擎是出奇的寂静。3 个消音装置把声音的频率在听觉上拔掉。”

2. 每个“劳斯莱斯”的引擎在安装前都先以最大气门开足 7 小时，而每辆车子都在各种不同的路面试车数百英里。

3. “劳斯莱斯”是为车主自己驾驶设计的，它比国内制造的最大车型小 18 英寸。

……

19. “班特利”也是“劳斯莱斯”工程师们所制造的。除了引擎冷却器之外，两车完全一样，“班特利”因引擎冷却器较为简单，所以便宜 300 美元。对驾驶“劳斯莱斯”感觉尚有困难的人士可买一辆“班特利”。

价格：本广告画面的车子 在主要港口岸边交货 1.355 万美元。

假如你想得到驾驶“劳斯莱斯”或“班特利”的愉快体验，请与我们的经销商接洽。其名号列于本页底端。

劳斯莱斯公司 纽约 洛克菲勒广场 10 号

报纸广告中使用情感诉求的手段也能够达到理想的沟通效果。旅行者保险公司的广告文案以女主人公内心独白的方式，语言平实，娓娓道来，向读者讲述了一个平凡又感人的故事。旅行者保险公司的服务内容和值得信赖的服务理念在读者心中留下了深刻的印象。

当我 28 岁时，我认为今生今世我很可能不会结婚了。

我的个子太高，双手及两腿的不对头常常妨碍了我。衣服穿在我身上，也从来没有像穿在别的女郎身上那样好看。似乎绝不可能有一位护花使者会骑着他的白马来把我带去。

可是终于有一个男人陪伴我了。爱维·莱特并不是在你 16 岁时所梦想的那种练达世故的情人，而是一位羞怯笨拙的人，也会手足无措。

他看上了我不自知的优点，我才开始感到没有虚度此生。事实上我俩都是如此。很快我们互相融洽无间，不在一起时就有怅然若失的感觉。所以我们认为这可能就是小说上所写的那类爱情故事，然后我们就结婚了。那是在 4 月中的一天，苹果树的花在盛开着，大地一片芬芳。那是近 30 年前的事了，从那一天起，几乎每天都如此不变。

我不相信已经这样度过了许多岁月，岁月载着爱维和我安静地度过，就像驾着独木舟行驶

在安静的河中，你感觉不到舟的移动。我们从未去过欧洲，甚至没有去过加州。我认为我们并不需要去，因为家对我们已经是够大的了。

我希望我们能生几个孩子，但并未如愿。我很像《圣经》中的撒拉（Sarah），只是上帝并未赐我以奇迹。也许上帝想我有了爱维已经够了。

唉！爱维在两年前的4月中故去。安静地，含着微笑，就和他生前一样。苹果树的花仍在盛开，大地仍然充满了甜蜜的气息。而我则惘然若失，欲哭无泪。当我弟弟来帮我料理爱维的后事时，我发觉他是那么体贴关心我，就和他往常的所作所为一样。银行里并没有存很多钱，但有一张照顾我余生全部生活费用的保险单。就一个女人所诚心相爱的男人过世之后论，我实在是和别的女人一样心满意足了。

到旅行者公司投保，旅行者保险公司，旅行者理偿保险公司，旅行者火险公司。

## 二、杂志媒体广告文案写作

与报纸内容相对的综合性相比，杂志具有在内容上相对集中的特点。相应的，投放在杂志上的广告具有较高的针对性，能更加有效地接触到目标受众。杂志与报纸相比，在印刷质量上有很大的改善，广告中需要出现图表或较复杂的信息时，杂志媒体比报纸媒体有更大优势。瑞士航空公司的广告刊登在以工商业中高层管理者为主要目标读者群的《商务周刊》杂志上，针对性很强。文案使用了简洁而富有创意的标题，强调了飞机服役期限短的特点，暗含安全、舒适、速度快等吸引目标受众的信息和利益承诺。正文用一组数字来补充说明该航空公司广阔的飞行区域和能提供给旅客的服务等信息，随文中给出了订票联系方式。整个文案简洁完整，重点突出，配合同样简洁的图片，给读者留下较深刻的印象。

标题：世界上最年轻的机群之一会越来越年轻

正文：拥有飞机 128 架

平均机龄：5.4 年

已订购飞机：73 架

飞行国家：59 个

目的地：117 个

机上能供应雀巢意式浓缩咖啡：26 架

每周 5 班自北京飞往瑞士及世界各地

随文：（略）

由于印刷技术的提高，精美图片的视觉效果在杂志上能够很好地表现出来，图片在杂志广告中相比报纸广告占有更重要的地位。撰写文案时，除了要注意报纸文案写作中的文体选择、文字技巧和各部分的逻辑次序安排可能在读者心中引起的反应外，还要充分考虑到与图片的配合，图片引人注目，文字与之协调，文图相得益彰，才会取得与读者很好的沟通效果。

标题：牛仔也有温柔的一面

正文：金纺，让衣物更柔软。所以谁也没想到，从来都是硬派角色的牛仔，也可以温柔得如同一片海。不过是加入了少少的金纺衣物柔顺剂，就软化了它最深处的纤维。

不只是牛仔，对于渴望蓬松的羊毛，想摆脱静电的化纤，起到平整的棉绒，还有在意亮丽鲜艳的丝绸，金纺都能一一照顾到。只要在最后过洗衣物时，简简单单加入金纺衣物柔顺剂，无须再过洗，就能令织物松软柔顺，没有静电，亮丽如新，还留有宜人芬芳。柔顺舒适，相随相伴。

广告语：细微之处，金纺关爱。

### 三、户外媒体广告文案写作

由于行人都是从户外广告前匆匆而过，若广告信息篇幅过长，行人就无暇细看。据测算，行人能在一则户外广告前“注目”的时间平均不超过 5 秒钟。为了吸引行人的注意力，户外广告以视觉语言为中心，以表现力强的图片为广告的主导因素，文案要力求简洁、画龙点睛，巧妙地帮助受众理解图片信息。

## 第四节　电子媒体广告文案写作

广播和电视、网络都属于电子媒体，广播诉诸人的听觉，我们称广播中的人声、音乐和音效为听觉语言；电视是视听多媒体，同时诉诸人的视觉和听觉，我们称电视图像、广告中的文字和人声、音乐和音效为视听语言；网络媒体方兴未艾，作为具有高度互动性的视听多媒体，越来越显示出信息传播的优越性。

### 一、广播媒体广告文案写作

作为沟通的基本要求，广播文案中的语言在听众听起来，要能够做到“一听就懂”。这就要求我们在写作时要尽量使语言“口语化”，使文案通俗易懂，活泼亲切。要使用通俗易懂的词汇和简练、较短的句子，考虑目标受众生活的口语环境，他们怎么说话，我们就怎么写文案。同时，由于汉语的语言特点，同音异义的字、词很多，我们在写作时要避免同音字、词可能带来的歧义现象，保证信息的正确传达。当然，广播广告中文案播出的速度要适中，即与日常生活中说话的语速大致相当，既不显得紧张局促，又不让听众觉得拖沓，才能保证信息的顺畅传达。

由于广播广告的长度一般以秒为单位计算，声音又是线性传播，声音播出后不可能倒回来重新听，又没有其他感觉器官辅助记忆，所以文案首先要在内容上相对集中和单一，不增加受众的记忆负担。同时，为了达到增进受众记忆的目的，可以用以下两种方法：一是在一则广告里重复几次要强调的内容，加深听众的印象，达到“耳熟能详”的效果；二是尽量使广告词具有与众不同的口音或音色。

声效：“噔、噔、噔”的皮鞋声，由远及近。（6 秒）

男声：大雅之堂，皮鞋要亮。一滴亮鞋油可帮忙。一滴亮、一滴亮，一滴保准光又亮！一——滴—亮。(12 秒)

声效：“跨、跨、跨”有节奏的皮鞋声。（3 秒）

广播广告有宽广的创意空间：可以再现和制造生活中有声音的所有情境，如独白、对话、宣讲、解说、生活片段等；也可以借鉴所有以声音为载体的艺术形式，比如歌曲、说唱、演讲、朗诵、相声、讲故事、广播剧，等等。同时，由于广播广告的制作相对简单快速，即时制作、即时播出，在广播节目中可以结合广播内容，不失时机做现场广告，达到最快捷的信息传播效果，这是广播广告的优势所在。

## 二、电视媒体广告文案写作

电视广告由视听语言构成，表现出来包括电视图像、广告中的文字和人声、音乐和音效；其中，广告中的文字部分和人声部分就是电视广告文案。具体表现方式可能是字幕，出现在电视广告情节内容中的文字，电视广告中人物或拟人物的语言、对白，电视广告中的画外音，广告歌曲等。

**1. 字幕**

字幕是电视画面上叠印出的文字。在无声电影时代，字幕被用来说明图像所无法完全表现的事物和情节，为连贯的叙述起到补充、点睛的推动作用；在有声时代，电影中的字幕越来越少，但在电视广告中字幕仍然是很必要的，能帮助镜头语言传达信息，与镜头语言相互补充。

**2. 画外音**

画外音是指在画面场景中看不到声源的声音，用来表现广告中人物或拟人物的内心独白，或以第三人称的角度叙述广告信息。

**3. 人物语言和对白**

广告中人物或拟人物的语言和对白是广告内容和情节的主要组成部分，文案人员在写作时需要特别注意人物和语言的适切性。如神州行电视广告选择葛优作为代言人，葛优带着他特有的幽默笑容和语调说出“神州行，我看行！”，在观众忍俊不禁的同时，广告也取得了不错的传播效果。显然，这简短幽默的语言与代言人在观众心目中的形象是相符的。

**4. 广告歌曲**

广告歌曲是文案的一种特殊形式，具有吸引观众、促进广告娱乐化、加快信息传播速度的作用。优秀的广告歌曲脍炙人口、深入人心、广为传唱，为品牌宣传起到意想不到的效果。

电视是视听多媒体，电视广告的创作人员拥有很大的自由度，用多样化的表现方式与受众进行信息沟通。如对电视观众进行演示、比较，以理服人、以情动人，以不同叙述人角度来叙事，利用幽默、恐怖、悬念等手段吸引受众，来达到劝服观众接收信息的目的；另外，电视广告创作人员利用高科技，通过蒙太奇展现不同时空的场景，或创作出现实中不存在的事物和情节，大大开拓叙事空间，对观众形成视觉、听觉和心理上的震撼，都会大大增强传播效果。

## 三、网络媒体广告文案写作

网络广告包括了互联网广告和移动互联网广告，表现形式多种多样，如弹窗广告、按钮广告、网络视频广告、微信微博等社交媒体广告、APP 广告。尽管网络广告的表现形式多种多样，但作为与受众进行沟通的媒体，其仍然是作用于受众的视觉和听觉，图像、文字、声音仍然是网络广告的主要组成元素；所不同的是，网络广告要充分调动受众的主观能动性，实现与受众尽量充分的互动，实现沟通效果的最大化。

**1. 充分利用网络互动性，实现信息沟通的参与和增值。**

网络是互动性非常强的媒体，通过互动性的广告文案实现广告信息的有效沟通。例如杜蕾斯通过互动性的微博广告，使其官方微博粉丝数为 298 万，稳居企业官 V 排行榜前 100。其做法一是有效利用社会热点，并将产品推广与热点结合，创作使人或眼前一亮，或开怀大笑的文案；二是体现人文关怀与受众互动，如杜蕾斯的二十四节气广告。“立春的时候，总会发生点什么……”，“立夏，立夏，立起来告别思春，进入夏日”，“立秋，贴秋膘，现在贴在身上的肉，都是当时没发育完的肉”，“到立冬，就开始 dong 手 dong 脚，怎样才能在冬夜里燃烧爱火？”

**2. 综合利用多种广告形式，实现沟通效果的最大化。**

网络媒体的多样性有利于广告创作者同时展现多种形式的广告，充分调动受众的感官参与，实现信息传播在时间上的延续、空间上的拓展和内容上的延展。例如可以使用 APP 开屏广告、信息流广告、视频广告、平面广告、游戏广告等形式，实现沟通效果最大化。

**3. 广告和销售联系更加紧密，文案推动网上购物的实现。**

随着网上购物作为一种新的消费方式得到越来越多消费者的喜爱，购物广告也成为了一种常见的广告方式，如视频直播购物广告、淘宝京东等购物平台广告。购物广告多以“产品展示”“产品介绍”“价格优惠”“消费体验”为主要内容激起消费者的购买欲望，推动购物的实现。

**4. 充分利用口碑营销，提高广告的可信度。**

随着社交媒体、自有媒体、分享平台的兴起，受众具有了更多的表达空间，利用受众的人际传播形成口碑，提高广告的可信度是广告文案写作的一个重要的方式。例如通过增强广告信息的实用性、趣味性、知识性、新颖性等，使受众参与创作、评论或转发能够提高广告的可信度。

例如微信朋友圈广告、微博广告等。

**思考和练习:**

1. 举例说明广告文案在不同媒体广告中的表现形式。
2. 阅读报纸广告文案，说明其结构和各组成部分的功能。
3. 文案策划书的撰写步骤有哪些？学生分别扮演客户和 AE 角色，尝试记录、提炼信息，形成文案策划书。
4. 文案人员在进行文案自我测试时要注意哪些方面？
5. 比较报纸媒体和杂志媒体的不同特征。
6. 搜集报纸杂志和户外媒体广告各两则，分析其文案的诉求方式和写作特点。
7. 搜集广播广告和电视媒体广告各两则，分析其文案的诉求方式和写作特点。
8. 网络媒体的特征是什么？网络广告怎样科学运用网络媒体的优势来增强传播效果？

## 案例聚焦

### 美国“贝尔电话公司”广告

**广告文案:**

一天傍晚，一对老夫妇正在吃饭，电话铃响，老妇人去另一房间接电话。回来后，老先生问:“谁的电话？”

老妇人回答:“是女儿打来的。”

又问:“有什么事？”

回答:“没有。”

老先生惊奇地问:“没事？几千里打来电话？”

老妇人呜咽道:“她说她爱我们。”

两人顿时相对无言，激动不已。

这时出现画外音:“用电话传递你的爱吧！”

文案来自:《中外广告精品探胜》

**案例评析:**

这则广告文案几乎完全用人物之间对话的表达方式，通过文案传达的内容，很好地拉近了和受众之间的距离。这也令受众对企业产生了良好的印象，在情感上与企业产生了共鸣。最后的画外音把企业的相关信息传达给受众，进一步加强了受众的记忆。

# 第 12 章

# 广告设计与制作

广告设计与制作是广告整体活动中的重要环节，是把广告的创作要求、构思与策划意图具体化的过程，它使广告创意最终变为与人们见面的广告作品。广告设计是把广告创意具体化、形象化的表现手段；广告制作是利用一定的方式方法，并采用各种手段、技巧，对相关的物质材料和声像进行加工与组合，用以传达广告信息的形象化过程。高水平的广告设计与制作是保证广告创意完美实现的有力手段。

## 第一节　广告设计

### 一、广告设计的概念

广告设计指根据广告目标进行的广告创意、构思，广告中的音乐、语言、文字、画面等经营性创作活动。广告设计还是一种增强产品竞争力的创造性活动，它不仅增强产品的附加价值，而且给人们的日常生活带来情趣，使人得到精神的满足，从而对商品或企业产生好感，形成购买行为。广告设计要求简练、功效、易懂。广告的作用是使人熟悉、想起、传播、引导、增值。

### 二、广告设计的艺术基础

广告设计的艺术基础，即构图、插图、色彩、创意构思，是每一种广告作品所必不可少的艺术元素。设计要依据焦点、简洁、魅力、统一、平衡、技巧等六项要求对内容进行整体组合，使之成为一个完整美观、中心突出的广告作品。焦点是指广告主题明确，使之真正符合企业目标。简洁是指内容干净利索，以突出广告的焦点。魅力是指广告对读者具有吸引力和触发他们的感情，引发受众行为的刺激力。统一是指广告设计的四大原则之间应作有机的联系，与表现主题关系不密切的内容应除去。平衡是指广告各要素在布局上要正确配置，使人感到广告表现完善、协调，在编排过程中应当有主有次，精心策划，在统一下求平衡，并不断修正广告的标题、正文、标语、图形，以求得最佳广告布局的要求。技巧是指设计出来的广告样稿还应有精湛的制作技巧，才能准确、完美地实现设计要求。

## 三、广告设计的内容

### 1. 广告设计的分类

其按媒体可分网络广告、报刊广告、广播广告、电视广告、路牌广告、灯箱广告、橱窗广告、印刷招贴广告。其按性质可分为印刷品设计和多媒体广告设计。印刷品设计包括报纸广告、杂志广告、海报招贴、宣传册以及各类其他广告印刷品设计。好的印刷品设计应该是通过理解来和客户达成最终的共识，以使企业所服务的目标群体接受和喜欢，而并不是仅仅局限于自己或企业本身，并同时能予人以美的感受力，提升企业的形象与经营效果。多媒体广告大致包括：网络广告、电视广告、电台广告、户外多媒体广告等。一则完整并且成熟的多媒体广告设计要具备：

（1）冲击力：有引起注意力的能力；

（2）创意：优秀的创意是一个广告的灵魂所在；

（3）趣味：让观众愿意继续看下去；

（4）信息：信息传达得是否准确是多媒体广告最关键的标准；

（5）感染力：感染力是一则多媒体广告综合水平的体现，是唤起行动的能力。

### 2. 广告设计的构成要素

构成广告画面的要素有四点：图形、色彩、文字与编排。有些广告还配有音响，例如电视广告、广播广告等。

（1）图形。图形是广告中宣传表达的最重要的因素之一，它具有强烈吸引人注意的能力，以直观性、注目性与情趣性吸引消费者，激发其兴趣，是现代广告形象策略的关键。据有关实验统计，图形与文字同时出现时，图形占 78% 的注意度，而文字只有 22%。图形是广告的重要构成要素，图形形式有黑白画、彩色插画、摄影照片等，其表现形态可以是写实的、漫画的、装饰的、卡通的、变形的、抽象的。图形是用视觉艺术手段来传达商品或劳务信息的。图形的内容要突出商品或服务的个性，通俗易懂、简洁明快，有强烈的视觉冲击力。图形设计要把表现技法与广告主题密切结合起来，在整体广告策划引导下进行，发挥其有力的诉求效果。

图形在广告中又分为实物图形和装饰图形。实物图形就是直接把广告产品和商标用摄影或绘画的形式表现在广告中的图形。装饰图形就是根据广告创意与主题所选择的为了帮助受众理解广告主题或创意的表现图形，也被称为广告图形，可分为具象和抽象两种表现手法。实物图形多用在受众没有充裕时间观看、瞬间即过的媒体上，如电视、路牌、车身广告等，主要用来推荐和提醒人们使用该产品。而在有相当宽裕时间观看的媒体上，如报纸、杂志、样本和招贴等，广告往往是实物、装饰图形同时使用，这样有利于加深对广告和产品的认识、理解和记忆。这里用的实物和装饰图形可以是摄影、摄像，也可以是绘画，表现手段根据创意有写实、象征、悬念、漫画、卡通、装饰变形和构成组合等丰富多变的手法，极具表现力，传达广告的效果很好。

（2）**文字**。文字是人类相互沟通的重要工具。在现代广告设计领域里，文字扮演着视觉传达灵魂的角色。它由两方面构成，即文案与字体设计。文字在广告中具有传播信息、说服对象、加深记忆等作用。据统计，受众看过广告后，文字比图形的记忆度高，文字留下的记忆占 65%，而图形仅占 35%。另外，文字还具有很强的形式美感和表现力，特别是中国汉字本身就有象形性，不同的字体具有不同的形象、情感、气势、意境和艺术魅力，选择得恰当能增强广告的视觉效应。

（3）**色彩**。色彩是广告表现的一个重要因素，广告色彩的功能是吸引消费者注意、向消费者传递某一种商品信息。因此广告的色彩与消费者的生理和心理反应密切相关。色彩对广告环境、对人们感情活动都具有深刻影响。广告色彩对商品具有象征意义，不同商品独具特色的色彩语言，使消费者更易识别和产生亲近感，商品的色彩效果对人们有一定的诱导作用。

色彩在广告信息传播的各要素中，以传递速度最快而著称，比图形和文字等因素的视觉冲击力更强、更快。它以每秒 30 万公里的光速传入人的眼睛，是一种先声夺人的艺术语言。受众对广告的第一印象是通过色彩而得到的，它与受众的心理和生理反应密切相关。我们在设计中可以运用对人的心理产生作用的色彩，如冷暖、轻重、远近、味觉、情感等来表现不同的产品和主题。如用红色表现节日礼品、喜庆场面和营养用品等，用蓝色和白色表现清洁用品、冷冻食品、医疗卫生用品等。设计运用色彩的情感联想及商品的形象色等色彩规律，有利于商品性质的传达。但应注意不能把广告色彩设计得简单化、公式化，使广告色彩在雷同中失去了个性和视觉冲击力。广告色彩的表现要求是新颖、独特、醒目，要利用色彩的三要素（即用色相、明度、纯度）之间的变化，组合出各种不同的、有个性的广告色调。设计广告色彩时还要考虑很多因素，比如针对什么人，他们的生活经历、年龄、文化背景、风俗习惯等。现在，色彩在广告宣传中独到的传达、识别与象征作用，已受到越来越多的设计师和企业家们的重视。国外一些大公司、大企业都精心选定某种颜色作为代表自身的形象色。

（4）**编排**。所谓编排就是将图形、文字、色彩等平面造型的构成要素，给予视觉的梳理与配置，使其成为具有最大诉求效果的构成技术。广告编排设计方法，骨骼的构成是版面的关键，安排各种要素所占的位置、比例，充分利用版面上不同位置的视觉差异，研究版面的分割及引导读者的视觉流向始终是编排的主要问题。

图形在整个平面广告的版面中最形象化、最接近现实，且给人的视觉印象也最强烈，因此，图形占版面一半以上的位置为好。大面积的图形能给读者较深刻的印象，但也有反常情况：或为突出广告口号，图形较小，或留大面积的空白。心理学家葛斯达认为，人们注意版面时，版面的上部比下部的注目价值高，左侧比右侧的注目价值高。因此，版面的左上侧位置最为引人注目，这一位置通常安排广告的最主要内容，使广告主次分明，此位置也被称作视觉的最佳视阈。

设计者可以利用视线移动规律，诱导读者的视线作左右流动、上下流动以及斜线的不稳定流动，通过编排设计，人为地产生最佳视阈，突出主要内容，以达到一定的视觉效果，传递信息。因此，版面编排可采用多种分割方法确定骨骼形式，如垂直对等分割、水平对等分割、十字均匀分割、两条线水平分割、两条线垂直分割、斜线分割、曲线分割、图形分割，等等。

# 第二节　广告制作

## 一、印刷广告的制作

印刷广告是指主要通过印刷手段制作的，便于大量发行的广告。常用的有报纸广告、杂志广告、招贴广告、挂历广告、传单广告、直邮广告等形式。其中报纸、杂志是印刷广告中最常见、最重要的两种形式。

**1. 报纸广告的制作**

报纸广告的传播范围大，读者阶层稳定，可分为全国性和地区性报纸。报纸广告能大量传递情报信息，制作费用比电视广告便宜得多。号称美国“三大报”的《纽约时报》《华盛顿邮报》和《洛杉矶时报》，均大量刊登广告，广告的版面约占其全部版面的 70% 左右。“三大报”主要财源来自广告收入，如《纽约时报》总收入的 30% 来自出售报纸，70% 靠广告。

在大众传播媒介广告中，报纸广告的历史最长，而且在相当长的一个时期，报纸广告是一种占统治地位的广告形式。我国在 1994 年之前，报纸广告的营业额居于第一位，1995 年电视广告营业额超过报纸广告，2011 年互联网广告超过报纸广告。2018 年，报纸广告营业额为 312.57 亿元，仍然是较为重要的广告媒介之一。报纸广告可分为企业广告、产品广告、组合广告、新闻发布式广告、启事类广告和公益广告等。

（1）报纸广告的表现技巧

许多人在读报时，遇到广告往往是一掠而过，视而不见。因此，要使报纸广告产生效果，提高报纸的注目率，应考虑以下因素。

① 广告占据的版面空间。报纸广告的版面大小大致可分为全版广告、半版广告、半版以内的广告、分类广告等。广告版面空间的大小，对广告注目率有直接的影响。一般情况下，版面越大，所引起的视觉刺激也会越大，注目率也就越高。在国外，报纸广告的大型化已经成为一种发展趋势。整版广告或两版连在一起的广告已很普及，它产生的视觉刺激，能够对读者产生较强烈的影响，吸引读者的目光。

② 色彩运用。色彩也是影响读者注目率的一个重要因素。不同的颜色会对读者产生不同的心理震荡。报纸，特别是我国的报纸，出现的色彩，大都是黑白相间。而用彩色、套色等方法来刊登广告，其效果会更好。彩色报纸广告的色彩均由红、黄、蓝三原色加黑色叠印而成，一般要经过红、黄、蓝、黑的四种色彩逐个印刷的过程，由于报纸纸质的疏松，伸缩性大，因此叠印时往往不如铜版纸那么精确。再者由于新闻纸吸油彩较多，因此印刷后的色彩清晰度、鲜艳度都远远不及铜版纸的印刷效果，色彩再现率也欠佳，加上报纸本身的质粗、不够白皙，因此低比率的网点往往不很清楚。在选择制作彩色插图时，彩色明暗对比度、鲜艳度都要加强，色彩的差距要加大，这样在经过印刷后，报纸色彩效果即使打了个折扣，还能达到一定的艺术效果。

那个时候，一瓶暖壶，一床被子，便能跟你一辈子
老式暖水瓶
有些物件
不是被搁置的
东西
而是被闲置的
记忆
总有一天
你会想起
闲鱼 老物件 引你上钩

横针竖线，压线年年依然不能修补母亲眼角岁月的皱纹
老式缝纫机
有些物件
不是被搁置的
东西
而是被闲置的
记忆
总有一天
你会想起
闲鱼 老物件 引你上钩

再甜的甜蜜蜜
也敌不过你眼里的
浓情蜜意
老式唱片机
有些物件
不是被搁置的
东西
而是被闲置的
记忆
总有一天
你会想起
闲鱼 老物件 引你上钩

（2）报纸广告的外在表现形式

① **纯文字型广告**。这是不含任何图片，单纯以文字来表现广告内容的广告。

② **黑白广告**。这种广告是分类广告及专栏广告的另一种叫法。

③ **套红广告**。这种广告是将广告的标题或广告的内容都套以红色，以使广告更醒目、更突出，从而产生良好的视觉效果。

④ **图文并茂型广告**。既有文字又有图像表现广告内容的被称为图文并茂型广告。

⑤ **空白广告**。空白广告是指利用大面积空白作为广告的背景，通过虚实的对比强调、突出广告主题的一类广告形式。

⑥ **报眼广告**。在报纸的头版与报头位置平行相对的版面为报眼，利用这一版位刊登的广告就是报眼广告。

⑦ **整版广告、跨版广告**。整版广告是指利用一个报纸的版面刊登广告，跨版广告是报纸对开设计的占到两个版的广告。

⑧ **中缝广告**。在对外横排的报纸展开之后，两个版面之间有上下贯通的缝隙，利用这个版面刊登的广告就是中缝广告。

⑨ **刊头广告**。刊头广告是散见于报纸非广告版位各种文章中间，以刊头形式出现的广告。

**2. 杂志广告的制作**

杂志广告在制作时，要注意图文并茂、形式多样。广告在布局时往往以图片为主，文字部分短而精。广告图片要醒目，能够吸引读者的注意力，同时能给人以美的享受。

（1）杂志广告版面的注意度分析

杂志广告的版面一般比较大，分为封底、封二、封三、封面以及插页几种，很多使用全页广告。还有其他形式如折页广告、跨页广告等。此外还有多页广告、插页广告、立体广告、有声广告、香味广告等，还有半页及四分之一页广告。在几种广告版面上，注意价值最大的为封面，封底次之，再次为封二、封三和扉页，再后为插页，正文前后的小广告和补白广告为最次。但是，如果在中心插页做跨页广告则相当引人注目。

（2）杂志广告的制作技巧

杂志作为一种视觉媒介，在进行广告的制作时应该注意以下几个方面的技巧：

①使用突出而醒目的广告标题；

②运用逼真的图片和鲜明的色彩强化广告主题；

③利用艺术化的形象性语言表述产品或企业等的特点。

## 二、广播广告的制作

**1. 广播广告的要素**

我们把构成广播广告的语言、音乐、音响称为广播广告三要素。

（1）语言

广播广告是语言的艺术。在设计广播广告时，广告词一定要明确：听众是看不到这些广告词的，他们只能听到这些广告词的声音。因此，应该为听而写，而不是为看而写。如“切忌”与“切记”“走进”与“走近”等，在广播广告中听众就难以分辨清楚。

（2）音乐

音乐是一种采用有组织的、和谐的乐音来表达思想感情，反映社会生活的艺术，它的基本构成要素是旋律和节奏。音乐最主要的功能是表象功能。人们能够利用音乐构造“形象图画”。但是，音乐的表象功能同听众个人的受教育程度、经历、性格、修养等有着密切关系，直接影响到个人的联想。音乐同语言等艺术紧密相结合，而音乐的基本构成要素是旋律和节奏，这就决定了广播广告的语言表达要素也是旋律和节奏。

（3）音响

广播广告中的音响要素，是运用专门器具和技法，模拟或再现现实生活中的各种声响，如风声、雨声、雷声、商品生产或使用时的声音等，再现或烘托环境气氛，增强广播广告的感染力。音响有着强烈的提示和暗示作用，它能诉说人的行为及人和自然的物质变化，从而加强听众对商品的印象。

**2. 广播广告的类型**

常用的广播广告，主要有以下五种类型。

（1）直接陈述型。这种类型是由一位或两位播音员播发广告词，直接向听众陈述广告内容。这类广告一般都配上音乐或音响。

（2）对话型。由两个或两个以上的人以对话的方式介绍广告商品，这种类型的广告，比直接陈述型广告要活泼和吸引听众。

（3）小品型。就是在广告中以十分短小的戏剧、曲艺等表现形式来介绍商品。

（4）歌曲型。就是采用歌曲的方式来做广告。在进行歌曲型广告时，曲调要悠扬悦耳，歌词通俗顺口，韵律简明浅显，使听众易学易记。

（5）综合型。这是指综合了以上两种甚至两种以上的形式制作的广告。如广播广告的类型自然不只是上述几种类型，而且人们还在实践中不断地创造出新的形式。

**3. 广播广告的基本要求**

（1）广告内容要简短精练。广播广告的广告词有时可以比路牌广告、电视广告和一些报纸广告的广告词要长一些，但是，仍然要十分简短和精练。俄国文学家契诃夫有句名言：“要知道在大理石上刻出人脸来，无非是把这块石头上不是脸的地方都剔掉罢了。”他还说：“要是您在头一章提到墙上挂着枪，那在第二章或第三章里就一定得开枪。如果不开枪，那管枪就不必挂在那儿。”契诃夫虽然是在讲文学创作，但这个道理完全适用于广播广告的设计制作。

（2）广播广告应做到一则广告突出一个主题思想。许多听众在收听广播时，往往注意力不很集中，容易转移。因此，广播广告应该就某一方面直截了当的宣传，并尽量说全产品名称、商标、适用范围和优点，同时反复强调主题，以加深听众对广告的印象。

（3）**采用重复的方法强调商品品牌或企业名称。**广播广告一定要采用合理重复的方法，来强调商品的商标或商品名称，以加深听众的印象。一则一分钟左右的广播广告，对品牌的强调以不少于三次为宜。

（4）**广播广告的语言表达通俗化、口语化和韵律化。**广播广告本身就是以语言为主体的广告宣传，语言的选择和运用至关重要。广播广告语言一般应该采用通俗化、口语化和韵律化的形式，以便于受众理解和记诵。

（5）**广播广告要寻求声响效果与文字、音乐的最佳组合。**在广播广告的作曲、选曲上都应力求简单，选择一种能有助于听众接受声响的记忆氛围，以唤起听众对广告的记忆。要选择能够烘托音乐或体现广告主题的声响效果，使广告音乐和音响成为广告语言的有力补充。此外，广告的节奏也是应该注意的问题。

**4. 广播广告制作**

广播广告的制作流程与电视广告的大体相同，主要包括以下几个步骤。

（1）确定广告脚本。

（2）选择制作公司，或直接使用广播电台。

（3）选择制作人。

（4）挑选一个或数个配音演员。

（5）委托一名作曲家谱曲，制作试音带，再完整录音等。或者使用现成音乐。

（6）租用录音棚进行录音。

（7）向客户展示作品并获得认可。

（8）将录音带送至各个广播电台。

## 三、电视广告的制作

电视广告综合了多种艺术手段，是所有广告设计制作手法中最复杂，动用人员最多，涉及行业最广，投入资金最大的一种现代化传播方式。

**1. 电视广告的基本要素**

（1）**画面要素。**画面是指被摄像机摄入的一幅景物，它是影视最小的构成元素。一个画面可称为一个镜头，但一个镜头有时不止一个画面，因为镜头是动态的画面。也可以用分镜头来形容动态的画面，但分镜头包含的内容也还是比画面要大得多。广告创意设计人员在拍摄广告前要先画好分镜头脚本，把广告创意内容的草案用分镜头画面表现出来。

（2）**声音要素。**电视广告是通过观众的视觉和听觉进行感受的，而声音便是听觉的感受对象。电视广告的声音大体可以分为人声、乐声（乐器与声乐）和音响（效果声，如雷声、雨声、风声等自然声和人为声）三个部分。在电视广告里，声音不仅仅是画面的解释说明，它还以相对的独立性与画面产生相互作用，相互强调，相互冲突，时而统一，时而分立。

（3）**时间要素。**人的眼睛能看清一个画面一般需要一秒钟以上，如果是商品外观、品牌等需要受众记住的画面，则停留的时间要更长一些，否则无法让人留下清楚的记忆。一般电视广告以5、10、15、30、45、60秒钟为单位进行拍摄。对于广告的创作与传播来说，起重要作用的是视觉、听觉和知觉三种认识形式与感知途径，但是，要想达到广告目的，仅仅停留在感知阶段是不够的，还必须上升到记忆与联想阶段。电视广告三要素之间相互组合，相互作用，缺一不可，这三大要素有机结合，才使得电视广告效果如此强大。

**2. 电视广告创作的基础**

（1）**把握和分析商品背景信息确定广告的主要信息**。电视广告创作的第一步，就是尽量从各个方面去了解广告商品的一切信息，包括该行业的整体形势、公司背景、商品个性、特点、商标、包装、销售、以往的广告、同类竞争对手背景、主要经销商特点，等等。

有的广告主希望将商品的几个优点同时在同一条广告内突出，但是往往会产生不良效果。因为电视广告是属于瞬间传达，应该在有限的时间里传达最主要的信息，这样才能够产生效果。

（2）**基于市场现状确定广告对象**。广告商品总是特定群体的消费品，这就决定了广告并不是针对所有人，只能是针对特定广告对象而做。不同的目标对象，就应该有不同的创意和文案表现。

（3）**把握视听心理确立怎样广告**。在进行电视广告创作之前，确立了“广告什么”“向谁广告”，就必然进入“怎样广告”的阶段。“怎样广告”是“广告什么”和“向谁广告”的必然要求和表现。

**3. 电视广告表现形式**

（1）**感知型**。这种类型电视广告采用自然的手法进行介绍，给观众以更多的信息，并留下较深刻的感知性印象。

① **介绍型**。这是把广告信息直接传播给受众的一种类型。目的是告诉人们有这么一件事。这种方式的电视广告一般采用简单的切换镜头、重景、溶入和简单的移动拍摄，多用中摄镜头，配以主题音乐和新闻风格的口播。

② **演示型**。这是用以介绍产品特征、功能、使用方法和工作原理的电视广告类型，通过简单明确的演示，给人以信赖可靠之感。这种类型一般多用新闻记录拍摄法，采用尽可能少的镜头和剪辑，多采用中摄和中特写，配以轻快的音乐和亲切的谈话。

③ **名人推荐型**。这种类型的电视广告一般是塑造一个消费者领袖人物，或直接邀请知名人士进行推荐，在拍摄时多用半身摄和中特写，选择正面角度和斜线构图，配以有个性的话语，尽量少用音乐和音响。

④ **采访型**。这是以现场记录表现形式来介绍他人意见、看法和做法，以达到受众了解和理解的效果。

⑤ **图解型**。这种类型用来介绍抽象的原理以及内容的结构、特性、功能和运动，具体表现形式有图表和图形。

（2）**感情型**。这种类型的电视广告以艺术表现手法激发受众的情感，并唤起欲求。

① **欲求表现型**。采用表现高度情感的手法造成人们观念上的欲求。

② **拟人型**。这是根据商品的不同特性，赋予其人的特性，表现商品的特点。

③ **幽默型**。电视广告中的幽默只是一种表现手法而非目的，不能为幽默而幽默，应使幽默感为传播广告信息服务。

④ **戏剧型**。这是指把电视广告内容编成情节简单的戏剧小品的广告类型。

⑤ **喜剧型**。这种类型的广告要求情节内容生动有趣，在最后结尾上往往出人意料。

⑥ **刺激型**。这种广告有意地揭示商品或事物的矛盾、差别和问题，使广告受众在感情和心理上偏向或支持自己。

（3）**理智型**。这种类型的电视广告，广告诉求要求通过理智的思维分析和判断，才能够理解广告主题和广告内容。

① **号召型**。这种广告主要用于非商业的电视广告，鼓励人的赞同和拥护某种观念、支持某一事业、解决某种社会问题；募捐、保护妇女儿童、母乳宣传、节约能源和计划生育等电视广告，比较适合采用号召型广告。

② **公益型**。这种广告是企业以非商业性的面目出现，表现为对社会问题的关注和责任感。

③ **噱头型**。这就是西方盛行的“Tease-Appiroach”广告，即一开始不直接表现出广告的主信息，而把人们的思路引向不可思议的地方，以激起人们的好奇心。

④ **比较型**。广告通过将表现对象与同类商品和事物的比较，突出其长处和特性，使受众在不知不觉中接受广告主题。

⑤ **说服型**。采用充足的理由和令人信服的事例，加强或改变人们的观念与行为，此类电视广告常用真实自然的画面和普通镜头拍摄，以解说为主，话声要果断有力，并配以背景音乐和效果音响，以达到强化说服的目的。

**4. 电视广告的制作程序**

电视广告的制作与拍摄所需的时间远远超过其他各种类型的广告。电视广告播放的制作流程通常可以分为前期准备、广告拍摄和后期制作三个阶段。

(1) 确定广告脚本。

(2) 选择制作公司，通常以相对成本为依据。

(3) 就制作费用达成协议。

(4) 试妆挑选演员。

(5) 由专业作曲人员创作音乐。

(6) 拍摄前的最后准备工作，包括请导演、订服装和场景等。

(7) 拍摄，租用摄影棚，或找到合适的外景拍摄地，将不同专业的电影人员集中起来。

(8) 后期制作。主要包括配音、添加音效或特殊效果。

(9) 配乐。如需配音，还得单独进行录制。

(10) 合成。将所有的元素编辑在一起。

(11) 广告主审查编辑后的广告作品。

(12) 可在剪辑和配音等方面进行修改。

（13）广告制作完毕并获得广告主认可后，将录像带送至各个电视台（它们会收取手续费）。

应当注意的是，所有电视广告在播放前必须与电视台签订协议，且在播放前要先通过审查脚本与成片。

**思考和练习：**

1. 选择三条熟悉的广播广告，讨论它们都使用了哪些表现形式？
2. 分别举例说明八种主要电视广告形式。

## 案例聚焦

### Bund 公益广告

Every 60 seconds a species dies out.Each minute counts. Each donation helps. Bund.net

**评析：** 每 60 秒都有一个物种灭亡， 这是 SCHOLZ & FRIENDS 为 Bund.net（德国保护自然组织网站）做的公益广告，画面的时钟表现了时间的快速流动，而时针和分针之间的动物眼看就要被挤死，并表现出痛苦的咆哮表情。创意通过时钟和动物的结合，提醒人们保护动物的紧迫性。画面发人深省，创意执行也非常到位。

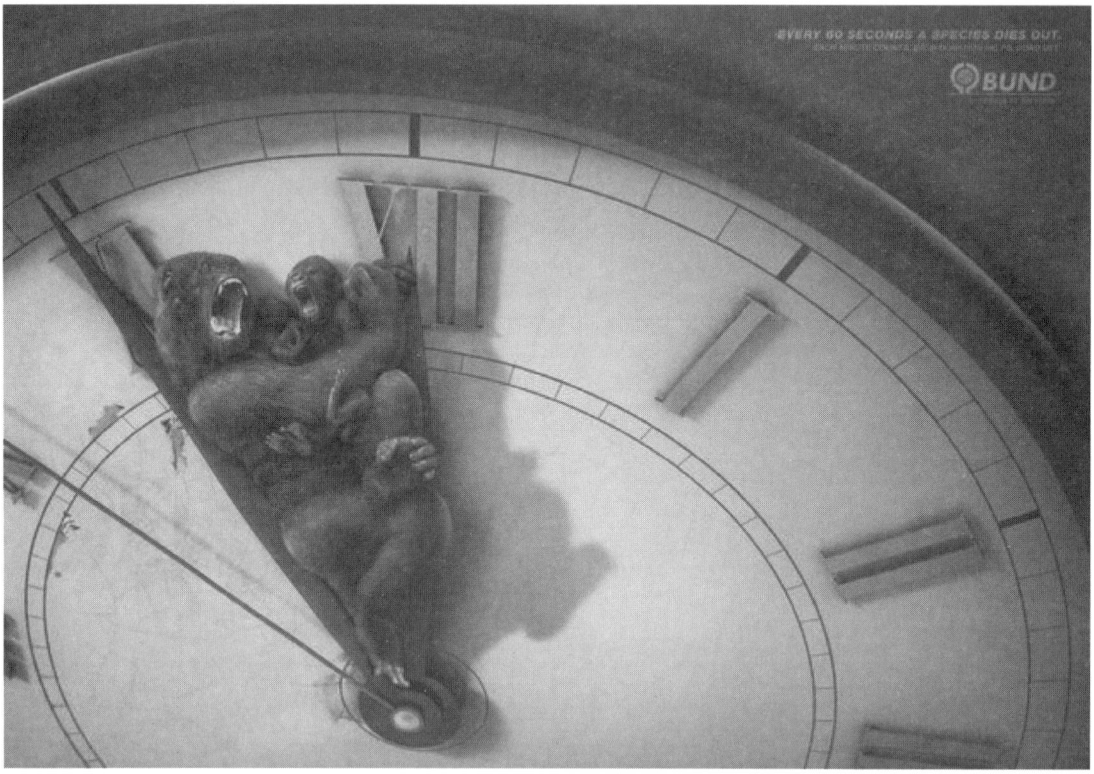
EVERY 60 SECONDS A SPECIES DIES OUT.
BUND

EVERY 60 SECONDS A SPECIES DIES OUT.
BUND

# 第 13 章

# 广告媒体

麦克卢汉的名言“媒介即讯息”，让我们了解到媒体不仅表达了它所承载的内容和信息，而且是改变人际关系和行为的一种进程与功能的力量。19 世纪的“便士报”运动让报纸进入寻常百姓家之后，广告业才得以进入“广而告之”的大众传播时代。后来，随着广播、电视、网络媒体的出现与普及，人们对广告的视野进一步开阔了。

## 第一节　广告媒体的传播特征

广告媒体的发展经历了五个阶段：一是以实物和口头为主体的古代简单广告媒体时期，二是以招牌为主体的文字广告媒体时期，三是以报刊为主体的印刷广告媒体时期，四是以广播、电视为主体的电子广告媒体时期，五是以互联网及移动互联网为主的新媒体时期。广告媒体包括报纸、杂志、广播、电视等传统媒体以及新媒体等主要的媒体，也包括路牌、霓虹灯、户外、电梯、地铁等其他媒体形式，本节着重对这些主要广告媒体的传播特性进行分析，新媒体广告将另辟章节来解析。

### 一、报纸广告媒体

报纸在我国有着悠久的历史，它不仅是新闻宣传工作的重要工具，也是广告活动中举足轻重的媒体。报纸是一种静态媒体，报纸广告的主要特征如下。

**1. 信息可信性**

消息准确可靠，是报纸获得信誉的重要条件。反过来，报纸的信誉也是人们评价消息准确可靠程度的重要因素。读者在长期阅读报纸的过程中，已有对各种报纸的评价，这种评价往往直接影响其对报纸上所登载的广告的可信性评价。例如，在一些发行量较大的报纸上刊登的广告，比较容易为读者所信任。而在一些地方小报上刊登的广告，其可信性就相对较低。

**2. 时效短暂性**

一般人阅读报纸主要是为了了解当天的新闻，隔天的报纸很少有人再去翻阅它。所以报纸广告较之其他媒体广告，寿命犹短，一般来说，报纸广告的效果大约可以维持三天左右。

**3. 认知卷入性**

一般而言，除非广告信息与读者有密切的关系，否则读者在主观上是不会为阅读广告花费很多精力的。报纸读者的广告阅读程度一般是比较低的。不过当读者愿意阅读时，他们对广告内容的了解就会比较全面、彻底。

**4. 表达单调性**

由于印刷原因，报纸广告通常缺乏动态感、立体感和色泽感。因而对读者的吸引力不大，同时也难以使读者产生情感联想。随着印刷技术的发展，这一弱点会在一定程度上得到克服。

## 二、杂志广告媒体

杂志与报纸一样，同属印刷媒体。但是杂志与报纸也存在着很大的差别。在内容上，杂志不像报纸以新闻报道为主，而是以各种专业和科普性知识来满足各种类型读者的需要。在印刷质量上，杂志一般也优于报纸。因此杂志具有一些不同于报纸的特性。

**1. 读者针对性**

杂志的种类繁多，到 2018 年全国共出版杂志 1.0139 万种。大多数杂志都是针对一定范围的

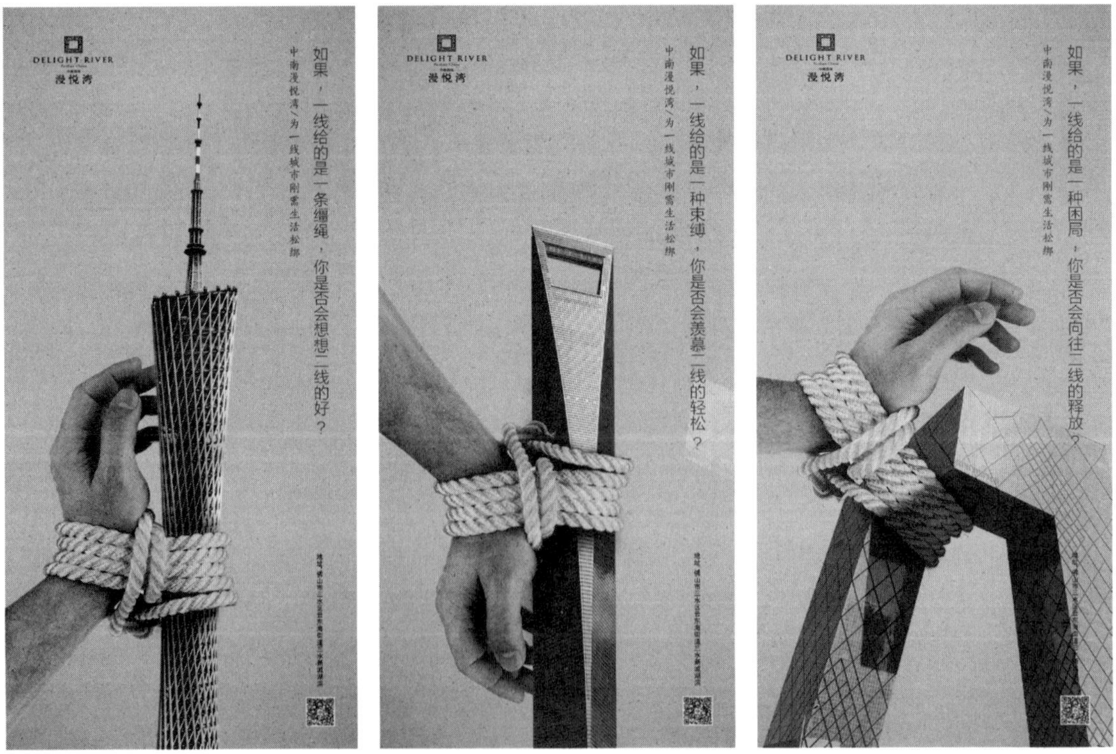

读者，即每一种杂志都可能有其独特的读者群。例如《时尚芭莎》以女青年和时尚行业人员为主要读者对象；《家庭医生》的主要读者则是家庭主妇和医学工作者。

**2. 信息保存性**

杂志的内容丰富多彩，长篇文章较多，读者不仅要仔细阅读，而且常常要分多次阅读，甚至保存下来日后再读。读者的多次翻阅增加了他们与杂志广告接触的机会，有利于广告在读者记忆中留下较深的印象。

**3. 专业知识性**

许多杂志的内容以专业知识和科普知识为主，因而容易使读者对杂志阅读产生知识性期待。这与报纸的消息性一样，杂志的知识性也是杂志广告的一个心理特性。

**4. 视觉表现性**

与报纸广告相比较，杂志广告能印上色彩精美的照片和图案，艺术表现手段较为多样，视觉诉求力强，容易引起读者的兴趣、注意以及情感联想。此外，杂志广告能将产品的外观形象比较直接地表现出来，有利于刺激读者的购买欲。杂志广告一般被安排在杂志的封面或中间插页，并且以突出的精美印刷区别于其他内容，因而易于吸引读者的注意力。

## 三、广播广告媒体

广播是电子时代的产物，在大众传播媒体的发展史上，它早于电视，晚于报纸和杂志。由于广播具有超越时空的传播功能，因而逐渐在各种广告媒体中占有一席之位。广播广告的特性如下。

**1. 收听方便性**

广播媒体的方便性包含两层意思：其一是接收机器（收音机）可随身携带，随时随地收听；其二是收听广播时也可以伴随其他活动。例如司机可以边开车边听广播，家庭主妇也可以边做饭边听收音机。根据上海地区的受众调查，收听广播伴随其他活动的百分比为 34%，而看电视伴随其他活动的仅有 19%。

**2. 接受被动性**

广播广告信息瞬间即逝，只要稍不留意，听众便不知所云。听众只能依据信息呈现的变化调节收听的节奏。

**3. 语言感染性**

广播广告可以充分地运用语言艺术和音响效果，创造出适当的情感气氛，增加广告的感染力，同时给人以娱乐享受。这一点是印刷媒体广告无法比拟的。

## 四、电视广告媒体

电视与广播一样，都是运用无线电波来传递信号的电子媒体，但是电视的呈现方式远比广播复杂，有其自身的一些独特特点。

**1. 视听丰富性**

人的心理活动的紧张程度跟外界刺激有着密切的关系。刺激量大，心理活动的紧张程度也大，反之亦然。人们接收外界信息主要通过视觉器官和听觉器官。电视广告能同时呈现听觉和视觉信息，调动了两种感官的活动，这比起单一的刺激形式，更能吸引和维持人的注意力。

**2. 刺激多变性**

外界刺激捕捉人注意力的另一重要特点是刺激的变化，包括强度变化、色彩变化和物体运动等。电视以其丰富的视听刺激变化（如瞬息万变的画面，抑扬顿挫的语音变化）显著区别于其他媒体，有时不需要观众的主观意志努力，也能有效地把观众的注意力吸引到电视屏幕上。

**3. 信息娱乐性**

在相当一部分观众的眼里，电视主要是一种娱乐工具。在中央电视台节目类型选择的意向调查中，把有情节、故事性强、能娱乐消遣的节目放在第一选择位置的观众所占的比例最大，为 46%。从电视节目类型所占的比重来看，娱乐性节目，如电影、电视连续剧和文艺晚会等文艺节目也是比较大的，而且它们往往被安排在电视播出的黄金时间段内。

**4. 表现充分性**

在电视上，物体、事件可以用生动的画面和语言来充分描述，这是其他媒体无法媲美的。例如在介绍产品的使用方法时，单纯的语言描述或用语言描述加静态画面都不如动态的画面加语言描述那么清楚明了。

**5. 情景逼真性**

人们赖以传递信息、表达思想情感的工具，一种是语言符号（包括文字语言和声音语言），另一种是非语言符号，如姿态、动作、目光、手势、表情、语调、节奏等。非语言表达能为语言表达塑造出一种真实的情境或气氛。而在各种媒体中，只有电视才能将某种情境、气氛表现得淋漓尽致。例如消费者购买使用产品后的满意心情，如果没有非语言符号（表情），就很难生动地表现出来。

## 五、路牌广告媒体

路牌是一种户外广告媒体，我国的路牌广告早在 20 世纪 20 年代就已经很盛行了，当时的广告内容以香烟、电影居多。在战争年代和新中国成立后的 30 年中，路牌广告没有大的发展。1979 年广告业恢复以后，路牌广告获得了迅速的发展。特别是 1983 年以后，全国路牌广告以惊人的速度增长。目前，路牌广告在整个广告行业中占有十分重要的位置，是专业广告公司的重要经济支柱。路牌广告的突出特性有两个方面。

**1. 信息简洁性**

据国外统计资料表明，路牌广告的接触时间大约为 8 秒钟。为了在短时间内给观者留下较深刻的印象，路牌广告画面往往比较简洁，集中表现商标图案或商标名称，使观众过目不忘。

**2. 画面欣赏性**

随着人类对环境美化要求的逐步提高，路牌广告也成为美化环境、美化市容的一个重要组成部分。因而在制作广告时，人们比较追求画面的艺术效果和欣赏价值。

### 六、霓虹灯广告媒体

霓虹灯是当今运用较为广泛的户外广告媒体之一，很受广告主的欢迎。近年来，在经济较为发达的沿海城市，霓虹灯广告越来越多，越做越大。霓虹灯一般被安装在城市里的闹市区或高大建筑物上，是都市夜景的重要点缀物，能满足人们的视觉刺激需要。其特性表现为如下。

**1. 简单易记性**

霓虹灯广告的构造材料是玻璃管，要制作复杂的图案难度相当大。由于制作上的局限，霓虹灯广告中的文字和图案都简化到不能再简化的程度，一般以显示商品的简单形象、商标名称、图案或企业的名称、标志为主，所以比较简单易记。

**2. 引人注目性**

霓虹灯以耀眼的光亮、鲜艳的色彩、闪烁的灯光，与夜幕形成鲜明的对比，能有效地吸引人们的注意。

**3. 外形观赏性**

在现代化城市中，霓虹灯与城市的自然环境融为一体，成为城市景观不可缺少的组成部分。因此广告霓虹灯常常被人们看作是城镇经济发展和现代化水平的标志。

## 第二节　广告媒体的评价内容

广告媒体的选择是所有营销传播决策中最重要也是最复杂的一个。媒体策划必须与营销战略和广告战略的其他方面相协调。媒体策划战略共有四个步骤：1. 选择今后所有工作针对的目标受众；2. 具体化媒体目标，通常用到达率、频率、总收视率 (GRPs) 或有效收视率 (ERPs) 表示；3. 选择出一般媒体类和每一媒体中的具体载体；4. 购买媒体。媒体选择受一系列因素影响，最重要的是目标受众、成本和广告创意。媒体策划者选择那些能到达指定目标受众、满足预算约束、与广告商的创意信息相兼容并能使其加强的媒体载体。广告媒体的评价是其中的重要环节，本节对广告媒体的评价内容进行分析。

### 一、媒体的传播范围与对象

任何媒体都有特定的传播范围与对象，如国际性的、全国性的、地区性的。应该注意的是，泛泛的传播范围实际上是无意义的，重要的是媒体传播范围的分布及分布范围内的主要对象。如杂志一般是全国性的，但很多杂志在发行地的发行数量要占总发行量的70%左右，而分散在其他地区的很少，其中又以交通发达地区为主。所以如果认为在杂志上进行的广告就是全国性广告，这是一种误解。杂志的目标对象一般很明显，在所有媒体中，杂志属于指向性最明确的媒体之一。范围、分布、对象三者是不可分割的。

一个媒体的优劣不能完全用媒体本身来评价，而要把广告达到的目标与媒体特点进行比较才能得出结论。一般要分析媒体的质量参数与相交程度。

$$\text{媒体的质量参数} = \frac{\text{广告目标对象的人数}}{\text{媒体传播对象的总数}}$$

当媒体质量参数小于1时，就是好媒体；如大于1，一般就不被采纳，除非其在媒体组合中有特殊作用。媒体传播对象与广告目标对象完全相交的情况是很少的，只有个别媒体可能真正做到，如杂志和邮政媒体。一般情况下，只要相交部分人数（或户数）能达到广告目标对象人数，该媒体就被认为是好媒体。

## 二、媒体被收听、收看或阅读的情况

这是讨论媒体效果性的问题。媒体收听、收看率的确定比较复杂。最常见的方法是抽样调查和专家预测。因为，在广告媒体大发展的今天，消费者与媒体接触无论是数量上还是频率上都在大幅度增加，这本身就造成每一种媒体的被注意率与收听、收看率下降。在广告的汪洋大海中，每一则广告都很容易被淹没。即使其传播范围广，但收听、收看率低的媒体仍是无效的。电视媒体一般被认为是效果较高的媒体。它的传播特点是范围广，但是，随着我国卫星转播和有线电视台的发展，一般城市和地区可看电视频道都在几十家，而且每家电视台都有众多的栏目。这就造成了收视率和收视对象的巨大差异。所以在电视上做广告也可能效果不佳。

视听率、毛评点、视听众暴露度和到达率是评估电子媒体视听情况的主要指标。视听率主要是指媒体或某一媒体的特定节目在某一特定时间内，特定对象占总视听人数的百分比。毛评点是指在一定时期内视听率的总和，又称总视听率。该指标反映了媒体计划的总强度。视听众暴露度指某一特定时期内收听、收看某一媒体或某一媒体特定节目的人数（或户数）总和。它实际上是毛评点的绝对值。计算方法如下：

$$\text{视听众暴露度} = \text{视听总数} \times \text{视听率} \times \text{刊播次数}$$

毛评点和视听众暴露度在分析媒体时非常有用，但是它们都不能反映某一特定对象暴露在广告信息下的数量。到达率是弥补这一方面缺憾的。到达率是指特定对象在特定时期内看到某一广告的人数占总人数的比率；或者说，看到某一广告的人数占总人数的百分比。

下表中，每一个方格为一个人（或一户），共100人（户）。A、B、C、D分别表示某一电视台的4个栏目（或节目）中的一个。如果一则广告分别插播在4个节目中，那么就会有40人（户）至少看到一次广告，到达率为40%，而它的收视率为20%，毛评点为80，视听众暴露度为 80。可见到达率与其他指标是不同的。到达率不管观众看了多少个节目，也不管暴露多少次，都只计算一次。到达率在某些场合也称累积视听众、净量视听众（Net Audience）或无重复视听众等。

到达率多用于媒体组合分析。设某广告同时在 A、B、C 三种杂志上刊登。A、B、C 杂志的阅读人数分别为 100、100、100。A、B、C 杂志广告的阅读人数分别为 20、17、21，其中 A、B 两种杂志广告都读的有 3 人，A、C 两种杂志广告都读的有 4 人，B、C 两种杂志广告都读的有 4 人，A、B、C 三种杂志广告都读的有 4 人，则该广告三种杂志联合到达的人数为 39 人，到达率是 13%。

| | | | | | | | | | |
|---|---|---|---|---|---|---|---|---|---|
| | | | A | | B | | B | C | |
| C | | D | | D | | D | | | AC |
| | A | | | BC | BD | | | ABC | |
| AC | | A | ACD | | | ABCD | ABCD | | |
| | | AD | | A | | | | | |
| A | AD | | BC | | D | BD | | AB | |
| | | BCD | | ACD | | | AB | | ABC |
| | BCD | | | | | | | ABCD | |
| | C | | D | | ABCD | | | | |
| BCD | | C | | | | B | BD | | ABCD |

以下情况一般以强调到达率为主：推出新产品，某些正在发展的商品类别，已有一定声誉和一般处于领导者位置的品牌，目标对象较宽的商品或劳务，购买次数较少的商品或劳务。

暴露频次、有效暴露频次和频次五等分配也是评估媒体效果的重要指标。暴露频次是指在一定时期内，每个人（户）接到同一广告信息的平均次数。在上表中，有 40 人（户）看了 4 个电视节目 1 次或 1 次以上，其中 17 人（户）只看了 1 次，11 人（户）看了 2 次，7 人（户）看了 3 次，5 人（户）看了 4 次。把每人（户）所看的节目数相加，40 人（户）总计看了 80 次，平均每人（户）看了 2 次，所以暴露频次为 2。暴露频次可以按以下公式计算：暴露频次 = GRPs（毛评点）/ 到达率。

有效暴露频次，指在一定时间内同一广告通过媒体到达同一个人（户）的数量界限。一般地讲，在一个购买周期，或 4 ～ 8 周时间内需要有 3 次暴露，才能产生足够的传播。达到一定频次后，其后的暴露所产生的价值是递减的。达到某一频次后，传播会变得毫无价值，并可能产生反作用。有人认为，超过 8 次就可能产生负效应，最佳频次应为 6 次。

以下情况可强调增加暴露频次：处于激烈竞争中的商品或劳务，说明性广告，购买次数频繁的商品或劳务，新推出的品牌，目标对象狭窄的商品或劳务。

到达率与暴露频次都是平均数，不能反映最高频次与最低频次。频次五等分配是分析一定时期内暴露频次最高与最低及中间情况的指标，在一般情况下按五等分配。如把电视观众分为“看电视最多的观众”“看电视次多的观众”“看电视第三多的观众”“看电视第四多的观众”“看电视最少的观众”，然后分别分析他们的视听率、到达率、毛评点和频次。

评定印刷媒体的阅读效果时还应考虑包括以下因素。

（1）反复性，即反复被收听、收看情况。反复次数越多，效果越好。

（2）注意率，即广告被注意的程度。

（3）传阅性，即读者之间相互传阅情况。传阅次数多等于扩大了发行量。

（4）保存性。如书籍、杂志、日历广告等都具有一定保存性。

（5）其他，如吸引力、说明性等。

## 三、媒体的费用

媒体费用分绝对费用和相对费用两类。绝对费用是指使用媒体的费用总额。不同媒体的绝对费用是不同的。在传统四大媒体中，电视最高，其次是杂志、广播和报纸。广告绝对费用高，并不等于相对费用高。如电视虽绝对费用高，但由于传播范围广，所以相对费用可能低于其他媒体。在媒体费用中，相对费用分析具有更重要的意义。相对费用包括千人成本和收视点成本。千人成本是指向每千人传播广告信息所支付的费用，英语缩写为 CPM（cost-per-thousand，其中代表千字的 M 来自英文 millenary）。其计算公式如下：

广告媒体的相对费用（千人成本）＝广告媒体的绝对费用 / 预计传播对象的人数（以千人为单位）

收视点成本 (CPR) 是指对不同节目，每购买一个收视率 ( 点 ) 所需花费的金额。它的计算公式为：A 节目 CPR ＝ A 节目广告单价 ÷A 节目收视率。收视点成本是计算每个收视点所花费的成本的指标，是衡量媒体是否划算的另一个重要指标。

在进行千人成本和收视点成本的比较的时候，还要注意以下几点：二者必须在一个固定的计价单位下进行比较，即固定的秒数、固定的位置；二者比较的意义主要是在各节目相互之间的比较，而不在其绝对性；二者不能用于跨媒体类别的比较；收视点成本不能用于跨地区的比较。

## 四、媒体形象和地位

在媒体上投放广告，媒体的形象和地位至关重要。因为媒体本身的形象将吸引具有相同需求和相同心理特征的受众，对于具有类似形象的品牌或广告创意作品，也提供了较为合适的媒体舞台，因此具有较高的媒体价值。媒体地位是指特定媒体在其类别里所占有的地位。居领导地位的媒体对其受众具有较大的影响力，将连带使在该媒体上出现的广告具有较大的说服效果。因此一些领导品牌会选择相应的具有领导地位的媒体来发布广告，这样，品牌形象和媒体形象相互呼应，从而提高品牌形象。

媒体的形象和地位对广告效果有很大影响，也即光环效应。企业在媒体的选择过程中，应了解人们对媒体的评价。另外要注意，媒体的威信是有范围的，如对某一读者群有威信的杂志，对另一读者群而言可能是一堆废纸。

### 五、广告和媒体的相关性

广告和媒体的相关性是指产品类别或创意内容与媒体本身在主题上的相关性。消费者对于该类型内容的媒体有较高的兴趣，因此他们选择接触该媒体，品牌依此线索可以接触到对本品类或创意表现方式具有较高兴趣的群体，其产出效果也较出现在毫不相干的媒体上为高。因此，在考察媒体的性质的时候，广告与媒体的相关性是一个必要的要素，如果二者的相关性比较强，则可以提高广告的传播效果。

### 六、媒体接触干扰度

干扰度指的是消费者在接触媒体时受广告干扰的程度。对于干扰度这个指标，有一个比较直接的衡量方法，就是按照广告所占有的媒体载体的时间或版面的比率的大小来衡量。广告所占的比率越高，表示受众所受的干扰度越高，广告效果越差；相反，广告所占的比率越低，表示受众所受的干扰度越低，广告效果越好。在干扰度这个指标中，同品类竞争品牌的广告的干扰度较其他品类的广告要高。

## 第三节　广告媒体的运用策略

广告媒体策略是指为达到广告目标而采用的方式、方法和途径，即根据广告目标选择最佳的媒体与媒体组合，在最合适的时候，用尽可能少的广告费用来实现广告目标。广告媒体策略没有一定的规定，可根据具体情况具体分析。本节对广告媒体覆盖策略、广告媒体选择策略、广告媒体单位策略、广告媒体时间策略、广告媒体时机策略和广告媒体频度策略进行分析。

### 一、广告媒体覆盖策略

广告主都希望将广告信息传送到尽可能大的范围，这就需要根据不同广告目标和广告任务的要求，选择适当的策略，使目标市场范围的受众能人尽皆知。媒体覆盖的策略主要有如下几个。

**1. 全面覆盖**

即覆盖整个目标市场，一般选择覆盖面广、观众数量多的电视和报纸作广告媒体。

**2. 重点覆盖**

即选择销售潜力大的市场重点覆盖，这能节省广告费，适宜于新产品上市。

**3. 渐次覆盖**

对几个不同地区分阶段逐一覆盖，采用由近及远的策略，一般从重点覆盖开始的。

**4. 季节覆盖**

主要针对某些季节性强的产品，在临季和当季大量覆盖，大力宣传，过季时有限地覆盖，提醒消费者不要忘记该产品，这样有利来季销售。

**5. 特殊覆盖**

在特定的环境条件下，对某一地区或某特定的消费群体有针对性地进行覆盖。市场营销中的撇脂策略就是适应市场撇脂策略而采取的特殊覆盖策略。广告主采用撇脂的方式很多，不仅可以从新产品的消费者和高收入阶层消费者那里撇脂，还可以根据产品特有的性能和功效，从消费者的年龄、性别、种族、文化程度、癖好等方面来实现撇脂策略。

## 二、广告媒体选择策略

**1. 单个媒体策略**

这是指仅使用一个他营广告媒体，不包括已有的自营广告媒体。单个媒体的运用，多是财力有限的小企业的选择。一些大中型企业有时也使用单个媒体，但多数是临时的、短期内使用。选择单个媒体的常用方法如下。

（1）尝试法，又叫经验法。企业在使用过多种广告媒体后，发现其中某一媒体的效益最好，便在一定时期内，只集中使用这个媒体进行广告。

（2）剔除法，又叫分析法。通过调查分析选定一个媒体，将不符合要求的媒体剔除掉。

**2. 媒体组合策略**

为实现广告宣传目标，许多企业，特别是有实力的大中型企业常采取多种媒体协同宣传的做法。这就是媒体组合，即在同一时期内运用各种媒体发布内容基本相同的广告，造成强大声势，以期增加广告传播的广度和深度，有人将其戏称为“地毯轰炸”策略，因为它能够迅速扩大广告覆盖面，提高产品的知名度；能增强广告“火力”，提高广告传播的力度，从而产生立体传播效果。这种策划对于企业开拓新市场，推出新产品，增强竞争攻势，起到了鸣锣开道、推波助澜的作用。其效果远远胜过单一媒体的运用。

媒体组合之所以能产生良好的促销效果，主要是因为它能产生以下的立体传播效应。

（1）延伸效应。各种媒体都有各自覆盖范围的局限性，将其组合运用则可以增加广告传播的广度，延伸广告覆盖面。

（2）**重复效应**。媒体组合使用将使部分广告受众增加，也就是增加广告传播深度，增高受众对产品的注意度、记忆度、理解度。

（3）**互补效应**。不同媒体各有利弊，组合运用能取长补短，相得益彰。两种以上的广告媒体来传播同一广告内容，对同一受众来说，其广告效果是相辅相成的。

多媒体协同宣传并不是对各种广告媒体的随意凑合，而应当根据各种媒体的功能、覆盖面、表现力等方面的特征，从广告宣传的目标和任务出发，对它们进行有机的组合，使其能产生出综合立体效应。这就要求：一是要认真选择好各种有效的广告媒体，并注意它们之间在功能、层次和效益上的互补性；二是对各种媒体的利用程度、利用时间和利用方式作出安排，注意是否可能形成综合立体效应；三是根据所形成的媒体组合，将广告经费按媒体分别作出预算，进行分配，以确保媒体组合计划能得以顺利实现。媒体组合有多种方式，其中最常用的有以下 3 点。

（1）**视觉媒体与听觉媒体的组合**。视觉媒体更直观，给人一种真实感；听觉媒体更抽象，可以给人以丰富的想象。

（2）**瞬间媒体与长效媒体的组合**。

（3）**大众媒体与促销媒体的组合**，能做到“点”“面”结合，起到直接促销的效果。

## 三、广告媒体时间策略

广告在媒体上推出的时间，主要是相对于商品进入市场的时间，一般有拖拉推出、即时推出和延时推出等几种方式。

**1. 拖拉推出**

即广告推出的时间早于商品进入市场的时间，目的在于事先制造声势，先声夺人。商品尚未投放市场，广告给消费者制造悬念，形成渴望，让消费者翘首以待。等到商品上市之时，即可形成旺销。

此种方式选用的范围较广泛。首先，适用于全新产品的推出，声势在前，商品在后，能够刺激消费者的好奇心，激发其购买动机。其次，适用于老产品经更新换代或部分改进后重新上市，使消费者“未见其物，先闻其声”，唤起新的消费欲望。再次，适用于季节性商品在旺季到来之前，提前做广告，能先入为主，抢先占领消费者的记忆空间，一直延伸到旺季的到来，使消费者始终有较深刻的印象。特别是市场竞争比较激烈的产品，拖拉推出应用更多一些。需要注意的是，广告推出的时间与商品上市的时间间隔不可过长，否则将失去拖拉的意义和作用。

**2. 即时推出**

广告推出的时间与商品推向市场的时间相同。选择这种推出广告时间的方式最适合于老产品、供求平衡或供应稍偏紧张的产品。目的在于告知，好处是见到广告就可买到产品，但此种方式不适合竞争激烈的情况。

**3. 延时推出**

推出广告的时间晚于商品进入市场的时间，此种方式用得不多。一般情况下，适用于没有把握的新产品。商品先行上市试销，根据销售情况或少做或多做广告，且针对性强。另外一种情况，就是在商品上市后，先做试探性广告，视情况再决定是否做广告及投放规模的大小。

## 四、广告媒体时机策略

利用媒体发布广告，还要善于利用和把握各种时机。时机就是时间上的机会。企业的一切营销活动都存在着利用和把握时机的问题。抓住了时机，就能事半而功倍。广告的时机，是在时间上与广告商品、市场行情以及人们的注意程度等有关的一系列机会。发布广告信息的时机要注意把握下面几种情况。

**1. 商品时机**

利用商品与时机的内在联系，巧妙地发布广告信息。例如飞亚达手表的广告选择了中央电视台晚间 7 时《新闻联播》前的瞬间时段，“飞亚达为您报时”，就得到了较高的收视率，引起观众的关注。

**2. 重大活动时机**

抓住并利用重大活动的时机推出广告。一般来说，涉及全国甚至全世界瞩目的重大活动，如奥运会、春节联欢晚会等，新闻媒体和受众的关注度高，信息量密度空前，是推出广告的良好时机。

**3. 黄金时机**

即抓住“黄金时间”，把握人们记忆“最珍贵瞬间”的策略。电视和广播均有其“黄金时间”，就是观（听）众收视（听）电视广播节目的高峰时段，电视的黄金时段为 19~22 点。在黄金时间，观（听）众收视（听）节目的注意力比较集中，易于接收信息，记忆率比较高。但此一时段的广告费也相对比较昂贵。

**4. 节令时机**

节令时机是节日和季节为商品销售带来的时机。逢年过节、假日，往往是人们大量消费的时间，属于季节性的商品，也会在季节变换交替之时产生销售旺季。在销售旺季前的一段时间便是广告的良好时机。抓住节令时机发布广告，在选择时机时，要考虑安排恰当的提前量，但又不要使广告的滞后时间过长。

## 五、广告媒体频度策略

广告以什么样的频率和进度推出，也需要精心策划安排。这主要是依据人们的记忆曲线来进行设计。从总的方面来看，同样数量的广告，如以一年为期计划发稿，可有集中型和分散型两种思路。集中型是把全年需要发布的广告集中在几个月时间内发出。分散型是把广告分散在全年内逐次发出。调查研究表明，集中型发稿一般在发稿期间可获得较高的广告再生率，但广告停止后，消费者对广告的忘却也快。分散型发稿的广告再生率一般不高，但总体上是上升状态的，在达到最高点时也比较理想。具体来说，有以下几种发稿方式可供参考。

**1. 媒体变化频率**

（1）固定频率

即在一段时间内，广告均衡推出，广告费支出呈水平状况，以求有计划、持续地取得广告效果。固定频率有两种类型。

① 均匀序列型。广告的频率按时限平均运用，如每旬 10 次，每天 3 次，或每旬 10 次，每隔一天 2 次。

② 延长序列型。指广告频率固定，但间隔距离越来越长。如广告仍按总量 10 次，1 天 1 次进度推出，但广告发布时间延长到 20 天，第一波每天 1 次间隔，持续 4 天；第二波每 2 天 1 次间隔，持续 3 次；第三波每 3 天 1 次间隔，持续 3 次。这是为了节约广告费，又按照人们的遗忘规律来设计的，使时距由密到疏，在广告费一定的情况下，延长了广告影响时间。适用于这种媒体进度的广告商品，大都属于人们经常要购买的生活必需品，另外还有一部分产品如药品、电视机、洗衣机等，一般是根据消费者可能采取购买行为的时间和地点，选用传播范围和地区相适应的媒体，适时发布广告信息。

（2）变动频率

即在广告周期内发布广告的频率和进度是不等的。广告费的投入随着广告频度的不同，有时先多后少，有时呈滚雪球式渐进加强。可以有三种类型。

① 波浪型。是在一个广告周期内广告频率由低到高，再由高到低变化的策略。如电视广告第一天发布 1 次，第二天发布 2 次，第三天发布广告 3 次……直至频率达到最高，以后频率逐次下降……第六天 2 次，第七天 1 次。频率曲线呈波浪形。这种方式适用于季节性、流行性强的商品。

② 渐进型。在一个广告周期内广告频率由低到高，至高峰时戛然而止，节日性广告常用此法。如中秋节的月饼、元宵节的汤圆等商品，一般在节日期间消费，多采用此方式进行促销。临近节日前使广告达到高峰，会起到很好的促销作用，增强广告效果。

③ 递减型。在一个广告周期内广告频率由高到低，直至停止。如开展文娱活动，新影片上映，企业新开张或大酬宾等，均可用此法。

**2. 媒体播放频率**

媒体播放频率是指在一定时间内的广告播放次数。从理论上讲，有以下类型。

（1）集中型，一般适用于以下情况：

① 需要迅速开拓市场时；

② 为抢在竞争者之前占领领导者位置；

③ 有明确时间与效果要求的广告；

④ 由多种媒体组合发起的广告运动等。

（2）连续型，一般适用于以下情况：

① 处于竞争过程中的商品或劳务；

② 经常被购买的商品或劳务；

③ 目标对象比较小的商品或劳务。

（3）间断型，一般适用于以下情况：

① 广告费用预算较小的情况；

② 季节性商品或劳务；

③ 长期或战略性广告。

**思考和练习**：

1. 分析四大广告媒体的传播特征及其优劣之处。
2. 简述广告媒体评价的主要内容。
3. 广告媒体评价的主要指标有哪些？其相互关系是怎样的？
4. 简析广告媒体的频度策略。

## 案例聚焦

### 《永恒之塔》上市整合营销传播

2008 年底到 2009 年初，国内的网络游戏市场竞争激烈。《永恒之塔》的上市面临着如何改变当下极为不利的市场大环境、如何在众多实力竞争者的包围中突围而出的巨大挑战。

《永恒之塔》是一款提供给玩家极致视听体验与革命性游戏系统的网络游戏。产品特色是目前市面上首屈一指的精美画面与创新的空战系统，以及自由度极高的玩家自定义系统。

《永恒之塔》的目标用户群是大型 3D MMO 类型游戏玩家，职业包括学生与年轻白领。这类人群对游戏作品有着高品质的品位与追求。品牌核心价值要能够一举洞穿他们的心灵。《永恒之塔》强调用户主动在游戏中体现自身价值，突出一种勇于开拓、实现自我价值的精神，用自己的行为改变游戏世界的结局。它主打文化诉求，文化是价值观的具体表现，而价值观是文化的基础与核心，都是在特定价值观基础之上的具体表现。若要突破文化诉求表象找到的其所共通的底层价值观，突出开创、进取、挑战、改变现在的精神，那这种最能引起目标消费群共鸣的品牌灵魂是什么？游戏行业的社会主流舆论中，如何改变社会主流舆论对于游戏玩家人群的认知，如何让价值观的导向和游戏内容巧妙升华，让 4600 万中国玩家找到精神的归宿，寻回心中的信心与自豪？因此，《永恒之塔》将自己的品牌核心价值、品牌灵魂归纳为“改变世界”。

在此诉求下，《永恒之塔》上市的传播创意与执行如下。

第一阶段广度传播。在游戏门户、门户游戏频道、下载类、流媒体、语音类、SNS 类、IM 类、网吧类等八大类数百个网络媒体进行具有针对性的密集型投放，三大一线城市地铁广告、全国11大城市公交车身广告、全国2万家网吧的整合户外广告正式开始投放。其中从5到1的藏头诗倒计时创意，将《永恒之塔》的主要特色浓缩成五句藏头诗，分别由5、4、3、2、1五个数字领衔，4600万玩家所期待的大作降临，倒数计时的集体气氛全国霎时弥盖。贯穿此阶段的还有《永恒之塔》创新的无线营销传播通路。

第二阶段高度传播。2009年4月8日《永恒之塔》正式开放测试，中华第一高楼上海金茂大厦正式变身永恒之塔，全世界最高、最大的游戏广告《永恒之塔》在金茂大厦投放，这是《永恒之塔》上市传播的高潮，也是中国游戏在420米的高空塑造的世界游戏行业的至高巅峰，更是中国4600万玩家前所未有的自豪。世界主流媒体如路透社等即时关注，在日本、中国台湾等地也造成了当地游戏玩家的讨论热点。《永恒之塔》的品牌知名度和美誉度在金茂事件营销中得到了爆发式的增长，开测之后，《永恒之塔》用户量节节攀升。

第三阶段跨度传播。2009年6月，《永恒之塔》与零度可口可乐以“改变世界，创意无限”为核心，形成联合营销，公布了双方联手打造的2009年最魔幻的TVC广告片，《永恒之塔》角色形象登陆零度可乐外包装。2009年6月，《永恒之塔》TVC登录《变形金刚2》影院贴片广告。2009年6月开始，湖南卫视2009快乐女生正式插播《永恒之塔》TVC，通过覆盖面最广的电视媒体，全国一二三线城市的跨娱乐人群开始在最大程度接受这个改变世界的《永恒之塔》。

### 《永恒之塔》上市整合营销传播效果

1. 一码难求。经过广度、高度的全国立体传播，不经内测激活码成为了一码难求的稀罕之物，2009年4月8日，《永恒之塔》在上市当日创造了前所未有的火爆景象，盛大准备的原本绰绰有余的服务器在几分钟之内全部爆满，所有服务器普遍排起了2000人以上的长队，此后致使盛大不得不连夜采购一批全新服务器以满足玩家的热情。一个永恒之塔的世界正式开启，居2009年中国所有大型游戏之首。

2. 跨娱乐族群的首选娱乐方式在品牌形象塑造上，通过以金茂包楼广告、与零度可口可乐合作、于2009快乐女生的一系列投放，塑造了《永恒之塔》开拓、高端、时尚的品牌形象，改变世界的品牌形象。《永恒之塔》成为2009年中国娱乐生活中娱乐指数最高的娱乐方式之一。

（本案例节选自网络广告人社区）

# 第 14 章

# 广告效果测定

营销大师菲力浦·科特勒认为，要想妥善规划和控制广告，关键在于正确估量广告效果。广告效果有广义和狭义之分。广义的广告效果是指广告活动的目的的实现程度，是广告信息在传播过程中引起的社会公众各种心理及行为变化的总和，它包括广告的传播效果、经济效果、心理效果和社会效果；狭义的广告效果则是指广告对目标市场消费者的消费心理和购买行为所产生的影响以及对企业经营活动所产生的效应，即广告带来的销售效果。本章对广告效果的事前测定、事中测定和事后测定进行分析。

## 第一节　广告效果的事前测定

广告效果的事前测定主要是对广告作品和广告媒体进行事前测定。广告作品的事前测定的主要对象是广告创意构想和广告设计制作成品。广告媒体的事前测定的主要对象是媒体的分布、视听对象、视听率等。

**1. 对广告创意构想的事前测定**

(1) 测定的内容

即在广告作品完成前，对广告创意的构想及设计方案是否可行进行的检验和测定。

(2) 测定的方法

广告创意测定通常采用实验室测验，即邀请被测试者进入实验室参加测试。测定内容见下表。

表 14-1　创意测定（concept test）的种类

<table>
<tr><th colspan="2">记忆化手法</th><th>反应测定法</th></tr>
<tr><td>文字记号</td><td>单字表现<br>文章表现<br>图形表现（形态、色彩、文字）<br>声音表现</td><td rowspan="2">自由表述法<br>联想法<br>选择法<br>　一般比较法<br>　顺位法<br>　多项选择法<br>配合法<br>同意法</td></tr>
<tr><td>样本广告</td><td>标题<br>草图<br>故事版</td></tr>
</table>

从此表可以看出，创意构想的表现手法有记忆化手法和反应测定法两种。在“记忆化手法”里，可以把“concept”单纯地以文字记号等表现出来，也可把它以样本广告的形式表现出来。前者用较少的表现因素就能做到，由于所得的结果多属一般性的，那么，当转换到表现化阶段时所需力量就较大。后者则相反，由于所用的创意测定材料以广告形式来表达，所以在表现化阶段容易控制。而“反应测定法”可以直接询问或诱导被测试者谈论广告商品与构想的关系，无论是直接法还是间接法，都可以使用自由表述法、联想法、选择法、配合法、同意法来进行。

① **自由表述法**。即用指示的口吻询问被测验者的建议和意见，如“你认为如何？”“你是怎么想的？”等等。但这类问题的答案通常有两个缺点：一是含义不明确；二是冗长拖沓，解释起来颇费周折。

② **联想法**。即给定一些简单的创意符号，如文字、图形、文章等，让被测试者说出所想到的事物。

③ **选择法**。是指在被选的各个项目中，请被测试者选出他们认为最恰当、比较易行的一种。一般是将备选项目两个一组分开，让被测试者在每组中选出一个自己喜欢的，再将第一轮选出的项目两个一组分开，让被测试者再从中选择，直到最后确认一个最满意的广告为止。选择时也可采用多项选择，即让被测者从多个当中选一个最喜欢的。还可以采用顺位的方法，就是将各个项目按其重要性依次排列起来，最好的列为第一位，次为第二位，第三位……

④ **配合法**。即让被测试者选择两个项目群之间如何配合最为恰当的一种方法。例如多种商品名称和多种创意构想并列在一起，由被测试者确认哪种商品名称和哪种创意构想配合最为恰当。

⑤ **同意法**。就是请被测试者谈谈对某一创意构想的态度。

**2. 对广告设计制作成品的事前测定**

**（1）测定的内容**

是指把广告设计制作成品提示被测试者，观察他们的反应。这种测定主要考虑的是广告主题和综合因素。

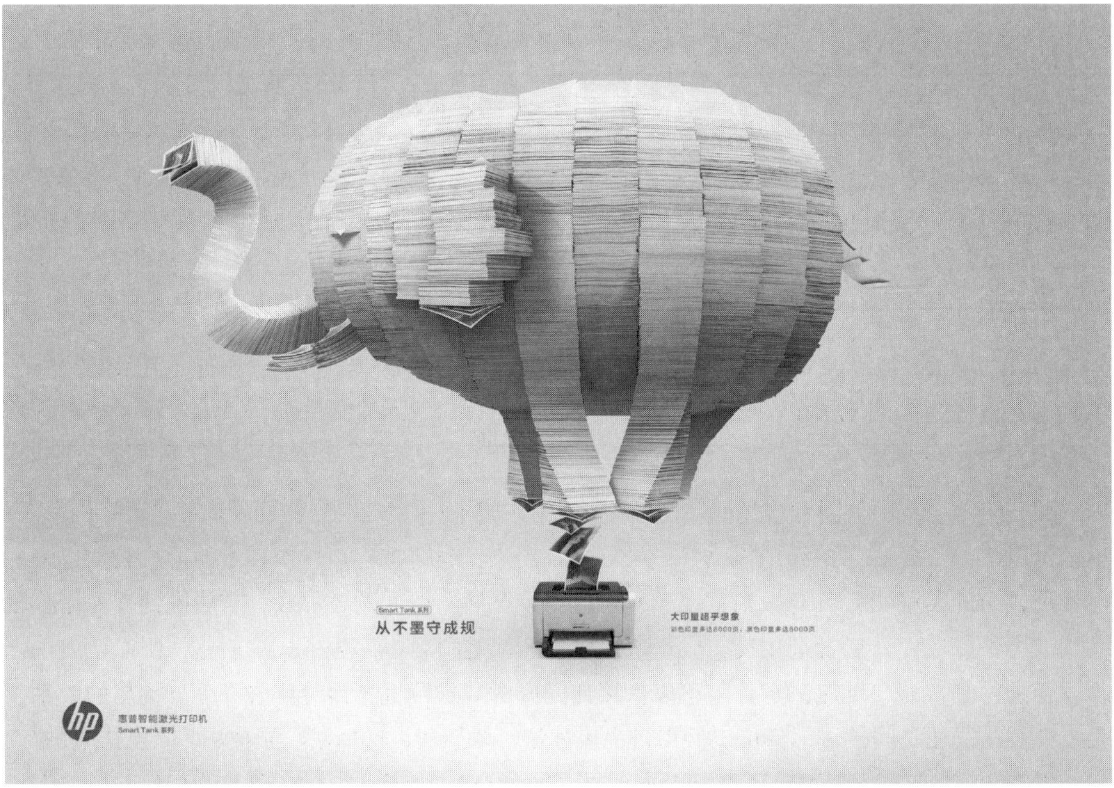
Smart Tank 系列
从不墨守成规
大印量超乎想象
惠普智能激光打印机
Smart Tank 系列

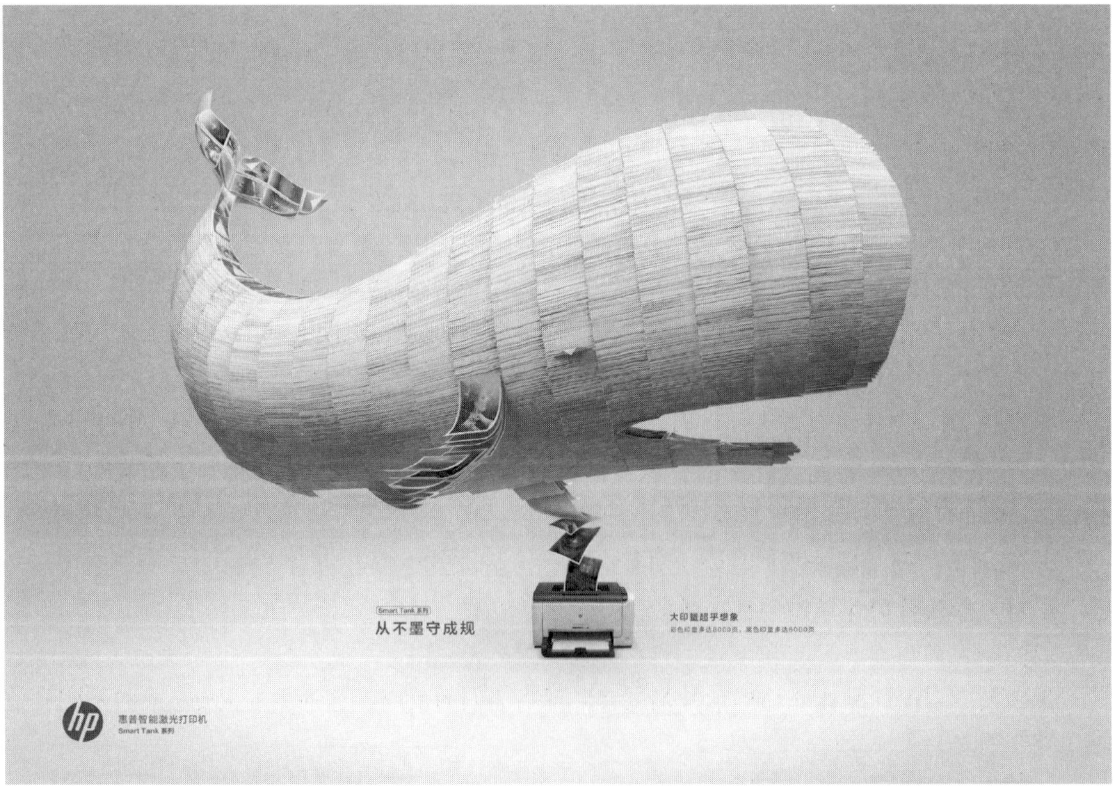
Smart Tank 系列
从不墨守成规
大印量超乎想象
惠普智能激光打印机
Smart Tank 系列

（2）测定的方法

① **残像测试法**。这种方法是将广告设计制作成品短暂暴露在被测试者面前，然后拿走文案后立即要求他们回忆看到的内容，询问对该广告成品的印象。由于人在短时间的记忆力有限，记住的东西即残留的印象必是刺激强烈的。如果被测试者描述的印象正是广告要突出的信息，说明广告运用的主题正确；若描述的残留印象与广告主题距离太大，则需要重新提炼广告主题。此种方法多用于主题测试，实际上是利用人的记忆特点完成的。

② **专家意见综合法**。该方法又称德尔菲法，就是在广告设计完成之后，邀请 10 ～ 15 名广告专家、心理专家和营销专家进行评价，请他们在规定时间内，用书面形式给评审表指标打分，并寄回给组织者，这是第一轮评审。之后组织以匿名的方式进行综合整理，再分发给各位专家征询评审结果。经过 3 ～ 5 轮反复评审，各专家意见渐趋一致，以最后一轮分值的高低作为最终判定标准。若有几个广告成品，也可以用此法选出最佳的一个。运用此法事前要给专家提供一些必要的背景资料，如广告设计方案、产品、企业情况等。

③ **要点采分法**。该方法是将测定标准按细目列成一张表，然后请被测试者对照广告成品进行打分，以分值高低来判断优劣。测定项目如表 14-2。

表 14-2　广告效果等于各项权系数与各项评价分数之和

| 评价项目 | 评价依据 | 权系数 | 广告效果积分 |
|---|---|---|---|
| 吸引力 | 吸引注意力的程度 | 0.2 | |
| 认知性 | 对广告销售重点的认识程度 | 0.2 | |
| 易读性 | 能否了解广告的全部内容 | 0.1 | |
| 说服力 | 广告引起的兴趣及对广告商品的好感 | 0.2 | |
| 行动率 | 由广告引起的立即购买行为<br>潜在购买准备 | 0.2<br>0.1 | |
| 优劣标准 | 最佳　优等　中等　下等　差<br>80 ～ 100　60 ～ 80　40 ～ 60　20 ～ 40　0 ～ 20 | | |

④ **仪器测试法**。即运用各种心理——生理测试仪器进行测定的方法。通过测量消费者看到（听到）所提供的广告成品时的生理反应，由此推测消费者的心理反应。仪器测试法又包括以下三种。

a．视向测定法。通过视向器测定被测试者观看广告内容的情况，记录观看广告文案各部分的顺序、时间长短以及瞳孔的大小变化，以此来判断广告作品的吸引力。视向测定法主要做如下测定：直写、横写文字的易读性；人物标志、广告标语的引人注目程度；广告各要素是否按照作者的意图顺序让广告接受者注目；是否把重要的广告要素看漏，原因何在？广告成品的各种视觉效果都能被测出。

b．瞬间显露测定法。即让被测试者辨认瞬间闪现的广告成品，借以判断广告成品的辨别度和记忆度。测验时，先在极短的时间内呈现广告成品，然后逐渐延长呈现时间，让被测试者将能够确认的东西画在白纸上。这样可以了解被测试者最先看到广告成品的哪一部分，在一定时间内看到哪些部分。按认知内容的时间性变化，可以测出广告成品的性质。

c．皮肤电气反射测定法，又叫测谎器法，简称 GSR。即通过检流计观察被测试者观看广告成品的情绪对电流变化的影响，据此检验广告成品的可行性。这种技术最大的价值就是可以客观记录下被测试者的无意识反应。

**3. 对广告媒体的事前测定**

（1） 测定的内容

① **媒体分布**。即各媒体的单位数。印刷媒体指销售份数，电子媒体指收视该节目的接收机台数，户外广告及其他媒体指其装置数。

② **媒体视听众**。即媒体的受众。印刷媒体指读者数，电视媒体指各节目的视听者数，户外广告及其他媒体指“视”或者“听”的人数。

③ **广告视听众**。即媒体所刊载或被播映的广告的接触人数。

（2） 视听率调查的方法

① **日记式调查法**。在调查对象家里留置收视日记（调查问卷），由调查对象填写每天收看或收听的节目名称、台名、日期、时间、视听众年龄等，再由调查者收回。调查时间通常为一周，要准备七张调查问卷。收回问卷，经过统计分析，算出百分比，就是所得的视听率。个人视听率调查问卷格式如表 14-3。

表 14-3 个人视听率调查问卷

月 日 星期

<table>
<tr><th rowspan="2">时间</th><th rowspan="2">电视台</th><th rowspan="2">节目</th><th colspan="2">4～12 岁</th><th colspan="2">13～19 岁</th><th colspan="2">20～34 岁</th><th colspan="2">35 岁以上</th><th>全体</th></tr>
<tr><th>男</th><th>女</th><th>男</th><th>女</th><th>男</th><th>女</th><th>男</th><th>女</th><th></th></tr>
<tr><td rowspan="3">12:00<br>～<br>12:30</td><td>CCTV</td><td></td><td></td><td></td><td></td><td></td><td></td><td></td><td></td><td></td><td></td></tr>
<tr><td>湖南卫视</td><td></td><td></td><td></td><td></td><td></td><td></td><td></td><td></td><td></td><td></td></tr>
<tr><td>东方卫视</td><td></td><td></td><td></td><td></td><td></td><td></td><td></td><td></td><td></td><td></td></tr>
</table>

② **记忆式调查法**。是在节目播映以后对调查对象的收视情况的询问方法。比如要调查的节目是在下午以及晚间时，须于播映日至次日上午进行访问；如果调查上午的节目，须于当日内访问完毕。因为这种调查有赖于调查对象的记忆，播映与调查时间相隔太久，被调查者会遗忘所看过的节目，所以必须立即进行调查。如表 14-4 的问卷及表 14-5 的调查报告实例。

### 表 14-4　收视率调查访问表

这份表格需要你诚恳的协助，我们请求您花费 1 分钟的时间，帮助我们回答它。谢谢。

| 电视台 | CCTV | | 湖南卫视 | | 东方卫视 | |
|---|---|---|---|---|---|---|
| | | | | | | |
| 年　龄 | 男 | 女 | 男 | 女 | 男 | 女 |
| 20 岁以下 | | | | | | |
| 21 ～ 35 岁 | | | | | | |
| 35 岁以上 | | | | | | |
| 小　计 | | | | | | |

注：请在您所收看的电视台下方的空白栏打“√”，请在性别、年龄栏记明收看者人数，如未能全部看完，请把您的原因写下：________________________________。

### 表 14-5　收视率调查报告表

| | CCTV | | | | 湖南卫视 | | | | 东方卫视 | | | | 未看者 | | | |
|---|---|---|---|---|---|---|---|---|---|---|---|---|---|---|---|---|
| 节目 | | | | | | | | | | | | | | | | |
| 台数 | | | | | | | | | | | | | | | | |
| 收视率 | | | | | | | | | | | | | | | | |
| | 男 | % | 女 | % | 男 | % | 女 | % | 男 | % | 女 | % | 男 | % | 女 | % |
| 20 岁以下 | | | | | | | | | | | | | | | | |
| 21～30 岁 | | | | | | | | | | | | | | | | |
| 31～40 岁 | | | | | | | | | | | | | | | | |
| 41 岁以上 | | | | | | | | | | | | | | | | |
| 小计 | | | | | | | | | | | | | | | | |
| 分析 | | | | | | | | | | | | | | | | |

日记式较记忆式调查法，可得到较高视听率，因此，两者相比较多采用日记式调查法，每周回收一次调查问卷。

③ **电话调查法**。由调查者以打电话的方式向调查对象询问他们的收视情况。优点是：经济，比个别访谈花费少；简单、迅速。缺点是：不易获得代表性的调查对象，且与其配合性差，由于交谈时间短，所获资料不够完整，如表 14-6。

**表 14-6　电话调查记录表**

| | |
|---|---|
| ××× 节目电话调查问卷 | 电话号码____________ |
| 被调查者姓名________ | |
| 1. 请问您现在是否在看电视？ | |
| 是 | 否 |
| ↓ | ↓ |
| 2. 请问您在看哪个台？ | 2. 请问您有否看过 ××× 节目？ |
| CCTV 湖南卫视 东方卫视________ | 有　　　　没有 |
| ↓ | ↓ |
| 3. 请问您是不是常看这个节目？ | 3. 您认为那个节目好不好？ |
| 是　　　　否 | 好　　　　不好 |
| ↓ | |
| 4. 请问现在几个人在看电视？________ | |
| 性别：男______ 女______ | |
| 年龄：20 ～ 30 岁________ 31 ～ 40 岁________ 41 ～ 50 岁________ | |

④ **机械性调查法**。即用自动记录器对选定的样本户进行调查。

a．ARBITRON（美国 ARB 公司研制的），原理是在选出的样本家庭电视机上安装一个记录装置 Transponder，各 Transponder 通过电话线连接到 ARBITRON 本部并与计算机联网，每隔 90 秒启动这个装置，由本部发出某种信号的电流，就能知道样本家庭的收视状况。这些资料经计算机统计打印出结果或将每刻的视听率显示在电光表示板上，可供广告主选用。ARBITRON 的速报性、正确性在目前各种调查方法中是无与伦比的。

b．电通视听测验器 Audimeter（日本电通广告公司和东芝电器公司研制的），原理是安装在被调查家庭的电视机下部使用胶带，把电视机内每一分钟所发生的电视台发振周波数自动记录出，便可知道收视时间及电视台代号。

c．美国尼尔逊公司的 Audimeter，方法与 ARBITRON 同样，几乎毫无调查上所产生的误差，只是在速报性方面比 ARBITRON 略微逊色而已，其从调查到统计出结果大约需二三周的时间。在仪器构造上，日本使用的 Audimeter 和美国有若干不同。

日记式调查法和电话调查法是用来测定调查对象的视听状况，记忆调查法是用来测定调查对象对所收视节目内容的记忆，机械性调查法是用来测定电视机的开机及转台情形。其中，机械性调查法准确性高，目前已受到各国调查界的重视。世界著名的广告调查公司都采用收视率即时联机调查，一般在电视广告播出 15 分钟后，就能得到收视率数据，每 60 秒更新数据一次，每 30 分钟完成最后统计数据的确认和显示。

## 第二节　广告效果的事中测定

广告效果的事中测定主要是对广告作品和广告媒体组合方式进行测定，通常采用的有以下几种测定方法。

**1. 市场实验法**

也称销售市场实验法，是实地实验法之一，它包括纵向实验和横向实验两种。

纵向实验，是指选定某一地区，在特定时间推出广告，对被确定的广告因素做推出前后的销售状况对比调查，根据广告商品销售的增加情况来测定广告活动的效果。

横向实验，是指选定两个条件相似的地区作为实验地区，同时观察推出广告的实验地区与尚未推出广告的地区的销售情况，经过一个较长时期的实验后，比较两个地区的销售差别，以此测定广告活动的效果。

市场实验法的优点是简单易行，较为直观地再现了消费者的反应和实际销售情况，为广告主及时有效地调整整个广告活动的方向提供了可靠的依据。缺点是受广告效果滞后性影响，检测广告效果的时间长短难以把握，影响了测定的真实性。其同时要求实验市场应具有广泛的代表性，越接近销售区状况，实验数据越有利用价值。这种方法尤其适合于周转率极高的商品，如节令商品、流行商品等。

例如，新包装效果的测定。某饮料公司要测定某种碳酸类饮料的新包装效果，选定甲地为实验市场，以新包装推销，乙地为比较市场，仍以旧包装推销。这两地市场在实验前的销售量相同，上季度均为 A；经过三个月的实验后，甲地为 B，乙地为 C。

则新包装实验效果：

$$\text{绝对值效果} = (B - A) - (C - A)$$

$$\text{相对效果（\%）} = \frac{B - A}{A} - \frac{C - A}{A} \times 100\%$$

**2. 追踪测定法**

是指在广告活动期间对消费者进行一系列访问，其目的是确定广告活动达成的效果的程度。由于广告效果在时间上的滞后性，追踪测定法是在事前决定的广告活动日程表上，有时间段间隔地进行，通常间隔约为两个月。

**3. 回函测定法**

是一种邮寄调查法，目的是检测不同的广告作品、不同广告文案的构成要素在不同的广告媒体上刊载的效果。具体做法是：广告主将各种广告同时刊登在不同媒体上，其中有一个广告构成要素（如文字、图画、广告标题等）是不同的。每则广告中都含有两个项目，一是广告主希望消费者对其广告产生反应而做的邀请或提供的商品，二是便于核对的广告及刊登的媒体编号。最常见的提供物是赠券，赠券中含有表格，以备消费者填好寄回索取样品、赠品或其他资料。而编号可以是信箱号码或门牌号，也可以是函索表上的暗记。在一定时间内，有关人员可以凭借消费者寄回的表格和编号来分析哪一个广告最有效，哪一种或几种广告媒介最适合本广告，在哪种媒介上传播广告最容易让消费者接触到并引起他们的兴趣。

以往这种方法仅仅局限于报刊广告效果测定，其实也可以扩展到广播广告和电视广告效果的测定，或者广播电视广告与报刊广告组合使用。优点是简单易行，缺点是费用太大，而且回函者不一定是目标消费者，从而会影响测定结果的准确性。

**4. 分割测定法**

是回函测定法的分支，也属于邮寄调查法的范围。在国外，这种方法很常见。它比回函测定法更加复杂和严格，目的是检测同一媒介上只有某一因素不同时的广告效果差别，从中选择有效的那一个。具体做法是，将同一种所要广告的商品做两种广告文案，在同一种报纸或杂志、同一日期、同一版位及同一面积上，交互印刷两种广告文案。然后将两者平均寄给读者，通过回函统计就可以测定出哪则广告效果好。

例如：一家报社每日发行 100 万份报纸，假设两种文案为 A 和 B，那么各有 50 万份，平均分送给每个订户。A、B 两种文案里均有相同字样，但在回信的收信人或地址处稍加区别，作为两种文案反应的区别。

凡函索者，奉赠精美礼品！

A 文案 回函寄 ××× 路 ×× 号 ××× 收

B 文案 回函寄 ×××× 路 ××× 号 ×× 收

其他如图片、布局、色彩等要素可做不同表现处理。

这种方法的优点是检测对象明确，检测条件比较一致；同时，被测试者在自然环境情况下接受测试，信息返回率高，测定效果准确。并且，利用广告费低廉的报纸，用分割法测定文案及销售效果是最经济的途径。不足之处是，一由于能承担机械分割刊载的媒体版面有限，竞争对手会采用同样方法干扰测定结果；二是缺乏对文案的分析，企业可以判断哪一则广告更受欢迎，却无法了解其原因。

# 第三节　广告效果的事后测定

广告效果事后测定是评价和检验广告活动的最终指标，它包括广告的传播效果测定、经济效果测定、心理效果测定和社会效果测定。

**1. 广告的传播效果测定**

广告的传播效果是指消费者对广告的接受程度，即通常意义上的宣传效果。正如前面所述，它不是纯粹的广告效果，而是广告、信息发布、销售促进、销售活动等的综合效果。广告主投入大量广告费在媒体上做广告，到底消费者看没看到？有多少人看到了？他们理解广告主的意图吗？传播效果的测定就能回答上述问题，常用的方法有以下几种。

（1）**感知程度测定法**。主要是测定广告到达效果，即对广告视听众的调查情况。具体包括以下六点：

① 广告到达地区的消费者家庭电视机普及状况；

② 消费者每天收看电视节目的时间长短；

③ 收视率最高的电视节目；

④ 广告到达地区的报纸、杂志发行份数；

⑤ 报纸、杂志的阅读情况；

⑥ 读者的构成状况。

感知调查的方法见广告事前测定部分。

（2）**认知程度测定法**。主要是测定广告的阅读率。按照美国一家广告阅读率调查公司——斯塔夫公司的分类，阅读率可分为注目率、阅读率和精读率（认知率）。

① 注目率是指接触过广告的读者的百分比。这部分接触过测试广告的人，包括对广告信息有点印象的人和浏览一遍或细看的人。注目率可以反映广告最大传播范围，是对广告的广度调查。测定公式为：

$$注目率=接触过广告的人数 \div 阅读报纸的读者人数 \times 100\%$$

② 阅读率是指接触过某种广告并能记得部分内容的读者比率。它包括粗略阅读和详细阅读的人数总和，在一定程度上反映了广告的深度。如表 14-7：

**表 14-7　阅读率调查表**

（昨天的某报纸）

0. 看没看过不记得

1. 好像看过

的确看过 ——
- 2. 看过照片、图画、文字，可是文章细节却没读过
- 3. 只读文章细节的一部分
- 4. 文章细节都仔细读过
- 5. 其他（看过这个广告，但说不出看过的部分）

③ 精读率（认知率）是指理解广告内容的人数与注意到该广告的人数之比率。理解广告内容一般指对广告内容细看或至少看过一半广告内容并能复述主要情景。精读率（认知率）是真正意义上的广告深度测定。

阅读率和精读率的计算方法和注目率大致相同。

评价广告传播效果的指标还可参照有关广告媒体的覆盖面、暴露频率、千人成本等指标去衡量。

（3）**回忆测定法**。回忆测定主要测定受众对广告的理解程度，它能了解广告的冲击力和对消费者的渗透程度。这种测试就是要查明消费者能够回忆多少广告信息，更主要的是能够查明他们对商品、品牌名称、创意、广告主等内容的理解和联想能力，甚至他们对广告的确信程度。

回忆测定法分为无辅助回忆测定和辅助回忆测定两种。无辅助回忆测定是让消费者独自回忆广告，调查人员不作提示，只是如实记录。如“您能想起最近 10 天播过什么样的洗衣粉广告吗？”受访者必须回忆他在 10 天内是否看过洗衣粉广告，如果看过，是什么牌子的洗衣粉广告，进而做出回答。有时，测试者给予某种辅助提示，如提示被测试的广告中的商标或广告主名称等，请被测试者回忆说明广告信息内容，这就成了辅助回忆测定。例如，“您最近 7 天内看过 ×× 牌洗衣粉的广告吗？”这是通过品牌名称帮助受访者回答。又如“这阶段有两个挂错电话情节的广告是不是同一个药品的广告？”这是以情节提示受访者。能够回忆广告的人数的比例越大，说明广告的效果越好。但必须注意，辅助回忆不能给受访者太多的帮助，否则等于替受访者回答，失去调查应有的意义。

下面以对 A 可乐电视广告的注意率调查来说明回忆法的具体做法。

① 确定调查题目：关于 A 可乐电视广告的注意率调查。

② 从电视机拥有者中抽样。

③ 记录下样本的地址或电话号码。

④ 采用电话或直接询问的方式，了解调查对象的电视收视情况，从中选出 A 可乐的消费者。

⑤ 派调查员直接访问 A 可乐的消费者，将对方的年龄、学历、职业以及消费特点进行记录。

⑥ 根据调查需要，将调查对象划分各组，并确定实施调查的时间。

⑦ 确定调查所用的 A 可乐饮料的电视广告。

⑧ 调查当天用电话或直接访问，提示昨日 A 可乐饮料的播放广告，询问观众对有关广告的观看情况。比如“昨天的电视看了没有？”对作肯定回答的对象，可继续提问：“A 可乐广告看了吗？请在调查卡上选择合适的项目打勾。”调查卡一般宜设计三个选择项目：确实看到过，似乎看到过，肯定看到过，但没有记住。

⑨ 向调查对象发送赠品。

⑩ 回收调查问卷，统计并写出调查报告书。

（4）**态度测定法**。态度测定主要测试消费者对广告品牌的忠实度、偏爱度以及总体印象。态度测定法常用语意差异试验，就是根据广告刺激与反应之间有一联想传达过程的原理，通过对这种联想进行测定，获得消费者对广告所持态度。它主要是用来判断消费者对广告的印象是否和广告设计预期相符。如为测定广告作品中的人物给人的印象如何，可让消费者在一系列相反评语中进行挑选：美丽、丑恶，健康、衰弱，快乐、忧伤，等等。通过测定结果知晓消费者对广告所持的态度。

**2. 广告的经济效果测定**

广告的经济效果，也称广告的销售效果，指广告活动实施后的销售量、利润等经济指标同广告活动实施前的指标对比后增长的额度。由于促销的方法很多，广告只是一个侧面，所以销售效果只能在一定程度上反映广告对促销所发挥的作用。常用的测定方法主要有以下几种。

（1）**广告费用比率法**。计算公式如下：

$$广告费用比率 = \frac{本期广告费用总额}{本期广告后销售量} \times 100\%$$

该公式可以测定每百元销售额所支出的广告费用。从公式可以看出，广告费用比率越小，广告的经济效果越好。

广告费用比率的倒数为单位广告费用销售率，它表明每支出一单位的广告费用所能实现的销售额，公式如下：

$$单位广告费用销售率 = \frac{本期广告销售总额}{本期广告费总额} \times 100\%$$

（2）**广告效果比率法**。计算公式如下：

$$广告效果比率 = \frac{本期销售额增长率}{本期广告费用增长率} \times 100\%$$

从公式可以看出，广告效果比率越大，广告费用增长率越小，广告的经济效果越好。

（3）**广告效益（广告费用销售增加率）法**。计算公式如下：

$$单位广告效益 = \frac{本期广告后的销售量-未做广告前的销售量}{广告费用总额} \times 100\%$$

（4）**市场占有率公式法：**

市场占有率是指某品牌产品在一定时期、一定市场上的销售额占同类产品销售总额的比例。

$$市场占有率 = \frac{某品牌产品销售额}{同类产品销售总额} \times 100\%$$

（5）**广告费用占有率：**

广告费用占有率是指某品牌产品在某种媒体上、在一定时间内的广告费用占同行业同类产品的广告费用总额的比率。假设下列程序能够依次顺利完成：

广告费用占有率→受众占有率→注意占有率→市场占有率

即广告主的广告费用占有率产生相应的广告受众占有率（即看到该广告的受众占该媒体所有受众的比率），并因此获得他们相应的注意占有率，而最终决定他们的购买行为，形成相应的市场占有率。美国广告学专家派克 · 汉（Peck Hem）研究了几种消费的若干年的广告费用占有率和市场占有率之间的关系后，发现老产品的这一比例为 1:1，而新产品的比例为 1.5 ～ 2.0:1.0，广告有效率等于市场占有率与广告费用占有率之比。计算公式如下：

$$广告有效率 = \frac{市场占有率}{广告费用占有率} \times 100\%$$

（6）**广告效果指数法**。计算公式如下：

$$AEI = \frac{1}{n}\{a - (a + c) \times b + \frac{b}{d}\} \times 100\%$$

公式中

AEI——广告效果指数，Advertising Effectiveness Index

a——看过广告而购买的人数

b——未看过广告而购买的人数

c——看过广告但未购买的人数

d——未看过广告也未购买的人数

n——被调查的总人数

例如：某企业为提高产品销量，共做过两次广告活动，每次广告活动之后，经调查所得的资料分别如表 14-8 和表 14-9 所示：

**表 14-8　第一次广告活动之后**

单位：人

| | 看过广告 | 未看过广告 | 合计 |
|---|---|---|---|
| 购买广告商品 | 38 | 21 | 59 |
| 未购买广告商品 | 53 | 38 | 91 |
| 合计 | 91 | 59 | 150 |

$$AEI_1 = \frac{1}{150}\{38 - 91 \times \frac{21}{59}\} \times 100\% = 3.74\ \%$$

**表 14-9　第二次广告活动之后**

单位：人

| | 看过广告 | 未看过广告 | 合计 |
|---|---|---|---|
| 购买广告商品 | 47 | 11 | 58 |
| 未购买广告商品 | 65 | 27 | 92 |
| 合计 | 112 | 38 | 150 |

$$AEI_2 = \frac{1}{150}\{47 - 112 \times \frac{11}{38}\} \times 100\% = 9.72\%$$

由上看出，第一次的广告效果指数为 3.74%，第二次为 9.72%，如果两次广告投资相等，其他因素亦同，那么第二次的广告效果显然比第一次好。

**3. 广告的心理效果测定**

广告的心理效果测定是指广告运动实施前后消费者对企业形象的认知改变程度，有时也称广告形象效果，主要是测定由广告所引起的企业形象或产品形象的知名度和美誉度问题。

常用的方法分为企业形象测定和人类行为三向度测定。

（1）企业形象测定

企业形象包括总体形象和具体形象。

① 总体形象即企业或产品在消费者心目中的综合印象，一般以知名度和美誉度来衡量。可以采用问卷调查法，通过广告发布前后消费者对企业或产品的综合态度的改变来作判断。

② 具体形象即消费者对企业或产品各方面的具体印象和评价，一般用企业或产品形象的各项指标来衡量。

（2）人类行为三向度测定

当一个潜在的消费者产生购买行动时，通常必须经过以下过程：

无意识→意识→了解→喜爱→偏好→决心→购买行动

消费者在此一系列的购买行动过程中，除了“无意识”阶段外，其余六个阶段恰与心理学家把人类行为分成三个向度的模式完全相同。那么，三向度是：

① 认知向度——意识、了解——要求广告能对潜在消费者提供资料与消息；

② 情动向度——喜爱、偏好——要求广告能改变潜在消费者对产品的态度与感情；

③ 动机向度——决心、购买——要求广告能刺激潜在消费者的欲望并帮助选择购买方向。

针对消费者购买行动过程中广告在每个阶段所担任的任务，广告界提出了如下的测定模式表（表 14-10）。广告的心理效果测定是广告活动效果的落脚点，在广告效果中属于长远效果，它反映着传播效果的成果，直接影响着经济效果的好坏。

表 14-10

| 人类行为的三向度 | 消费者的购买行动过程 | 不同阶段的广告方式 | 不同阶段的广告效果测定方法 |
|---|---|---|---|
| 动机的向度——<br>压迫力的状态<br>广告能刺激欲望<br>并决定购买的方向 | 行动<br>↑<br>决心 | 证明型的广告<br>(testimonial advertising) | 销售市场法<br>(sales market test)<br>回单法 (coupon test)<br>投射法 (projective test) |

| | | | |
|---|---|---|---|
| 情动的向度——<br>情绪的状态<br><br>广告能改变消费者的态度与感情 | 偏好<br>↑<br>喜爱 | 竞争型广告<br>(competitive advertising) | 意见法（包括消费者陪审法）<br>(consumer jury test)<br>优劣次序法<br>(order of merit method)<br>态度法（包括语意差异法）<br>(semantic differentiate test) |
| 认知的向度——<br>理性的状态<br>广告能提供资料与消息 | 了解<br>↑<br>意识 | 开拓型广告<br>(pioneering advertising) | 认知法 (recognition test)<br>回忆法 (recall test) |

**4. 广告的社会效果测定**

广告的社会效果，是指广告在社会道德、文化教育等方面的影响和作用。广告的社会效果往往不能以简单的一些指标数字来衡量，其测定的依据主要有以下几个方面：一是检测广告的真实性，即广告必须如实地反映企业和产品（劳务）的有关信息；二是广告必须符合国家和政府的各种法规政策的规定和要求；三是广告传递的内容及形式要符合伦理道德标准；四是广告应对社会文化产生积极的促进作用。

广告的社会效果测定可通过回函、访问、问卷调查等方法，收集消费者的意见，了解广告的社会影响程度，为进一步开展广告活动提供决策参考。

**思考和练习：**

1. 什么是广告效果？广告效果具有哪些特征？
2. 广告效果测定的意义有哪些？
3. 广告效果测定的标准有哪些？
4. 广告效果事前测评的内容和方法各有哪些？
5. 广告效果事中测评的内容和方法各有哪些？
6. 广告效果事后测评的内容和方法有哪些？说明各指标的经济含义。

## 案例聚焦

### “TT”巧克力推广效果测定

**1. 商品推广的计划**

引进 M 国 “TT 牌” 巧克力的广告活动效果的测评具体如下。

测评时间为秋冬季的 42 天，广告的主要媒介是电视。

为了争取更多人使用，在活动第一阶段（3 星期，21 天）开展“推广品位”的促销活动，将每包实价 30 元的“TT 牌”巧克力降低到 10 元，同时广告的重点是令消费者全面了解这种巧克力每包售价仅 10 元，是原价的 1/3。

广告活动的第二阶段后（3 星期，21 天），停止“推广品位”的促销活动，恢复原来价格，提高品牌知名度与价值度，并用有正式售价的商品广告所取代。

**2. 商品推广的效果与测评目的**

在 M 国“TT 牌”巧克力的广告发布期间，测评“TT 牌”巧克力广告对消费心理以及购买行为（零售店的销售量）的影响，从这两方面测评大众传播媒体的广告效果。

**3. 商品推广的测评方法**

（1）消费者调查

对进入两家商店的顾客进行访问。在广告活动期间共调查访问两次，第一次调查于广告活动第 8 天（一星期后）开始实施，第二次调查于活动第一阶段后（活动第 22 天）实施。

计划第一次被调查人数为 500 名，第二次为 500 名。

（2）销售量调查

用盘存方式调查广告品牌以及竞争品牌的日销售量，调查地点是随机指定的 2 家商店。

**4. 商品推广的广告投入量**

活动期间所用的广告媒介包括电视、报纸、POP 以及传单，其中电视媒介的使用量最多。

具体安排如下：电视广告采用插播形式；报纸广告是在某全国性报纸上刊登整版广告一次；POP 广告包括厂商制作和商店制作两类，活动期间在零售店陈列。

**5. 商品推广后的测评结果**

（1）广告认知效果

① 广告接触率（见表 14-11）

从第一次到第二次调查时，尽管使用了多种广告媒介，但对新产品发售广告的接触率，第一次调查为 42.31%，第二次调查为 45.9%，变化不大。

电视插播接触率，第一次调查为 21.3%，第二次调查为 18.9%，上升情形并不大。

**表 14-11 广告接触率调查表**

单位：%

| 项目 | 第一次调查 | 第二次调查 |
|---|---|---|
| 接触过 | 42.31 | 45.9 |
| 从电视插播 | 21.3 | 18.9 |
| 从报纸 | 8.3 | 7.3 |

| | | |
|---|---|---|
| 从厂商的 POP 广告 | 6.7 | 6.3 |
| 从零售商的 POP 广告、传单等 | 13.7 | 14.6 |
| 未接触过 | 7.69 | 7.0 |
| 合计 | 100.0 | 100.0 |

② 知名度（见表 14-12）

“TT 牌”巧克力之知名度，第一次调查为 25.2%，第二次调查为 26.3%，几乎无变化。这与广告接触率上升情形不大有关。

### 表 14-12　广告知名度调查表

单位：%

| 项目 | 第一次调查 | 第二次调查 |
|---|---|---|
| 知道<br>不知道 | 25.2<br>17.11 | 26.3<br>19.6 |
| 合计 | 42.31 | 45.9 |

③ 广告内容的记忆率（见表 14-13）

### 表 14-13　广告内容记忆率调查表

单位：%

| 项目 | 第一次调查 | 第二次调查 |
|---|---|---|
| 正答<br>无记忆<br>误答 | 12.3<br>25.7<br>4.31 | 18.3<br>26.5<br>1.1 |
| 合计 | 42.31 | 45.9 |

第一次调查，广告内容的记忆率为 12.3%，误答率为 4.31%，但第二次调查，广告内容的记忆率增加至 14.3%，误答率 1.1%，误答者大幅度减少。由此可见由于第一次调查以后广告量增加，促使误答率减少，广告内容的记忆率增大，发挥了提高实质记忆的功能。

归纳以上各项，自第一次调查时到第二次调查时所投入的广告量，虽对广告接触及品牌知名两项效果不大，但对广告内容的记忆却极为有效。

（2）广告销售效果

① 购买率

接触过广告而且知道商品名称的购买者，第一次调查时占 14.7%，第二次调查时有大幅度的增加，为 28.6%。另一方面，接触广告而且知道商品名称但未购买者，第一次调查时为 14.6%，第二次调查时显著地减少，仅为 0.6%。（见表 14-14）

表 14-14　广告内容之记忆率调查表

单位：%

| 项目 | 第一次调查 | 第二次调查 |
|---|---|---|
| 接触过广告且知道商品名称而购买者 | 14.7 | 28.6 |
| 接触过广告且知道商品名称未购买者 | 14.6 | 0.6 |
| 连广告活动都不知道而购买者 | 14.6 | 18.5 |

② AEI 法之销售效果比较

其次，试将广告的销售效果，按 AEI（Advertising Effectiveness Index）法测定。（见表 14-15）

表 14-15　AEI 法销售效果比较调查表

单位：%

| 项目 | 看过广告 | 未看广告 | 合计人数 |
|---|---|---|---|
| 第一次调查 | 购买广告商品 | 44 | 8 |
| | 未购买广告商品 | 98 | 150 |
| | 合计人数 | 142 | 158 |
| 第二次调查 | 购买广告商品 | 88 | 20 |
| | 未购买广告商品 | 57 | 136 |
| | 合计人数 | 145 | 156 |

用 AEI 法算出销售效果时，第一次调查时 AEI 为 12.27%，第二次调查时 AEI 为 25.02%，增加的 12.75%就是这两次调查期间所投入广告的销售效果。

③ 品牌占有率比较

广告活动效果，必须同时考虑活动期间的销售量和活动终了后的销售量之评价。此项调查对象商店中，第二家商品对品牌占有率变化如表 14-16。

表 14-16　品牌占有率变化统计表

单位：%

| | t-5 | t-4 | t-3 | t-2 | t-1 | t | t+1 | t+2 | t+3 | t+4 | t+5 | t+6 |
|---|---|---|---|---|---|---|---|---|---|---|---|---|
| TT | - | - | - | - | - | 35.8 | 7.8 | 9.9 | 10.8 | 10.0 | 6.2 | 9.8 |
| BB | 22.0 | 23.3 | 34.2 | 42.1 | 29.8 | 17.6 | 8.1 | 6.8 | 10.8 | 12.0 | 9.4 | 9.4 |
| DD | - | - | - | - | 2.9 | 6.7 | 2.6 | 3.5 | 3.8 | 2.0 | 0.9 | 1.4 |
| 其他 | 78.0 | 76.7 | 65.8 | 57.9 | 67.3 | 39.9 | 81.5 | 79.8 | 74.6 | 76.0 | 83.5 | 79.4 |

注：t 代表时间

调查对象商品 M 国“TT 牌 、J 国“BB 牌”、S 国“DD 牌”发售时间不同。

到 t-2 月为止，“BB 牌”占总销售额 22% ~ 42%，其占有率居于压倒的优势。但是到了 t-1 月“DD 牌”开始发售，“BB 牌”至此则不再成长，再加上 t 月“TT 牌”举办“特别折扣试食销售”活动，各品牌的占有率起了大幅度的变化。

由于“TT 牌”试食活动的结果，发售期的 t 月占总销售量的 35.8%，“DD 牌”稍有伸展，“BB 牌”较前月减少了 12.2%，其他各牌合计也较前一月份减少了 27.4%。

其后，“BB 牌”则大幅度减少，t-3 月以后，仅维持 10% 左右的购买率。“DD 牌”几乎无伸展，呈 l% ~ 3% 左右的低迷状态。

“TT 牌”的占有率，从新发售广告活动期间的 36%，降到广告活动终了时的 10％左右，其后一直保持 10% 的程度，它和“BB 牌”同为主力的品牌，确保相当稳固的市场优势。

**评析**

从以上“TT 牌”巧克力的广告推广过程，我们可以看出，是否能够及时、正确地对广告效用进行评估，是整个广告活动能否成功的重要环节，也是保障其效果达到的重要手段。

上面的案例中，笔者对于多种对象进行了测评：广告接触率、广告知名度、广告内容之记忆率、AEI 法销售效果、品牌占有率变化等，有效地掌握了推广产品后的广告效用，从具体的数字信息中得到了一系列反馈信息。

对于整个测评过程，我们可以看出：

（1）广告效果测评尽量涉及的对象因素不要单一，选定测评方法，确定测评步骤，精心安排测评计划。

（2）广告效果具有复合性、间接性和滞后性等特性，在对象因素不单一的基础上，广告效果的测评就必须有明确具体的目标，不可空泛。

(3) 广告效果的具体测评，要以客观的态度科学地进行合理分析，并且要不仅在定量分析的基础上，而且还要根据专业人员的经验作定性分析，这样才有可能从数据中找出之间的联系，使广告效果测评反映事物的本来面貌。

(4) 影响广告效果的因素复杂多样，在测评广告效果时要考虑各种因素的影响，如时间因素、观众心理因素、干扰因素、营销组合等各方面因素产生的各种影响，以便能够更为准确地得到正确的测评效果。

(5) 在条件允许的基础上，应经常性地开展广告效果测评，让广告效果测评贯穿广告活动始终，这样可以更加及时与有效地修正、调整广告策略。

总之，广告效果是广告的投入和产出的一个过程，广告主用于广告投资的效益表现，也因此成为衡量广告活动成功与否的重要标志。

随着市场经济的发展，广告投资越来越大，人们对广告效果也越来越关注。测评广告效果，已成为整个广告活动的重要部分之一，是整个广告生产过程的必要条件。

# 第 15 章

# 互联网广告

## 第一节　互联网广告发展

### 一、互联网是新兴媒体

互联网媒体是借助国际互联网这个信息传播平台，以电脑、平板电脑、移动电话等为终端，以文字、声音、图像等形式来传播信息的一种数字化、多媒体的传播媒介，互联网媒体是一种继电视、报刊、广播三种大众传播媒体之后，迅速崛起的一种媒体，被称作“第四媒体”（联合国新闻委员会在 1998 年 5 月的年会上正式提出“第四媒体”这一概念）。互联网发端于 1969 年，自诞生日起发展便非常迅速，20 世纪 90 年代以来更呈现出快速发展趋势，2005 年全球超过 8 亿人上网。目前互联网可以分为以个人电脑为主的 PC 互联网和以手机为主的移动互联网。移动互联网是将移动通信和互联网二者结合起来，成为一体的产物，移动互联网萌芽于 2000 年以后，在 2012 年进入快速发展期。2018 年 We Are Social 和 Hootsuite 的最新全球数字报告显示，全球使用互联网的网民数量已经超越了 40 亿，在这 40 亿网民中，有大约一半使用智能手机上网，而同期的全球人口数量大约为 76 亿。

### 二、全球互联网广告发展

互联网广告是指通过网站、网页、互联网应用程序等互联网媒介，以文字、图片、音频、视频或者其他形式，直接或间接地推销商品或服务的商业广告。互联网广告尽管也是广告的一种，有许多和其他广告相同的特性，可是它的发布途径及形式与传统广告又有很大的差别，完全有必要单独对其进行阐述。

互联网广告产生时间非常晚，最初广告商没有找到很好的互联网广告模式，它也经历过被争议、被怀疑阶段。在各方面普遍对互联网广告持怀疑态度时，美国《连线》（Wired）杂志推出的 HotWired.com 网站使用了新型在线广告工具 HotWired。它是第一种较规范的在线广告形式。1994 年 4 月 15 日，HotWired.com 与 AT&T 签订了第一份广告合同；10 月 14 日，

HotWired.com 的首页上出现了 AT&T 等 14 家客户的横幅广告，这是互联网广告里程碑式的标志。后来，在 HotWired.com 做在线广告的客户越来越多，其中不乏宝洁、IBM 等著名企业，由此引发了美国广告业者纷纷关注参与。

21 世纪以来，上网人数和宽带用户剧增，电脑的功能也变得非常强大，消费者把越来越多的时间花在互联网上，网民上网平均时间接近甚至超过观看电视的时间。众多广告商和广告主也开始涉足互联网广告，各商业网站都推出了自己的广告服务业务。2000 年美国互联网广告年营业额收入约 40 亿美元，2002 年的收入是这个数字的两倍，2004 年为 96 亿美元。2005 年美国在线广告市场销售收入为 125 亿美元，比 2004 年增长了 30%。

2005 年全球互联网广告费用达 164 亿美元，比上年增加 8%。互联网仍是增长最迅速的广告媒体，其收入以 18.1% 的综合年均增长率增加至 2010 年的 520 亿美元。互联网广告在全球广告收入所占的比例，由 2002 年的不足 3%，增加至 2010 年的接近 10%。据 eMarketer 数据显示，全部在线广告营收（包括 PC 和移动广告收入）的全球数字广告市场规模在 2012 年达到千亿美元的规模，2016 年增长 18.87% 至 2081 亿美元，突破 2000 亿美元规模；2018 年，根据 eMarketer 数据显示，全球网络广告市场规模为 2733 亿美元，同比增长 13.76%。

## 三、中国互联网广告发展

中国的第一个商业性的网络广告出现在 1997 年 3 月，传播网站是 Chinabyte，广告表现形式为 468×60 像素的动画旗帜广告。广告商开始谨慎认识到了在线广告的发展可能性，在线广告也逐渐在我国的网站中出现。互联网广告 1998 年后才火热起来，当年营业额比前一年增加了 60%，达到 4800 万人民币，而 1999 年又是 1998 年的 3 倍。1999 年新浪网拿到了 IBM 30 万美元的广告订单，成为一个标志性事件。互联网广告从小到大，逐渐形成了一个受广告业界强烈关注的新兴业务。

根据 iResearch 的调研数据显示，2001 年中国互联网广告额为 4.6 亿元，2002 年互联网广告额为 6.1 亿元，2003 年互联网广告额为 13.1 亿元，2004 年激增至 23.4 亿元。2005 年中国网络广告额增至 41.7 亿元，占整体广告市场的比重为 3.0%。2008 年中国互联网广告运营商市场规模达到 118.1 亿，2012 年中国互联网广告市场规模为 753.1 亿元 , 2015 年网络广告收入规模达到 2136.3 亿元，连续六年增速保持在 35% 以上，2018 年我国互联网广告总收入达到 3694 亿元人民币，接近广告市场份额的一半。

# 第二节　互联网广告的主要发布渠道与广告类型

## 一、互联网广告的主要发布渠道

### 1. 门户网站

所谓门户网站，是指通向某类综合性互联网信息资源并提供有关信息服务的应用系统。在全球范围中，最为著名的门户网站是谷歌以及雅虎，而在中国，著名的门户网站有新浪、网易、搜狐、腾讯、新华网、凤凰网等。

门户网站广告是较早存在的互联网广告形式，是互联网媒体早期最主要的广告形式之一，目前仍然有一定的广告份额。

### 2. 搜索引擎

所谓搜索引擎，就是根据用户需求与一定算法，运用特定策略从互联网检索出制定信息反馈给用户的一门检索技术。专业从事搜索引擎的有百度、Google、360 搜索、搜狗搜索等。搜索引擎两个方面与广告有关。一就是在搜索引擎网页面留出的位置做广告，现在这些广告位置上显示的广告内容常与检索的关键词相关。另一方面，在引擎搜索结果中公司、产品、服务等相关信息的排序本质也是广告，即所谓引擎优化。根据 CNNIC 数据，截至 2018 年 12 月，我国搜索引擎用户规模达 6.81 亿，使用率为 82.2%，手机搜索用户规模达 6.54 亿，使用率为 80.0%。

搜索引擎广告有很强的针对性，是“受众本位”的传播方式，特别是针对有购买商品意向的网民。搜索引擎广告实际给网民提供的是商品比较的线索，其中，输入关键词，引擎搜索获得的结果的前几页广告性作用很大，效果通常超过搜索引擎网页面的直接广告。

### 3. 虚拟社区

“社区”一般是指世界各地公民社会一种最基本的组织形式。它在 20 世纪 50 年代蓬勃发展起来。虚拟社区又称在线社区，最早的关于虚拟社区 (Virtual community) 的定义由瑞格尔德 (Rheingold) 做出，他将其定义为“一群主要借由计算机网络彼此沟通的人们，他们彼此有某种程度的认识，分享某种程度的知识和信息，在很大程度上如同对待朋友般彼此关怀，从而所形成的团体”。较为著名的虚拟社区有天涯、豆瓣、知乎等。

目前，虚拟社区网络广告的表现形式多种多样，如传统的广告方式（在社区界面放置旗帜广告、按钮广告、浮动图标广告、对联广告、全屏广告等）、与网站共建频道（在线广告加上网上路演、专题合作、游戏互动等）、冠名和赞助（企业冠名某个社区的活跃场所，为社区的活动提供奖品进行赞助等）。

### 4. 在线视频

在线视频行业，是指在互联网上提供免费或有偿视频流播放、下载服务的行业。视频内容来源主要有用户上传原创内容、向专业影像生产机构和代理机构购买版权内容以及网络视频企业自制内容三种主要渠道，涉及电影、电视剧、综艺节目、体育赛事等文化内容产品的生产、传播。在线视频包括了 PC 端的视频网站和移动端的视频平台，如腾讯、爱奇艺、优酷、B 站、搜狐视频、凤凰视频、芒果 TV 等。根据 CNNIC《中国互联网络发展状况统计报告（2018 年 1 月）》的统计数据显示，截至 2017 年 12 月 31 日，我国网民规模达 77198 万人，其中网络视频用户达 57892 万人，中国网络视频用户基本占到中国整体网民规模的 3/4。

在线视频行业的收入来源主要有三种: 广告收入、内容版权分销和视频增值服务。广告收入，是视频网站通过接受广告主的广告投放费用而得到的收入，常见创建的形式有贴片广告、角标、贴标、定制贴标、暂停广告等方式。广告收入是目前各大网络视频平台最传统的和最主要的营收形式。2017 年在线视频行业广告收入达 462.82 亿元，占行业总收入的 46.8%。

**5. 电商**

电子商务，简称电商，是指在互联网（Internet）、内部网（Intranet）和增值网（VAN，Value Added Network）上以电子交易方式进行的交易活动和相关服务活动，是传统商业活动各环节的电子化、网络化。电商大体分同类商品电商和综合电商。同类商品电商以销售相似商品为主，如以图书销售为主的当当网、以提供旅行服务为主的携程旅行网等。综合电商销售各种类型商品，如淘宝网等。2018 年，我国电商广告实现了 1607.91 亿元的广告收入，占网络广告收入总规模的 33.20%，

**6. 社交媒体**

社交媒体（Social Media）指互联网上基于用户关系的内容生产与交换平台。现阶段主要包括微博、微信、QQ 等。社交媒体是重要的广告渠道，例如 2017 年来腾讯社交广告合计收入达 173.7 亿元，在广告收入中占比达 61.8%。新浪公司发布 2018 年财报显示，2018 年新浪总营收 21.1 亿美元，微博广告和营销收入为 15 亿美元，占新浪总营收 82%。

**7. APP**

APP（应用程序，Application 的缩写），是指安装在智能手机上的软件，目的是为用户提供更丰富的使用体验。平板电脑和手机的普及，WiFi、4G 对流量限制的解放，以及苹果公司 App Store 生态系统带来的全新交互体验，促使 App 受众和 App 开发者大幅度增加。APP 成为重要的广告渠道。

## 二、互联网广告的主要广告形式

随着互联网的发展，从第一种网幅广告的出现到今天，互联网广告有着更加多样的广告形式，也有些网络广告由于形式的问题或网民抵制的原因而消失。

**1. 普通网幅广告**

普通网幅广告有三种形式。一是普通网幅广告，也称横幅广告、旗帜广告等。普通网幅广告是以 Gif、Jpg、Flash 等格式建立的图像文件，动态与静态均有，定位在网页的首页、各级页面或文本页面上。二是插播式网幅广告，指插播在下载过程中的一种广告，如 Bt 下载种子之前出现的广告。三是伸缩式网幅广告，伸缩功能通过两种方式来实现，一种是点击伸缩通栏右上

角的“扩展广告”的字样或标志，另外一种是直接点击伸缩通栏。当网友看完伸展开的广告以后，可以再次点击右上角的“收缩广告”的字样或标志，伸展开的广告会马上收缩回去。

**2. 巨幅广告**

巨幅广告分为四种。一是长方形大尺寸广告，通常比一般网幅广告大 30% 以上的被称为长方形大尺寸广告，如常见的画中画广告。二是长纵式大尺寸广告，即通常所说的擎天柱广告或摩天楼广告，是利用网站页面左右两侧任一侧的竖式广告位置而设计的广告形式，制作表现用 Flash、JavaScript、Gif、Jpg 格式。三是长横幅大尺寸广告，又称为通栏广告。一个规格相当于两条横幅的宽屏长条广告，位于网站首页正中的上部、中部、下部，以及每个频道栏目首页正中的上部、中部、下部，有大通栏和半通栏之分。四是全屏式广告，用户打开浏览页面时，该广告将以全屏方式出现约 3 ～ 5 秒，可以是静态的页面，也可以是动态的 Flash 效果，然后逐渐缩成普通的 Banner 尺寸，进入正常阅读页面。

**3. 按钮广告**

按钮广告有固定按钮、悬停按钮等多种形式，是从网幅广告演变过来的一种广告形式，但比网幅广告尺寸小，格式一般是 Gif、Flash、Swf。由于尺寸比较小，故其可以被更灵活地放置在网页的任何位置。

**4. 悬浮广告**

悬浮广告分为两种：一是页面悬浮广告，是在网页页面上悬浮或移动的非鼠标响应广告，制作表现用 Gif 或 Flash 等格式；二是响应网页悬浮广告，是随着页面上悬浮或移动时响应的广告，制作表现用 Gif 或 Flash 等格式。

**5. 弹出式广告**

在访问网页时弹出一个新的小窗口，窗口出现静态或动态广告。这种广告能引起注意，但是容易引起浏览者极大不满。据《第 18 次中国互联网络发展状况统计报告》统计显示，网民对互联网最反感的项目中，弹出式广告／窗口占 20.9%，排名第二位，仅次于网络病毒的 29.2%。目前，不少网站已经开始取消承接此类广告，还网页以清净。

**6. 信息流广告**

信息流广告是位于社交媒体用户的好友动态，或者资讯媒体和视听媒体内容流中的广告。信息流广告的形式有图片、图文、视频等，特点是算法推荐、原生体验，可以通过标签进行定向投放。信息流广告将商业广告内容间接或隐性融入公众阅读信息之中，通俗来讲，就是嵌入在信息与信息之间的广告（如微信朋友圈广告、今日头条头条号、微博广告等）。2016 年 9 月 1 日起，由国家工商总局发布的《互联网广告管理暂行办法》规定发布的互联网广告应当具有可识别性，显著标明“广告”这两个字，使消费者能够辨明其为广告，信息流广告走向规范化。

**7. 视频广告**

视频广告分为传统视频广告和移动视频广告两类。传统视频广告是在视频内的广告进行设置和投放，移动视频广告主要包括传统贴片广告和 In-App 视频广告。贴片广告是看视频前播放的广告。In-App 视频广告是利用 HTML5、流媒体技术，以 In-Apps 模式呈现给受众的，带有植入性质的动态影音广告。它就是在各类 App 里植入广告主的宣传视频，让用户在视频观看完毕后可进行点击下载、访问网页等行为。视频广告有角标、贴标、定制贴标、暂停广告等形式。

**8. 搜索引擎广告**

搜索引擎广告是一种按点击付费的广告模式。它与自然搜索引擎不同的是，广告主通过搜索引擎购买关键字，当用户利用搜索引擎网站进行搜索时，推广信息出现在搜索比较靠前的位置上。如果该结果被用户点击，网站按点击次数收费，不点击则不收取推广费。由于付费搜索广告是网民在自己搜索时搜出来的，因此更能与客户关心问题相匹配，使企业能精准地向用户推送信息，使营销更有针对性。2016 年 6 月，国家网信办在《互联网信息搜索服务管理规定》中提出：信息搜索服务提供者应明确付费搜索信息页面比例上限，醒目区分自然搜索结果与付费搜索信息，对付费搜索信息逐条加注显著标识，使搜索引擎广告更加规范化。

**9. 创意中插广告**

创意中插广告是在特定场景设计中，由剧中人通过“情景短剧”来演绎的广告，以温情、搞笑、洗脑等方式来宣传产品或服务。创意中插广告根植于内容保持 IP 原汁原味，与剧共生共存，创意融入产品，充分传达品牌理念及特点，使广告与内容融为一体。创意中插广告通过有趣的编排，最大限度弱化了观众观看广告时的反感度与抵触情绪，提高观众对于品牌信息的接受度。

**10. APP 开屏广告**

APP 开屏广告是在应用开启时加载，展示固定时间（一般是 5 秒），展示完毕后自动关闭并进入应用主页面的一种广告形式。由于展现在应用刚刚开启时，用户的注意力非常集中，有着较好的广告效果。

## 第三节　互联网广告的主要特点与趋势

互联网广告与传统电视、广播、报刊媒体广告相比特点明显，从来没有媒体广告如此地数字化、全球化、信息海量化，也从来没有一种媒体广告拥有如此大的可能性与包容度。

### 一、互联网广告的优势

**1. 全球性范围**

互联网络把广告信息 24 小时不间断地传播到世界各地。人们可以随时随地上网接触到广告，具有无时空限制的弹性。这种方便是传统媒体无法达到的。

**2. 多媒体特性**

互联网广告的载体呈现多媒体特性，广告的形式非常多样，能集图、文、声、像并茂，动静结合。而且，随着互联网技术的发展，这种多媒体可能性更趋加强。

**3. 互动性**

互联网广告一改传统广告的单向性。网络的交互性至少有两种含义：一方面指它使消费者随心所欲地选择自己感兴趣的广告信息，可以有更多的自主权，即他们可以自己控制何时以何种方式获得何种信息。另一方面，指信息的提供者与信息的接收者之间的关系，是直接沟通的关系。

**4. 即时性**

任何广告讯息通过互联网可以立即传到全世界各地，它的这种全球同步性是其他任何媒体望尘莫及的。

**5. 广告投放的精准性**

互联网广告可以根据用户标签进行广告投放，使产品或服务与用户的匹配性更高。

**6. 效果可统计性**

互联网广告可以每天准确统计展示量、点击率、购买 / 下载率、留存率，便于人们了解广告效果。传统媒体广告很难准确知道有多少人接收到广告信息，企业虽然可以委托媒体、公司调查传统媒体广告效果，但成本太大、周期太长。

## 二、互联网广告的劣势

**1. 受众回避性强**

互联网信息内容远比传统媒体可供选择得多，受众回避广告的方法也更多，例如购买会员、更换节目、过滤广告等，受众的广告回避性更强。

**2. 广告可信度相对较差**

互联网上网站数量庞大，各种广告信息鱼龙混杂，数量庞大，内容广泛，加之相关法律滞后，监管难度很大。数据显示，2017 年广告违法案件数量占前三位的媒介是网络、户外和印刷品。其中，网络广告违法案件 14904 件，户外广告违法案件 4895 件，印刷品广告违法案件 3103 件。网络广告违法案件的存在导致了广告可信度比电视、报纸略差。

## 三、中国互联网广告的潜力

互联网广告市场是否有发展潜力，依然主要取决于受众、广告主、广告代理公司等各方面条件。另外，网络广告法规是否健全也很重要。

从受众方面来看：CNNIC 发布的《中国互联网络发展状况统计报告》显示，截至 2018 年 12 月，中国网民人均每天上网 4 小时，中国网民规模达 8.29 亿，互联网普及率为 59.6%，我国手机网民规模达 8.17 亿，手机上网已成为网民最常用的上网渠道之一。从年龄来看，我国网民以中青年为主要群体， 20~29 岁之间的网民人数最多，达 26.8%，10~39 岁的网民人数就占整体网民数量的 67.8%，40~49 岁以上的网民达 15.6%。可见，中国网民上网时间、网民规模、上网方式足以让任何互联网广告主、广告代理公司动心。

从广告主方面来看：在受众和投放平台已经发生深刻变化的今天，广告主对整个广告市场的视角已经发生了重大转变，传统媒体预算投入持续压缩，互联网广告投放比例快速攀升，技术和数据成为广告主对广告厂商的核心考量标准。根据中关村互动营销实验室数据显示，2018 年互联网广告总收入为 3694 亿元，较 2017 年同比增长 23.3%，可见广告主对互联网广告市场的青睐。

从广告平台来看：根据中关村互动营销实验室数据，互联网广告收入前十的企业排名是阿里巴巴、百度、腾讯、今日头条、京东、新浪、小米、奇虎 360、搜狐、美团。以今日头条、小米、美团为代表的新生力量的迅速崛起，开始分食 BAT 市场份额，为互联网广告增长植入了新动力。互联网广告平台日益庞大和多样，增加了互联网广告的吸引力。

从网络广告代理公司方面看：中国网络广告代理商正快速发展、日益成熟，例如华扬联众、利欧股份、新意互动、多盟、易传媒等发展十分迅猛。例如 2018 年度，利欧股份公司财务报表所示营业收入项目金额为人民币 1,225,003.86 万元，其中广告代理服务收入为人民币 961,848.15 万元，占营业收入的 78.52%。

从法规方面看：由于《中华人民共和国广告法》是 1994 年出台，1995 年正式施行，而后 1997 年互联网广告才在中国发展起来，因此，互联网广告监管很难套用原有广告法规。为规范互联网广告活动，保护消费者的合法权益，促进互联网广告业的健康发展，维护公平竞争的市场经济秩序，国家工商行政管理总局 2016 年出台了《互联网广告管理暂行办法》，自 2016 年 9 月 1 日起施行，有力地推动了互联网广告的规范化运行。

**思考和练习：**

1. 请简述“受众主体”在互联网广告中的作用。
2. 请分析互联网广告的 “卷入度” 问题。
3. 互联网广告自身的优势与劣势。

## 案例聚焦

### 飞利浦刮胡刀之《男人也有脆弱的一面》网络营销

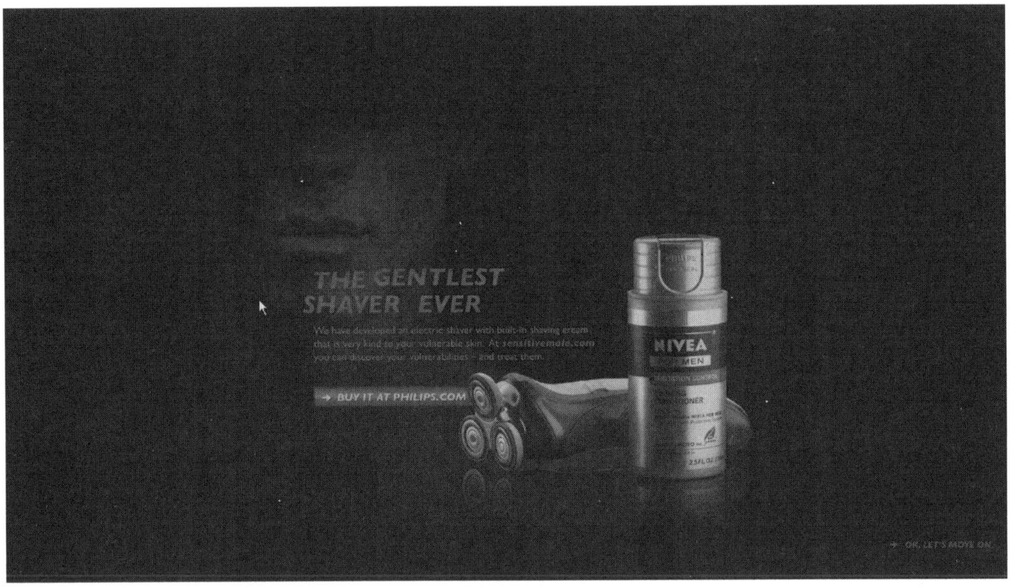


飞利浦刮胡刀《男人也有脆弱的一面》网络营销目的是促销飞利浦刮胡刀。目标受众为18~35岁男性以及女性（指关心18~35年龄段男性的）。男人在刮胡子的时候经常会刮伤自己的脸；同样，男人外表坚强，但其实也有脆弱的内心，只是不善于表达而已；而这个广告就是要让男人大胆地说出来，非常符合产品的理念“For MAN”。这款产品是飞利浦和妮维雅合作，推出的一款针对男人的刮胡刀（100%防水）并随带妮维雅的男士刮胡剂；整个广告创意点就是“For MAN（服务男人）”。在广告执行上，它首先请来了瑞典最著名的喜剧演员录制一些声音，并剪辑出一些口型；接着创建活动网站：sensitivemales.com，在上面，用户可以使用Facebook登录（便于在社交网站上传播），或是从自己的电脑上传一张照片；根据照片，电脑会给你匹配一个口型，然后会让你选择说要说的话（比如看电影感动得哭了，没肌肉，等等）；创建完以后，用户可以通过Twitter、Facebook、Blog等分享给好友；同时投放者在大网站上面投放大型Banner广告，用户可以直接在上面进行操作，和在活动网站上面是一样的效果；大家纷纷转载朋友的照片（还有很多政要被恶搞）；同时大量在Twitter、Facebook、blog传播。

（本案例选自网络广告人社区）

**案例评析：**

本案例很好地抓住了互联网的交互式特点，利用网络病毒式营销方式，与受众产生良好的互动。创意通过受众的参与活动，将活动内容在社交网站等网络平台上进行转载传播，从而很好地宣传了飞利浦刮胡刀，扩大了受众范围和品牌的影响力。

# 第 16 章

# 计算广告

大数据改变了全球的商业环境，推动着量化思维和机器算法融入广告的经营和发展之中，给广告实践带来了革命性的影响。计算广告首先产生于美国的互联网广告领域，然后迅速受到了各国互联网的广泛关注与探索实践，是目前大数据思维与技术发展最成熟、市场规模最大的应用领域之一。本章从计算广告的概念辨析、计算广告的技术体系和计算广告的交易平台三个方面解析计算广告。

## 第一节　计算广告概述

计算广告涉及计算科学和新闻传播学等多个学科，目前还未形成统一的概念。2008 年，雅虎的资深研究员安德烈·布罗德（Andrei Z Broder）提出，计算广告的核心问题是在特定场景下为特定的用户提供合适的广告，实现最优匹配，但他并没有对计算广告的概念做出界定。

### 一、计算广告简史

**1. 计算广告的产生背景**

“计算广告”从互联网在线广告的实践中产生，并从搜索营销广告投放的实践中积累了大量经验，规模化地将用户行为数据转化为商业价值。2008 年，在美国的计算机协会（ACM）与美国工业与应用数学学会（SIAM）联合举办的世界计算机离散算法研讨会第十九次学术年会上，时任雅虎研究院研究员的安德烈第一次使用了“计算广告”一词。他在此次学术研讨会及不久后参加的关于推荐算法的研讨会上都明确提出，“计算广告的核心挑战是为特定场景下的特定用户找到一个合适的广告，以实现广告的最优匹配”。这一表述明确了计算广告的核心问题是广告的最优匹配，而非广告媒介介质。随后，在中国香港地区举办的 CIKM2009 年会上，来自雅虎的安德烈、万加·约西弗夫斯基（VanjaJosifovski）、叶夫根·加布里洛维奇（Evgeniy Gabrilovich）三位专家做了“一次广告点击之后发生了什么？网络广告着陆页面的效果量化”

的报告与讨论，引起了与会学者的极大兴趣，“计算广告”的概念开始被引入中国。2009 年，安德烈在清华大学做了关于“计算广告”的主题演讲，阐述了计算广告在互联网信息检索方面的重要意义，并探讨了这一领域的机遇与挑战。此后国内互联网企业与高校学者纷纷开展了关于计算广告的实践与研究。

**2. 计算广告的发展脉络**

国外学界与业界同时开展了针对“计算广告”的研究，领域主要集中在大规模搜索、文本分析、信息获取、统计模型、机器学习等信息技术和数据处理两大方面。美国计算机协会（ACM）和美国工业与应用数学学会（SIAM）两个组织是重要学术阵地，发表了许多以计算广告为主题的学术论文。2011 年，斯坦福大学邀请了来自雅虎的安德烈和万加 · 约西弗夫斯基两位研究人员为研究生开设了计算广告的相关课程。2013 年，来自领英（LinkedIn）的迪帕克 · 阿加瓦尔（Deepak Agarwal）阐述了领英是如何在计算广告的理论构想和业务实践之间建立起连接，以及如何克服产业快速发展带来的多重挑战。来自微软的利昂（Leon Bottou）和来自脸书（Facebook）的杰奎因（Joaquin）等人通过对广告投放系统和必应搜索引擎相互匹配的实验，论证了如何利用因果关系推理来理解计算广告的复杂学习系统与外界环境相互作用的行为。在欧洲，来自意大利的学者专注于研究基于情感感知的自动化计算广告标题生产技术，英国的学者将金融领域的现代资产组合理论引入到计算广告的批量处理过程进行研究，并从整体上研究计算广告的实时竞价系统。在亚洲，印度尼西亚、马来西亚、印度等国的学者也相继根据本国计算广告的发展情况展开了相关研究。

在国内，计算广告的理念一经引入，就激起互联网领域的关注，推动了我国广告业在优化广告投放、提升投资回报率方面迈进了一大步。来自新闻传播学科及广告学科的学者开始对技术和数据驱动下的广告产业进行研究。

**3. 计算广告的演进趋势**

未来计算广告需要解决三个关键问题：一，是广告跨屏传播、全媒体传播的需求已经推动产业进行了大量的尝试，但是整体统一的广告生产机制和评价指标体系尚未建立，因而也就无法形成一个良性循环的计算广告生态体系；二，是目前计算广告的研究与应用较多停留在互联网广告领域，在互联网广告中又过多关注程序化购买环节，如何将计算广告的理念推广到广告业务的每一个环节，是学界和业界共同努力的方向；三，是计算广告弥补了传统广告在量化分析上的技术与数据弱点，但是目前计算广告的研究仅仅停留在工具层面，亟须进行理论总结。

## 二、计算广告的概念

**1. 计算广告的内涵**

国内较早的研究学者周傲英等（2011 年）认为，“计算广告是根据给定的用户和网页内容，通过计算得到与之最匹配的广告并进行精准定向投放的一种广告投放机制。采用该机制可以大幅度地提高广告主所投放广告的点击率，增加广告所投放网站的访问量，帮助用户获取优质信息，从而构建出一个良性和谐的广告投放产业链”。这一概念强调广告业务流程的“投放”环节，并将媒介锁定在网页上。

刘鹏和王超（2015 年）认为，“计算广告的核心问题是为一系列用户与环境的组合找到最合适的广告投放策略以优化整体广告活动的利润”。这同样也只关注广告的投放环节。

而刘庆振（2016 年）发现计算广告已经扩展到广告业务的整个流程，并且不再局限于互联网领域，他认为“计算广告是根据用户和特定情境，通过高效算法确定与之最匹配的广告并进行精准化创意、制作、投放、传播和互动的广告业态。技术和数据是这一业态产生和演进的两大关键驱动因素，而通过算法集合自动寻找广告、情境与用户三者之间的最佳匹配则是其主要目的”。

段淳林等（2018 年）也强调数据和技术，认为“计算广告是以数据为基础、以算法为手段、以用户为中心的智能营销方式，它在数据的实时高效计算下进行用户场景画像，并快速投放、精准匹配用户一系列需求”。

通过以上梳理，我们可以总结出计算广告的内涵要素有两点：一是由数据与算法驱动，二是要实现用户、场景与广告精准匹配。

**2. 计算广告的核心**

计算广告是指我们如何在总体用户和总体产品的海量数据中，计算出具体用户需求和具体产品供给之间高度相关的匹配关系，这是对数据的获取、加工和产出的过程。精准匹配是计算广告学的核心诉求，而实现这一核心诉求必须依靠数据和算法工程师数据处理和算法匹配能力。可见，数据和算法是计算广告的核心。

互联网的产生和广泛使用，使得数据的获取、存储和分析更为简易方便，大大提高了数据的利用效率。数据贯穿于互联网广告的全流程，数据的来源、质量和算法决定了广告匹配的效率，也决定了计算广告的交易价格与价值，因此成为计算广告最大的驱动力。

算法是计算广告的关键引擎。计算是内置于广告中的一个核心理念，广告就是在计算的基础之上展开的。当前广告领域主要是借助于前沿的算法对用户消费、行为数据进行挖掘和计算，形成对不同用户喜好、需求的更为客观、全面的认识，勾勒出一个个更加鲜活、立体的个性化的用户形象，精准地投放广告。

## 三、计算广告的应用与影响

**1. 计算广告的应用范围**

首先，计算广告虽然发源于互联网，但并不局限于互联网。以计算广告的典型表现——程序化广告为例，其已经延伸到了更广泛的媒介领域。媒介介质并不关键，计算广告并不受媒介介质的限制，关键是实现最佳匹配。

其次，计算广告并不限定在投放环节，而是已经开始向广告的整个业务链扩展。在消费者洞察、创意策划、创意实施、媒介投放和广告效果评估等领域，计算广告开始重构广告业的整个业务模式。

**2. 计算广告的影响**

计算广告正在从底层逻辑上对大众传媒时代的市场调研方式、消费者洞察方式、广告投放方式进行解构，它从很大程度上克服了市场分析和广告投放等方面的经验主义倾向。

首先，计算广告中大数据、算法等一系列新思维和新技术目前主要应用于程序化购买环节，但已经开始向广告业务流程的每个环节渗透，并开始通过对这些环节的改造升级来完成广告业务流程的重构。计算广告不再是依次完成市场分析、广告策划、广告投放、效果监测等环节，而是逆向倒推出投放媒介和广告形式，并据此完成媒介购买和广告创意，并且每一个环节都有算法和数据进行支撑。

其次，计算广告实现了品效协同。根据广告目的的不同，广告可以被分为品牌广告和效果广告两种。品牌广告是为了树立企业或产品的品牌形象，增强用户对其的认知度和好感度，而效果广告为了尽快促成消费者的购买行为、获取利润，追求快速的销售效果。品牌广告要求“广泛快速地触达大量受众”，效果广告要求“以最低的成本和最精准的程度触达目标消费者”。在实际操作中，广告主通常会综合运用这两类广告，以实现效果最大化。随着计算广告的发展，品牌广告和效果广告的界限逐渐被打通，甚至一则广告能同时实现基于品牌和效果的功能，实现了品效合一的效果。

**3. 计算广告的人才培养**

计算广告所需的是熟悉统计模型、机器学习、推荐系统，也了解广告与营销理论的复合型人才。但是，我国当前仍然是单一学科独自培养的教育模式，还未形成一个融合多学科的课程体系，无凸显计算广告的知识结构，也缺乏计算广告教学材料。在这个背景下，当下可操作的方向：一，是努力打通学科之间的界限，搭建起一个产学研联动、跨学科互动的教学科研队伍，并着力编写出一本真正适合计算广告人才培养的优质教材；二，是不断争取将计算广告导论或概论的课程作为包括广告学在内的诸多相关学科的主干课程；三，是不断改进计算广告学的教学体系和科研体系，将理论学习与产业实践相结合，将质化课程与量化课程相结合，将专业能力与综合能力相结合，培养复合型的专业人才。

## 第二节　计算广告的技术术语

了解计算广告的技术术语是掌握计算广告技术原理的前提。一个完整的计算广告系统含广告投放引擎、离线分布式处理平台、在线流处理平台和数据高速公路四部分，本节按照这四个组成部分的顺序分别解释计算广告的核心技术术语。

## 一、广告投放引擎的技术术语

广告投放引擎的主要功能是响应前端发来的广告投放请求，结合用户标签、页面标签等生成查询条件，从广告库中检索出满足要求的广告，运用点击率（CTR）预估模型进行广告排序并投放到用户浏览界面。

**1. 广告检索（Ad Retrieval）**

广告检索也被称为广告召回，即根据用户属性以及页面上下文属性从广告索引（Ad index）中查找符合条件的广告候选。

**2. 查询拓展（Query Expansion）**

由于直接采用用户搜索关键词进行广告匹配的效果不太好，有时甚至匹配不到任何广告，所以需要对用户的关键词进行适当拓展。查询拓展是指为了改善资讯检索召回率 (Recall)，将原来查询句增加新的关键字来重新查询。目前有基于推荐、主题模型及历史效果的这三种查询拓展方法。

**3. 广告排序（Ad Ranking）**

广告排序是指按广告的质量评分列出的等级顺序。广告排序的主要功能是对广告检索模块发来的广告候选计算千次展示期望收入（千次展示期望收入 = 点击率 × 点击价值），并按照值的大小倒排。

**4. 实时竞价（Real Time Bidding，RTB）**

实时竞价是指综合利用算法、大数据技术在网站或移动应用实时评估在线流量的价值，进行出价的竞价技术。

**5. 收益管理（Yield Management）**

收益管理是指一种谋求收入最大化的经营管理技术。它主要通过建立实时预测模型和以市场细分为基础的需求行为分析，确定最佳的销售或服务价格。收益管理的主要作用是把局部广告排序的结果进一步优化，以做到全局最优收益。

## 二、离线分布式处理平台的技术术语

离线分布式处理平台又被称为受众定向平台，是系统中最具算法挑战的部分，其利用数据挖掘、机器学习等技术进行受众定向、点击率预估等任务。它有四个小组件：用户会话日志生成、用户行为定向、用户点击建模、商业智能规划。

**1. 会话日志生成（Session Log Generation）**

会话日志生成是指从各个数据平台收集日志，并最终根据用户 ID 汇集成一份统一存储格式的日志，从而为后续的数据分析、算法研发提供数据来源。会话日志的生成的过程是：首先把每个日志存储队列分配日志服务器，然后从所述日志存储队列中获取会话日志信息，最后将所述会话日志信息写入日志发包队列，将所述日志发包队列中的会话日志信息发送至所述分配的日志服务器。

**2. 行为定向（BehaviorTargeting）**

行为定向是从会话日志中根据用户的行为，利用数据挖掘、机器学习等算法建模，从而刻画出用户的行为模式、兴趣点等，最终为用户打上结构化标签，以供广告定向投放使用。

**3. 行为定向广告（BehaviorTargeting Advertising）**

行为定向广告是指使用跟踪技术，记录网民日常使用网络的信息，进而分析特定网民的消费特征，有针对性地推荐广告。广告发布商利用技术手段可以得到用户当前浏览的页面信息主题，根据用户连续的浏览行为来分析用户信息，然后通过后台的内容匹配设定将广告展示在页面上，这种定向在某些条件下更贴合用户的兴趣，较为精准。

**4. 点击建模（Click Model）**

点击建模是指对用户点击行为的建模。广告发布商根据用户的历史点击信息，对用户的兴趣和行为进行建模，以对用户的未来点击行为进行预测，提高相关性。

**5. 点击率（Click Through Rate，CTR）**

点击率是指互联网上某一内容被点击的次数与被显示次数之比，即 clicks/views，它是一个百分比，反映了网页上某一内容的受关注程度，经常被用来衡量广告的吸引力。点击率的计算方式是：点击率 = 广告被点击次数 / 广告显示次数。

**6. 点击率预估（Click Through Rate Prediction）**

点击率预估是互联网计算广告中的关键环节，预估准确性直接影响公司广告收入。点击率预估是所有广告系统、推荐系统中非常重要的一个指标，可以反映出一个系统是否做得精准。点击率预估的目的是为了广告排序，然后再根据其他策略进行后续处理。

**7. 转化率（Conversion Rate，CVR）**

转化率是指点击广告的受众形成转化（注册、咨询、交易、下载、留言等）的比例。转化率的计算标准不同，计算所得的转化率数值可能是不一样的。

**8. 商业智能（BusinessIntelligence，BI）**

商业智能是对商业信息的搜集、管理和分析的过程，是将现有的数据转化为知识，帮助管理者做出业务经营决策的工具。商业智能的关键是从许多来自不同的企业运作系统的数据中提取出有用的数据并进行清理，以保证数据的正确性，然后经过抽取（Extraction）、转换（Transformation）和装载（Load），即数据仓库技术（ETL）过程，合并到一个企业级的数据仓库里，得到企业数据的一个全局视图，在此基础上利用合适的查询和分析工具、数据挖掘工具、联机分析处理工具等对其进行分析和处理，最后将知识呈现给管理者，为管理者的决策过程提供支持。

## 三、在线流处理平台的技术术语

在线流处理平台（Flow Computing Platform）是对数据流进行实时计算的平台，主要任务是与各模块交互，将它们串联起来完成在线广告的投放决策。其特点是高并发，即通过设计保证系统能够同时并行处理很多请求，要做到 10ms 级别的实时决策，百亿次 / 天的广告投放。

**1. 实时受众定向（Real-time Targeting）和实时点击反馈（Real-time Click Feedback）**

实时受众定向是指按实时受众划分来进行广告的售卖和优化，是在线广告中最核心的部分。实时点击反馈是指用户的实时反馈点击率。这两种技术对用户的实时行为进行计算，如实时更新点击率模型、动态调整用户标签，进而更好地适应线上环境。当实时点击反馈模块发现当前用户的行为与其历史点击行为有较大差异时，可以反馈给其他模块并进行及时更新，更好地满足用户变化的需求，最终提升效果。实践表明，实时系统的最终效果明显大于离线系统。

**2. 计费（Billing）**

该模块掌管着广告系统的“钱袋子”，运行的准确性和稳定性直接影响了系统的收益。在广告投放过程中，企业经常会遇到投放预算用完的情况，这时计费模块必须及时反应，通知索引系统暂时将广告下线，避免带来损失。

**3. 反作弊（Anti-spam）**

反作弊是指利用实时判断流量来源中是否有作弊流量，并将这部分流量从后续的计价和统计中去掉。反作弊帮助实时精准识别作弊流量、降低营销成本，为广告投放效果保驾护航。

**4. 实时索引（Real Time Search）**

实时索引是指一种新的“动态”的搜索模式（传统的搜索是静态搜索模式，用户搜索的只是从信息库里筛选出来的信息），用户对于搜索的结果是实时变化的。实时索引技术的原理为实时信息库建设、检索实时信息库、客户端如浏览器解析实时信息流和特定播放器技术。

**5. 千次展示期望收入（Effective Cost per Mille，eCPM）**

千次展示期望收入是指每一千次展示可以获得的广告收入。eCPM 是用来反映网站盈利能力的参数，不代表收入。千次展示期望收入 = 点击率 × 点击价值。这个数字在计算广告中是核心指标，涉及对召回广告的排序策略，以及最终出价策略。

**6. 每点击成本（Cost per Click，CPC）**

每点击成本是指以每次点击 ( 或每一千次点击 ) 为单位进行收取的。每次点击收费是无论广告被展现了多少次，只要没有产生点击就不收费。CPC 模式可以有助于提升点击量、发现潜在用户，进而可以真正做到精准营销。

**7. 每行动成本（Cost per Action，CPA）**

每行动成本指按广告投放实际效果，即按回应的有效问卷或订单来计费，而不限广告投放量。此处的动作一般定义为转化，可以是注册、咨询、交易、下载、留言，等等，按照转化的数量来收费。对于广告主来说，这是性价比较高的一种收费方式，但是想要把这种收费做好，却是有相当的难度。

## 四、实时竞价数据高速公路的技术术语

数据高速公路（Data Highway）是指联系在线与离线的部分，可以用开源工具实现。它的作用是实时地将日志推送到其他平台上，进而快速地反馈到线上系统，同时也让 BI（商业智能）

人员快速了解结果。

**1. 需求方平台（Demand Side Platform， DSP）**

需求方平台是在线广告平台。它是面向广告主的广告投放管理平台，帮助广告主进行跨媒介、跨平台、跨终端的广告投放，并对广告投放效果进行实时监测及优化。该平台汇集了各种广告交易平台、广告网络、供应方平台，甚至媒体的库存。

**2. 供应方平台（Supply-Side Platform，SSP）**

供应方平台是一个媒体服务平台，目的是充分利用媒体资源（流量），达到最优收益。简单而说，SSP 为各媒体提供一致、集成的广告位库存管理环境。供应方平台能够让媒体介入广告交易，从而使它们的库存广告可交易。

**3. 数据交换平台（Data Exchange Platform）**

数据交换平台是实现用户标签数据交换的平台，主要包括数据交换引擎、安全管理服务、系统管理服务、网络服务管理（web service management）、网络服务接口、中心数据库等部分。为客户提供统一数据匹配（Cookie Mapping）、用户标签数据的私有交换，帮助企业提高数据管理能力。

**4. 数据管理平台（Data Management Platform，DMP）**

数据管理平台是指整合各方数据并提供数据分析、数据管理、数据调用等管理平台，用来指导广告主进行广告优化和投放决策。数据包括结构化的数据（比如 Oracle 数据库数据等）和非结构化的数据（比如图像、音频等）。数据管理平台的核心能力包括：数据整合及标准化能力（采用统一化的方式，将各方数据吸纳整合），数据细分管理能力（创建出独一无二、有意义的客户细分，进行有效营销活动），功能健全的数据标签（提供数据标签灵活性，便于营销活动的使用）、自助式的用户界面（基于网页 web 界面或其他集成方案直接获取数据工具，功能和几种形式报表和分析）和相关渠道环境的连接（跟相关渠道的集成，包含网站端、展示广告、电子邮件以及搜索和视频，让营销者能找到、定位和提供细分群体相关高度的营销信息）。

# 第三节　计算广告的交易平台

## 一、计算广告交易平台概况

**1. 计算广告交易平台的生态架构**

计算广告交易平台连接着广告交易的需求方和供应方，聚合了大量各类网络媒体广告资源或流量，通过实时竞价的方式对广告展示机会进行拍卖，最终确定广告价格并迅速达成交易。计算广告交易平台是由广告交易平台及其连接的两个部分——需求方平台 DSP 和供应方平台 SSP 以及数据处理平台 DMP 共同搭建起的计算广告交易的生态链。

互联网广告可以以程序化购买广告的方式，通过广告需求方平台（DSP）、媒介方平台（SSP）以及广告信息交换平台等所提供的信息整合、数据分析等服务进行有针对性的发布。广告需求方平台是指整合广告主需求，为广告主提供发布服务的广告主服务平台。媒介方平台式指整合媒介方资源，为媒介所有者或管理者提供程序化的广告分配和筛选的媒介服务平台。广告信息交换平台是提供数据交换、分析匹配、交易结算等服务的数据处理平台。数据管理平台在广告交易平台上为各方提供数据支撑，通过整合和细分多方的分散数据，保证广告投放的效果。在具体流程中，广告主需将广告需求发布到 DSP 平台上，互联网媒体将流量资源发布到广告交易平台 (Ad Exchange) 上，当用户访问可竞价的网站时，SSP 向 Ad Exchange 发送用户访问讯号，这时 DMP 分析广告位信息并进行匹配后发送给 DSP，DSP 会采取程序化购买的方式完成竞价购买。从广告请求到最终的广告精准呈现的过程历经了大量的计算和数据流动，但依靠着数据和技术的驱动，一系列过程的完成仅需 100 毫秒。

**2. 计算广告交易平台的发展阶段**

第一阶段是互联网广告的简单交易时期。这时互联网产业刚刚萌芽，网络媒体数量较少，广告主、互联网媒体、用户的关系比较简单，互联网媒体主要通过传统媒体的思路和逻辑采用合约交易的模式直接将广告资源销售给广告主，此时其尚未对计算产生强烈的需求。

第二阶段是互联网广告的中介化交易。由于广告主需求和互联网媒体数量的增多，产生了作为互联网广告资源交易中介的广告网络。新兴的广告网络能接受大量互联网媒体的托管，批量地使这些被托管的广告资源实现流量变现。这时如何在满足广告主合约目标受众量的前提下，为它们匹配更精准的、更高质量的用户成为关键，计算的需求涌现。

第三阶段是互联网平台化交易。随着互联网广告市场的不断发展，广告网络规模和数量不断增加，广告主希望以更精准的投放模式覆盖更多的互联网媒体，由此形成了多家广告网络共同接入的广告交易平台（Ad Exchange），例如百度智能云、腾讯广告实时交易平台等。其中实时竞价模式和程序化购买的采用在根本上放弃了传统媒体合约广告的交易方式，使互联网广告沿着计算广告的方向进一步演进，并使计算广告的概念最终确立。

**3. 计算广告交易平台的技术支撑**

（1）数据处理技术

指通过数据处理和分析技术，在广告交易平台上提炼出有价值的数据信息，从而实现精准化、个性化的广告传播与投放。数据处理技术为计算广告市场的扩大和交易平台的建立奠定了基础。

（2）定向技术

掌握用户行为数据后利用算法针对不同用户的需求进行个性化分析，将最符合用户的媒体广告呈现在他们面前，极大地提高了广告投放的准确性。例如人群定向技术能够利用用户的 cookie 数据，根据用户行为进行算法计算，将不同的用户映射到不同的标签上，建立起用户画像。

（3）程序化交易技术

计算广告在广告资源购买过程中越来越依赖机器之间的在线协商而非线下人工操作，这样就产生了通过实时竞价完成自动交易和投放的程序化交易技术。其中实时竞价技术能够在极短时间内完成对广告、用户和场景的精准匹配，它与定向技术相辅相成，迅速地将最适合的广告呈现在用户面前，实现广告即时化的精准投放。

## 二、计算广告的业务流程

随着数据和算法作为关键要素渗透到广告业务的各个环节，计算广告重构了传统线性的广告业务流程，而这种重构影响最大的是“广告投放”环节，同时也影响了“消费者分析”“广告创意”等环节。

**1. 程序化购买对广告投放环节的改变**

传统广告投放以合约广告的形式来进行，合约广告是广告主在投放广告前以签署合约的方式来确定广告位置或广告时段，由此，广告主需要预先制订半年至一年的预算框架后再来进行媒体排期，而且无法根据实时的市场变化作调整。程序化购买将从广告主到广告公司再到媒体的传统广告投放过程进行了重构，实现了广告投放链的自动化。程序化购买在本质上实现了精准的受众定向，广告直接投向每一个受众。

程序化购买通过广告技术平台自动地执行广告资源购买。广告投放后，投放者通过实时监测来获取广告效果数据，从广告投放对象和广告内容两方面归纳出广告效果超出预期的原因，或是寻找广告效果不达预期的原因，对消费者个性化的规则表达进行重新判断或智能选择，针对当前数据特征的应对策略以调整广告内容，然后再根据情况来进一步调整广告的投放，进行广告优化。这意味着任何人、任何企业都能根据自身的具体需求随时进行广告资源的购买，随时进行互联网广告的投放，省时省力又省钱，其克服了合约广告形式的弊端，使广告投放模式变得更加灵活自主。

**2. 计算广告对消费者分析环节的改变**

传统的消费者分析通过小样本的市场调查来推算消费者整体，不仅耗时费钱，也无法保证准确性。计算广告使消费者分析环节更加着眼于消费者在真实生活留下的痕迹，如消费者在各类消费场景、平台及终端留下的浏览、搜索、购买行为，在社交媒体上的生活记录等分散在各个数字接触点上的碎片化信息。计算广告的消费者分析环节，利用自然语言处理、计算机视觉等人工智能技术，可以有效整合与多角度挖掘这些多平台多场景的消费者数据，通过建构数字化的消费者生活方式衡量体系，描绘消费者数字画像，精准预测消费者需求，其不仅低成本高效率，而且能保证数据的可靠性。

**3. 计算广告对广告创意环节的改变**

传统的广告创意中，广告主只能用单支广告对所有受众传达信息。计算广告使广告主根据对消费者的洞察高度个性化地进行广告创意。首先，得益于消费者洞察环节的改变，针对不同消费者的真实需求与偏好而进行广告创作已不是难事，在算法、数据与计算能力的驱动下，以机器为主导的广告智能创作系统可以在秒级单位内生产出数千个广告创意成品，消费者看到符合其需求和偏好的广告创意的机率大大提高。其次，广告创意的反馈也具有了实时性和及时性。广告智能投放平台和效果监测平台能够实时记录并反馈广告的投放效果，如点击率、转化率、页面关注偏向等，广告在智能生产的过程中就已完成对各类元素的拆解和数据标注，这意味着广告创作的反馈与调整可以直接精确到具体的创意元素，从而提高了优化反馈的速度与精确性。

计算广告时代，广告主通过对消费者的洞察来明确某用户当前的需求和预测其潜在需求，从而指导接下来的广告创意和广告投放环节。广告投放后，投放者通过对广告效果的监测来测算消费者标签是否准确，准确则加强该标签，不准确则对其重新判断，生成新的标签，修改完善消费者数字画像，形成了正向上升的闭环，重构了广告业务流程。

## 三、计算广告的应用过程

典型的计算广告投放主要分为三步流程：请求分析（Request Parsing）、广告检索 (Ad Retrieva) 与广告选择 (Ad Selection)。请求分析即分析用户相关信息，包括地理位置、用户偏好、实时浏览的页面信息等相关内容；广告检索即从整个网络广告平台中检索出符合请求分析中所得结论的相关广告，置于一个集合之中，必要时进行二次检索；广告选择即在广告集合之中针对点击率预测（Click Through Rate Prediction）进行排序，最终通过实时竞价，得到投放广告的相关位置。

### 1. 请求分析

广告信息的充分获取是计算广告精准投放的前提。为达到计算广告的精准投放，常见的方法为三类定向分析，其一是物理定向，针对地理位置、投放时间段等物理属性进行投放；其二是内容定向（Contextual Targeting），主要原理为提取网页与广告的文本内容，计算两者相关性，从而进行广告匹配；其三为用户行为定向 (Behavior Targeting)，即挖掘用户的特征数据，针对用户的特征进行广告投放。广告数据的分类与整理对后续阶段广告的匹配起到铺垫作用。

### 2. 广告检索

广告检索，主要解决广告与用户、场景相关性的问题。广告检索过程主要为两步：其一，为广告网络中的全部广告建立倒排索引；其二，在索引中寻找并输出符合所有请求分析的若干广告。在检索过程中，主要使用的数据为广告基本信息，例如标题、描述、投放时间等，广告自身的定向数据，如设备、国家等，定向策略数据，如兴趣、地域、关键词等。

### 3. 广告选择

在广告选择中，广告点击率预测与拍卖策略是影响排序的两个主要方面。

#### （1）广告点击率预测

广告点击率预测（Click Through Rate Prediction），即预测具体广告在具体位置的点击率（点击次数与展现次数的比例）。广告点击率的预测起源于搜索引擎中内容排序的优化。对于广告点击率来说，广告的位置、用户浏览行为与广告相关性、广告尾部流量都是重要的影响因素。

（2）实时竞价机制

实时竞价是指广告主参与广告竞拍给出的价格。目前普遍采用的是按照出价高低或者收入高低（指竞拍价格与点击率的乘积）来依次获得不同的广告位置，并按照第二高的价格支付。实时竞价机制能够将系统处理精细到每次广告的展示请求，充分利用数据分析、回馈预测以及各种优化策略更精准地决策单次投放行为。

**思考和练习：**

1. 请分析计算广告与传统广告的异同。
2. 请分析计算广告对广告业的影响。
3. 请举例说明计算广告的业务流程。